Hagenmüller/Jacob · Der Bankbetrieb II

Professor Dr. Karl Friedrich Hagenmüller
Dr. Adolf-Friedrich Jacob

Der Bankbetrieb

Band II

Kredite und Kreditsurrogate
Dienstleistungsgeschäft

5., völlig überarbeitete Auflage

GABLER

CIP-Kurztitelaufnahme der Deutschen Bibliothek

Hagenmüller, Karl Fr.:
Der Bankbetrieb / Karl Friedrich Hagenmüller;
Adolf-Friedrich Jacob. – Wiesbaden: Gabler
Früher verf. von Karl Fr. Hagenmüller. –
Früher mit d. Verl.-Angabe: Betriebswirtschaftl. Verl. Gabler, Wiesbaden
NE: Jacob, Adolf-Friedrich:
Bd. 2. Kredite und Kreditsurrogate – Dienstleistungsgeschäft. – 5., völlig überarb. Aufl. – 1987.
ISBN 3-409-42020-0

1. Auflage 1964
2. Auflage 1969
3. Auflage 1970
4. Auflage 1977

Satz: FEMOSET GmbH, Wiesbaden
Druck: Wilhelm & Adam, Heusenstamm
Buchbinderei: Osswald + Co., Neustadt/Weinstr.

Printed in Germany

ISBN 3-409-42020-0

Inhaltsverzeichnis

Dritter Teil

Kredite und Kreditsurrogate

Dritter Teil

Kredite und Kreditsurrogate

A. Allgemeine Grundlagen

I. Definitionen/Abgrenzungen

Aus bankbetriebswirtschaftlicher Sicht sind *Kredite* und *Kreditsurrogate* als Geschäfte der Zentralbank und der Banken zu behandeln.

Aus dieser Sicht sind Kredite monetäre Forderungen der Zentralbank gegenüber den Banken, den öffentlichen Haushalten und dem Ausland sowie monetäre Forderungen von Banken gegenüber Banken und Nichtbanken. Diesen monetären Forderungen stehen monetäre Verbindlichkeiten in identischer Höhe gegenüber.[1]

Im Verhältnis *Zentralbank—Banken* treten diese monetären Forderungen auf in Form von
- Rediskontkrediten,
- Lombardkrediten,

im Verhältnis *Zentralbank—öffentliche Haushalte* in Form von
- Kassenkrediten,
- Schatzwechselkrediten,
- Übernahme von Schatzanweisungen und anderen längerfristigen Wertpapieren,
- Ausgleichsforderungen,

im Verhältnis *Zentralbank—Ausland* in Form von
- Devisen,
- Gold,

und im Verhältnis *Banken—Banken* beziehungsweise *Banken—Nichtbanken* in Form von
- Geldleihen,
- Geldleih-Surrogaten.

Daneben bestehen die Formen der Verbürgung für Lieferungen und Leistungen von Nichtbanken (Avale, Akkreditive), die umgangssprachlich mit „Kredit" in Beziehung gebracht werden, nach bankbetriebswirtschaftlicher Sicht jedoch nur und erst bei Inanspruchnahme aus der Bürgschaft zu monetären Forderungen der Banken führen.

[1] vgl. Köhler, C.: Geldwirtschaft, 1. Band „Geldversorgung und Kreditpolitik", 2. Auflage, Berlin 1977, S. 6, S. 56

II. Formen

1. Monetäre Forderungen der Zentralbank an die Banken

a) Rediskontierung von Wechseln

Der Rückgriff der Banken auf die Bundesbank zur Beschaffung liquider Mittel ist in Umfang und Möglichkeit reglementiert. Der *Diskontkredit* der Bundesbank gehört wie der Lombardkredit, die Offenmarktgeschäfte und die Mindestreserve-Politik zu den kreditpolitischen Regelungen der Deutschen Bundesbank.[2]

Die Regelungen für den Diskontkredit umfassen einen *quantitativen* und einen *qualitativen* Aspekt. In quantitativer Form legt die Bundesbank den Rahmen fest, in welchem sie im Einzelfall, pro Institut, bereit ist, Wechsel anzukaufen: das Rediskont-Kontingent, das sich wesentlich an der Höhe der haftenden Eigenmittel eines Instituts orientiert. Auch hier gilt, entsprechend § 10a KWG, eine Konsolidierung – Quotenkonsolidierung – innerhalb einer Institutsgruppe, die aber von der Deutschen Bundesbank bereits bei 25 % Beteiligungsquote relevant wird (§ 10a KWG: 40 %).

Neben dieser Basisgröße bemißt die Bundesbank den Rahmen nach der individuellen Geschäftsstruktur des Instituts, insbesondere dem Anteil der kurz-und mittelfristigen Kredite am Geschäftsvolumen. Die Festlegung des Rediskont-Kontingentes erfolgt durch die Vorstände der Landeszentralbanken für den jeweiligen Bereich. Die Summe der festgelegten Rediskont-Kontingente wird im Monatsbericht der Bundesbank (Statistischer Teil, Tab. II 1b) veröffentlicht. Die Entwicklung 1980 bis 1985 (Jahresendstand)

	Mrd DM
1980	42,6
1981	46,4
1982	51,7
1983	51,6
1984	59,8
1985	63,8
31. 8. 1986	59,3

In qualitativer Form stellt die Bundesbank Anforderungen an das rediskontfähige Wechselmaterial:

Gesetzliche Qualitätsnorm nach Bundesbankgesetz ist § 19, Abs. 1, Nr. 1:

- Drei als zahlungsfähig bekannte Verpflichtete sollen aus dem Wechsel haften.
- Der Wechsel muß innerhalb von drei Monaten nach dem Tage des Ankaufs fällig sein.
- Der Wechsel soll ein guter Handelswechsel sein.

[2] vgl. „Die zur Zeit gültigen kreditpolitischen Regelungen der Deutschen Bundesbank“ in: Geschäftsbericht der Deutschen Bundesbank für das Jahr 1985, S. 103 ff.

Von dem Erfordernis der dritten Unterschrift bei Bankakzepten kann nur abgesehen werden, wenn „die Sicherheit des Wechsels in anderer Weise“ gewährleistet ist.

Der gesetzlichen Qualitätsnorm fügt die Bundesbank durch Beschlüsse *Ankaufsnormen* hinzu; Beispiele aus dem umfangreichen Katalog:[3]

- Beschluß vom 20. Februar 1957:
  „Ein Wechsel darf nicht angekauft oder beliehen werden, wenn feststeht, daß der Akzeptant nicht als ein als zahlungsfähig bekannter Verpflichteter betrachtet werden kann.“
- Beschluß vom 3. März 1957:
  „Als Handelswechsel ... kauft die Bundesbank solche Wechsel an, die aufgrund von Warenlieferungen oder von Dienstleistungen zwischen Unternehmen und/oder wirtschaftlich Selbständigen begeben worden sind.“
- Beschlüsse vom 18. Dezember 1958/30. August 1962/6. Mai 1965 hinsichtlich des Ankaufs von Privatdiskonten:
  „Bankakzepte besonderer Art sind die Privatdiskonten, d. s. DM-Akzepte der zum Privatdiskontmarkt zugelassenen Akzeptbanken, die der Finanzierung von Einfuhr-, Ausfuhr- und Transithandelsgeschäften oder von grenzüberschreitenden Lohnveredlungsgeschäften dienen und auf ihrer Vorderseite am oberen Rand einen Hinweis auf das finanzierte Geschäft enthalten. Sie dürfen höchstens noch 90 Tage laufen, müssen über mindestens 100 000,– DM lauten und sollen 5 Mio DM nicht übersteigen, wobei die Wechselsumme durch 5000 teilbar sein muß.“

Per 30.6.1986 hatten alle Bankengruppen Indossamentsverpflichtungen aus weitergegebenen Wechseln – nicht nur bei den Landeszentralbanken rediskontiert – von 70,7 Mrd DM, die sich auf die einzelnen Bankengruppen wie folgt verteilten:[4]

	– in % –
Kreditbanken	42,3
Girozentralen	8,8
Sparkassen	18,3
Genossenschaftl. Zentralbanken	8,0
Kreditgenossenschaften	11,8
Realkreditinstitute	0,0
Teilzahlungsinstitute	0,8
Kreditinstitute mit Sonderaufgaben	10,0
	100,0

Eliminiert man die Sparkassen wegen des Rediskonts bei den Girozentralen und die Kreditgenossenschaften wegen des Rediskonts bei den Genossenschaftlichen Zentralbanken, beträgt die maximal anzunehmende mögliche Rediskont-Kontingent-Inanspruchnahme 49,4 Mrd DM; das entspräche einem Ausnutzungsgrad von 83,3 %. In der Tat weist die Deutsche Bundesbank für den Stichtag 30.6.86 ein Kreditvolumen in-

[3] ebenda, S. 104
[4] Monatsbericht der Deutschen Bundesbank, 38. Jahrgang, Nr. 9 – September 1986 – Statistischer Teil, Tab. III, 13

ländischer Kreditinstitute aus Inlandswechseln von 42,2 Mrd DM aus,[5] dem ein effektiver Ausnutzungssatz von 60 % entspricht.

Eine Sonderform im Rediskont ist die Kombination von Wechselankauf durch die Zentralbank mit Rücknahmeverpflichtung des rediskontierenden Instituts außerhalb des festgelegten Rediskont-Kontingents für wenige Tage mit möglicherweise hohem Sonderdiskontsatz. Diese Geschäfte haben den Charakter von Offenmarktgeschäften und werden von der Bundesbank als „Offenmarktgeschäft über Wechsel mit Rückkaufsvereinbarung" bezeichnet.[6]

b) Lombardierung von Wertpapieren/ Wertpapierpensionsgeschäfte

Monetäre Forderungen einer Zentralbank gegenüber einer Bank entstehen durch Verpfändung der in § 19 Abs. 1 Nr. 3 BBankG verzeichneten Wertpapiere und Schuldbuchforderungen, die im einzelnen im Lombardverzeichnis veröffentlicht werden (Bundesanzeiger / Mitteilungen der Bundesbank). Zu den beleihbaren Papieren gehören auch die relativ neuartigen Formen der Null-Kupon-Anleihen und der variabel verzinslichen Anleihen.[7]
Analog zum Rediskont als Offenmarktgeschäft kauft die Bundesbank (Beschluß vom 31. Mai 1979) auch Wertpapiere mit Rücknahmeverpflichtung des lombardierenden Instituts an („Wertpapierpensionsgeschäfte" in Form des Zins- und Mengentenders).

Gemäß Beschluß vom 17./18. Dezember 1952 soll ein *Lombardkredit* „nur gewährt werden, wenn es sich um die kurzfristige Überbrückung eines vorübergehenden Liquiditätsbedürfnisses handelt und die Lombardkreditaufnahme nach Umfang und Dauer angemessen und vertretbar erscheint."
Aus allgemeinen, kreditpolitischen Gründen kann die Bundesbank entsprechend Beschluß vom 6. September 1973 einen Sonderlombardkredit mit Sonderlombardsatz gewähren. Änderung der Konditionen und Angebot zur Lombardierung kann täglich erfolgen/widerrufen werden. Die Inanspruchnahme des Lombardkredits ist sachentsprechend von dem kurzfristig auftretenden Liquiditätsbedürfnis des Bankenapparates abhängig *und* dem Lombardierungswillen der Bundesbank generell und jedem einzelnen Institut gegenüber.
Diese Kreuzelastizität besonderer Art läßt sich aus der Statistik ablesen. Gegenübergestellt werden soll eine liquiditätsmäßig äußerst angespannte und entspannte Periode 1978/1979 und 1985:[8]

Lombardkredite bzw. Sonderlombardkredite (Mio DM)

	1. Vj.	2. Vj.	3. Vj.	4. Vj.
1978	6306	3220	1628	1759
1979	10925	6677	1482	3917
1985	3735	564	354	421

5 ebenda, Statistischer Teil, Tab. II, 1a)
6 Köhler, C.: a. a. O., S. 59 f.
7 vgl. Geschäftsbericht der Deutschen Bundesbank, a. a. O., S. 106
8 Monatsberichte der Deutschen Bundesbank, Statistischer Teil, Tab. I. 3, 35. Jahrgang, Nr. 4/38. Jahrgang, Nr. 9

2. Monetäre Forderungen der Zentralbank an die öffentlichen Haushalte

a) Kassenkredite

Die Bundesbank finanziert kurzfristig auftretende Kassendefizite – insbesondere zwischen Steuerterminen – der öffentlichen Haushalte gemäß § 20 BBankG. Da sich das Entstehen dieser Kassendefizite einer Beeinflussung der Bundesbank entzieht, andererseits aber durch die Einräumung von Buchkrediten Zentralbankgeld – monetäre Forderungen – entsteht, das die Geldmenge berührt, kann durch diese Kreditgewährung die Kreditpolitik der Bundesbank beeinträchtigt werden.[9] Um diese Beeinträchtigung „erträglich" zu gestalten, sind nach § 20 Abs. 1, Nr. 1 BBankG Höchstgrenzen für die Kreditplafonds der einzelnen öffentlichen Haushalte festgelegt:

Bund	6000 Mio DM
Bundesbahn	600 Mio DM
Bundespost	400 Mio DM
Ausgleichsfonds	200 Mio DM
ERP-Sondervermögen	50 Mio DM

Für die Bundesländer/Stadtstaaten bestehen für die Ermittlung der Höchstgrenzen Bindungen an die Einwohnerzahl:

für die Länder generell	40 DM/Einwohner,
Berlin/Bremen/Hamburg	80 DM/Einwohner.

In den Erläuterungen zum Jahresabschluß der Bundesbank für das Geschäftsjahr 1985 sind die aktuellen Inanspruchnahmen aufgelistet (Tabelle 1):[10]

Tabelle 1: Stand der Kassenkredite (Buchkredite) in Mio DM

Kreditnehmer	31.12.1984	31.12.1985
Bund	1.773,4	–
Länder		
Bayern	–	7,5
Bremen	49,7	47,9
Hessen	13,9	–
Nordrhein-Westfalen	506,0	–
Rheinland-Pfalz	–	0,9
Saarland	9,7	39,8
Schleswig-Holstein	87,7	82,8
insgesamt	**2.440,4**	**178,9**

9 vgl. Köhler, C.: a. a. O., S. 61
10 Geschäftsbericht der Deutschen Bundesbank . . ., a. a. O., S. 129

b) *Schatzwechselkredite/Schatzanweisungen*

Schatzwechsel und *Schatzanweisungen* treten in zwei Formen auf: als Kredit an die öffentlichen Haushalte gemäß § 20 BBankG und als Mobilisierungs- und Liquiditätspapiere gemäß § 42 und 42a BBankG.

In der ersteren Form sind es die Kassenkredite, die in Wechselform auftreten und dem Wechselgesetz unterliegen, mit Laufzeiten von maximal drei Monaten; sie werden auf die jeweiligen Kreditplafonds angerechnet. Sie können auch in Form der U-Schätze auftreten, als unverzinsliche Schatzanweisungen mit Laufzeiten zwischen einem halben Jahr und zwei Jahren.

Schatzanweisungen werden wie Wechsel diskontiert, der Zins also praenumerando abgezogen, daher der Begriff „unverzinsliche“ Anweisungen. Zum Absatz dieser Papiere tritt die Bundesbank in der Regel als Verkaufsagent auf.

Lediglich die Papiere gemäß § 20 BBankG sind monetäre Forderungen in verbriefter Form, bankbetriebswirtschaftlich als Kredit zu definieren.

Die Papiere gemäß §§ 42, 42a BBankG dienen ausschließlich als „Mobilisierungs- und Liquiditätspapiere“ der Geldmarktpolitik der Bundesbank. Sie sind Instrumente der Offenmarktpolitik, sie haben nicht den Charakter von Krediten.

Der Fonds, aus dem die Bundesbank die Mobilisierungstitel gemäß § 42 BBankG seit 1955 „mobilisieren“ kann, sind die Ausgleichsforderungen, die mit der Währungsre-

Tabelle 2: Für Rechnung des Bundes und seiner Sondervermögen begebene Geldmarktpapiere in Mio DM

Art der Papiere	1984 am 31.12. im Umlauf	1985 begeben	1985 eingelöst	1985 am 31.12. im Umlauf
Unverzinsliche Schatzanweisungen der Bundesrepublik Deutschland „B“ 1) und „BN“ 2)	10.605,3	7.401,7	7.615,2	10.391,8
darunter: „Finanzierungs-Schätze“	(3.355,7)	(2.513,5)	(1.923,4)	(3.945,8)
Unverzinsliche Schatzanweisungen der Deutschen Bundesbahn „Ba“ und „BaN“ 2)	131,0	131,0	131,0	131,0
Unverzinsliche Schatzanweisungen der Deutschen Bundespost „PN“ 2)	–	–	–	–
Insgesamt	**10.736,3**	**7.532,7**	**7.746,2**	**10.522,8**

1 Der Zusatz „B“ dient zur Unterscheidung dieser Schuldtitel von den weiter unten behandelten Mobilisierungs- und Liquiditätspapieren. – 2 Der Zusatz „BN“, „BaN“ bzw. „PN“ bezeichnet solche Titel, die nicht vor Fälligkeit zurückgegeben werden können.

Tabelle 3: Verkaufte und eingelöste Mobilisierungs- und Liquiditätspapiere in Mio DM

Art der Papiere	1984 am 31.12. im Umlauf	1985 verkauft	eingelöst	am 31.12. im Umlauf
Schatzwechsel (Laufzeit bis zu 90 Tagen)	6.247,4	79.104,9	76.846,6	8.505,7
Unverzinsliche Schatzanweisungen (Laufzeit von 6 bis 24 Monaten)	266,3	186,7	190,9	262,1
Insgesamt	**6.513,7**	**79.291,6**	**77.037,5**	**8.767,8**

form 1948 entstanden sind, „damals stellte die Bank deutscher Länder, die Rechtsvorgängerin der Deutschen Bundesbank, Unternehmen, privaten Haushalten, öffentlichen Haushalten sowie Kreditinstituten und Versicherungen eine Erstausstattung in DM zur Verfügung, und zwar insgesamt einen Betrag von 8,68 Mrd DM. Als Gegenposten buchte die Bank deutscher Länder Ausgleichsforderungen . . . Diese Ausgleichsforderungen sind 1950 auf den Bund übergegangen und im Schuldbuch des Bundes eingetragen worden.“[11]

Sind die Ausgleichsforderungen durch Mobilisierungstitel „aufgebraucht“, so hat gemäß § 42a (1) BBankG „der Bund der Bank auf Verlangen Schatzwechsel und unverzinsliche Schatzanweisungen . . bis zum Höchstbetrag von 8 Milliarden Deutsche Mark auszuhändigen“ (Liquiditätspapiere), vgl. Tabellen 2 und 3.[12]

3. Monetäre Forderungen der Zentralbank an das Ausland

a) Devisen

Da die offiziellen Zahlungsmittel eines Staates zugleich Ansprüche an das Sozialprodukt darstellen, sind ausländische offizielle Zahlungsmittel Kredite an das jeweilige Emissionsland.

Die Deutsche Bundesbank hält ihre Devisen (= Währungsreserven) im wesentlichen in Form von Guthaben bei ausländischen Zentralbanken. Sie betrugen, einschließlich der Geldmarktanlagen im Ausland, per 31.12.1985 39,5 Mrd DM.

Marginalie:
Sie erreichten damit knapp die Höhe der Kredite der Bundesbank an inländische Kreditinstitute in Form angekaufter Inlandswechsel (44 Mrd DM).

[11] Köhler, C.: a.a.O., S. 63
[12] Geschäftsbericht der Deutschen Bundesbank . . .,a. a. O., S. 130/140

b) Edelmetalle: Gold

„Zentralbanken besitzen noch Gold. Dieses Gold fließt ihnen jedoch nicht durch laufende Transaktionen zu, denn Gold ist vollständig demonetisiert. Niemand zahlt mehr mit Gold, weder in der heimischen Wirtschaft noch im Außenhandel. Nur auf Grund der Bestimmungen des Internationalen Währungsfonds, der für die Kontinuität des internationalen Zahlungsverkehrs Sorge trägt, können Zentralbanken untereinander, sofern ihre Währungen frei eintauschbar sind (konvertible Währungen), Devisen gegen Gold und umgekehrt tauschen. Wenn Zentralbanken heute einen Teil ihrer Devisenbestände in Gold halten, so hat das vor allem psychologische Gründe. Eine Zentralbank mit hohem Goldbestand genießt ein hohes Ansehen. Die Währung dieses Landes gilt als sicher, braucht es aber nicht zu sein. Soll der Goldbestand für Zahlungen verwendet werden, so muß man ihn erst bei anderen Zentralbanken in Devisen umtauschen oder am freien Goldmarkt verkaufen. Das Gold im Bestand der Zentralbanken hat den gleichen Charakter wie die Devisen; es stellt eine Kreditgewährung an das Ausland dar.“[13]

In der Bilanz der Bundesbank per 31.12.85 ist Gold mit 13 687,5 Mio DM ausgewiesen, übrigens bis in die Nachkommastelle identisch mit dem Bilanzwert per 31.12.84.

4. Monetäre Forderungen der Banken

Die monetären Forderungen der Banken an Nichtbanken lassen sich nach vier Kriterien formalisieren
- Markt
- Produkt
- Produktion
- Kalkulation

und können einer Matrix zugerechnet werden (Tabelle 4).

5. Kreditsurrogate

Unter Kreditsurrogaten sind Formen und vertragliche Gestaltungen des bankmäßigen Kreditgeschäftes gem. §§ 19, 20 KWG zu verstehen, die ihrer Funktion nach (de facto) mit der Entstehung monetärer Forderungen identisch sind, jedoch formal (de jure) ein Kreditverhältnis vermeiden. Mit jedem dieser Surrogate sollen daher *spezifische Nachteile* aus monetären Verbindlichkeiten für den Kreditnehmer vermieden werden.

[13] Köhler, C.: a. a. O., S. 65

Tabelle 4: Monetäre Forderungen der Banken an Nichtbanken

Kriterium (-bezogen)	Gattung	Art (-Kredite)
markt	Region	Inlands Auslands
	Kundengruppen	Firmenkunden Privatkunden
produkt	Laufzeit	kurzfristige mittelfristige langfristige
	Höhe	Klein Mittel Groß
	Kondition	Festsatz b.a.w.
	Sicherheiten	Blanko besicherte
	Verwendungszweck	freie gebundene
produktions	Verbuchung	in lfd. Rechnung Sonderkonto
	Refinanzierung	kongruent ref. inkongruent ref. plafonds ref.
	Kreditmanagement	eigene Konsortial
kalkulations	Preisbezugsbasis	Vollkosten Teilkosten Margen

Diese Nachteile können liquiditätsmäßiger, bilanzieller, steuerlicher, bonitätsmäßiger und risikomäßiger Natur sein; sie können auch als Verbund einzelner Kriterien auftreten.

Zu unterscheiden sind „klassische" Kreditsurrogate: Leasing-Finanzierung, Factoring, Forfaitierung und „moderne" Kreditsurrogate: Venture-capital-Finanzierung und Formen aus der *Securitisation von monetären Forderungen* („Revolving Underwriting Facilities" – Rufs –, „Note Issuance Facilities" – Nifs –, „Euronote Stand-by Facilities").

Diese formal dargestellten Gattungen/Arten der Kredite und die Kreditsurrogate werden im einzelnen zu behandeln sein.

6. Kreditstruktur im Kreditgewerbe

Dominierenden Anteil am gesamten Kreditvolumen des Kreditgewerbes haben die Buchkredite und Darlehen an Nichtbanken: 60 %, wobei die mittel- und langfristigen Kredite mit 50 % beherrschenden Einfluß haben.

Im Gegensatz zu den Einlagen, bei denen sich gegenläufige Entwicklungen und Trendbrüche zwischen den einzelnen Kategorien im Zeitverlauf ergeben haben (vgl. Band I, zweiter Teil, A), verlief die Entwicklung bei den Krediten relativ homogen: lediglich das Gewicht, der relative Anteil der sonstigen Kredite – im wesentlichen durchlaufende und Weiterleitungskredite, Diskontkredite – ist von 11 % im Jahre 1970 auf knapp 5 % im Jahre 1985 gesunken.[14]

Das Volumen insgesamt hat sich im Zeitraum 1970 bis 1985 vervierfacht, wobei zu berücksichtigen ist, daß ein nicht unwesentlicher Teil des kurzfristigen Kreditgeschäftes der Großunternehmen über den Euro-Dollar-Markt geleitet wird, über die Auslandstöchter der deutschen Banken, und insoweit in den Inlandszahlen nicht zum Ausdruck kommt. Die Abbildungen 1a, 1b und 2 verdeutlichen die Entwicklung.

Unter dieser Globalsicht verbergen sich – analog der Einlagenseite – erhebliche Struktur-Unterschiede unter den einzelnen Gruppen des Kreditgewerbes: Sparkassen und Kreditgenossenschaften, Girozentralen und Zentralkassen, Kreditbanken und Realkreditinstitute.

In ihrer Struktur relativ ähnlich sind, sachentsprechend nach der Kunden- und Geschäftsstruktur, die Sparkassen und Kreditgenossenschaften (Abbildung 3 und 4). Etwa 30% machen die Kredite an Banken – an die Zentralinstitute also – aus, bei über 50% liegen die mittel- und langfristigen Kredite an Nichtbanken, über 10%, jedoch unter 20%, sind die Anteile des kurzfristigen Nichtbanken-Kredites, das Diskontgeschäft ist nahezu unbedeutend.

Strukturell gravierend unterschiedlich ist das Kreditgeschäft der Zentralinstitute (Abbildung 5 und 6). Während bei den Girozentralen das kundenbezogene Kreditgeschäft mit über 50% dominiert und damit die geschäftliche Strategie dieser Institute reflektiert, liegt der Anteil dieser Kategorie bei den Zentralkassen bei 13%; mehr als drei Viertel des Geschäftes ist Refinanzierung der Kreditgenossenschaften, sind also Bankenkredite.

Die Struktur bei den Kreditbanken (Abbildung 7) ist ausgewogen. Ein Drittel ist Bankengeschäft, ein Fünftel kurzfristiges, etwas mehr als ein Drittel mittel- und langfristiges Nichtbankengeschäft. Die sonstigen Kredite an Nichtbanken, im wesentlichen das Diskontwechselgeschäft, bleiben unterhalb der 10%-Marke und reflektieren die ge-

[14] Alle Zahlenangaben aus: Monatsberichte der Deutschen Bundesbank, Statistische Beihefte Reihe 1, Mai 1986

sunkene Bedeutung des Wechselkredit-Geschäftes. Zur Abrundung dient die Struktur der Realkreditinstitute (Abbildung 8), sachentsprechend dem Geschäftsfeld dominiert mit mehr als 80% der mittel- und langfristige Nichtbankenkredit in der Form des Hypotheken- und Kommunal-Kredites.

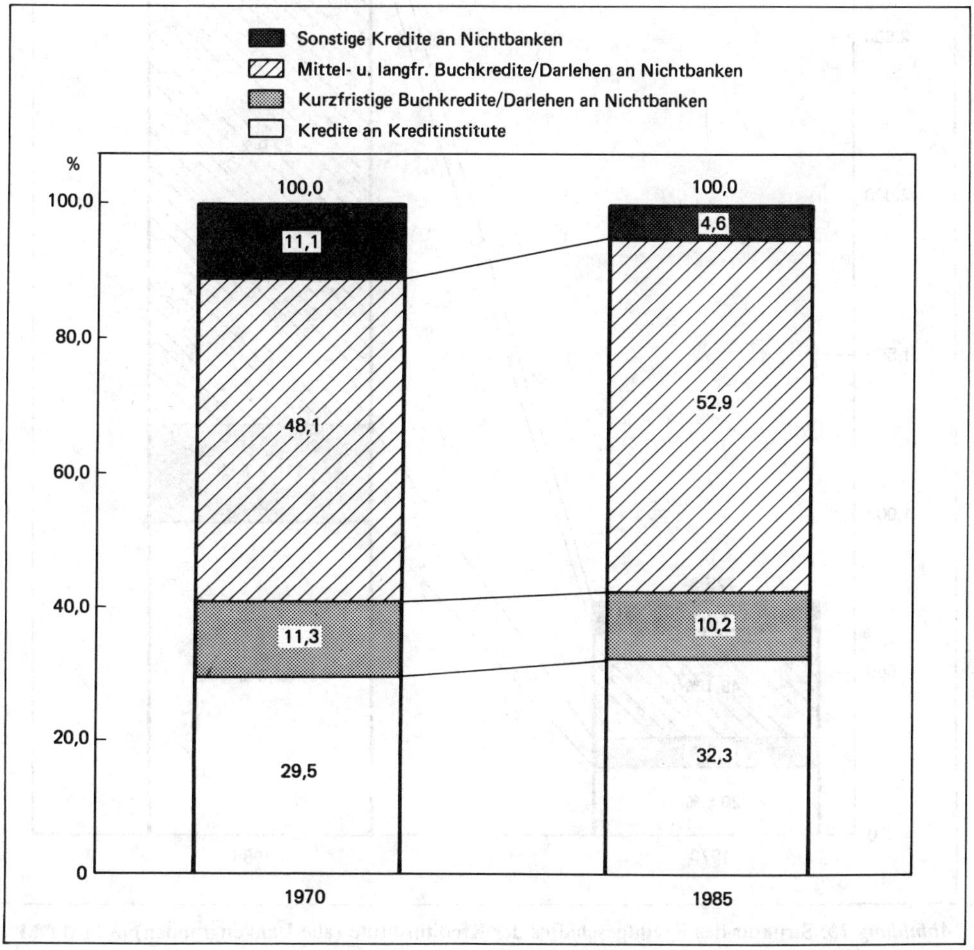

Abbildung 1a: Struktur des Kreditgeschäftes der Kreditinstitute (alle Bankengruppen) in Prozent

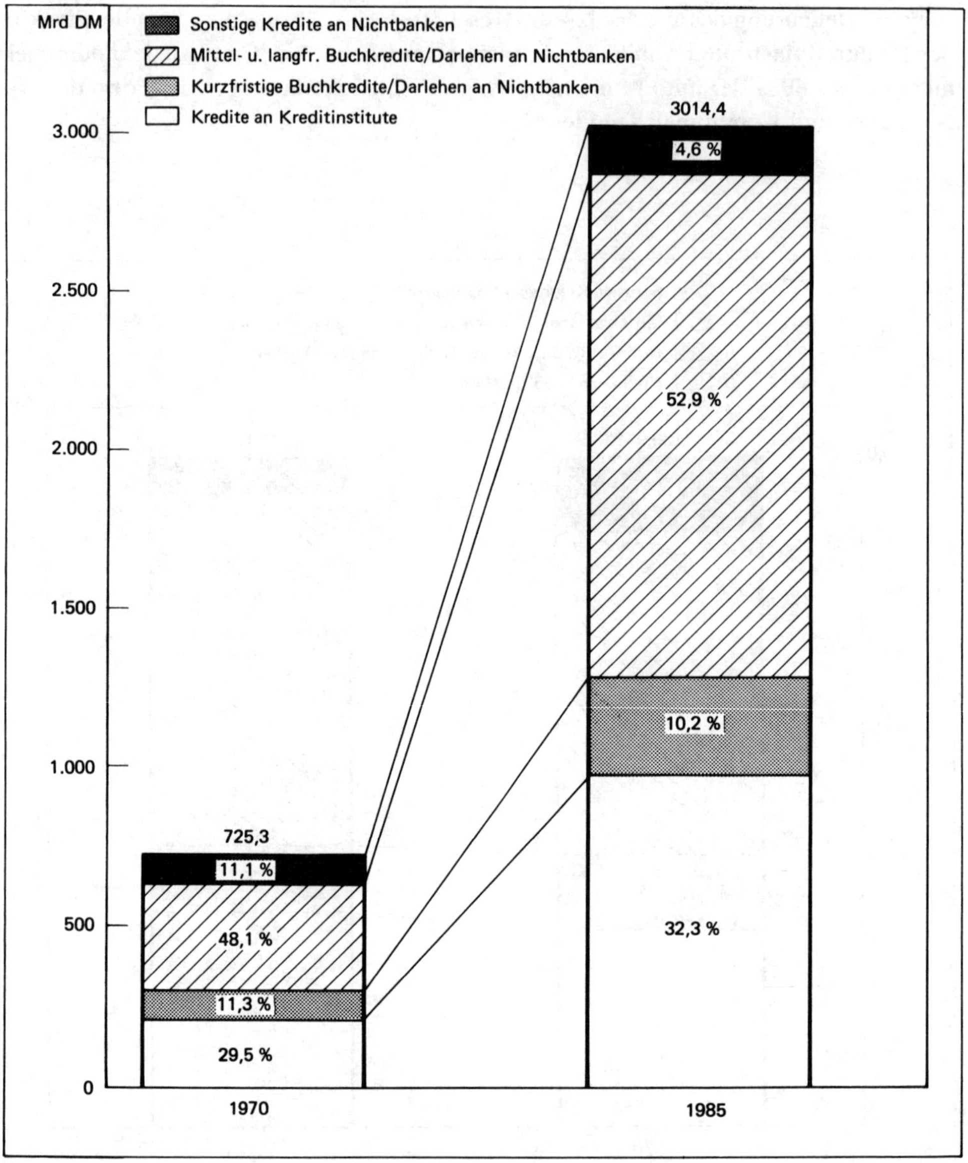

Abbildung 1b: Struktur des Kreditgeschäftes der Kreditinstitute (alle Bankengruppen) in Mrd DM

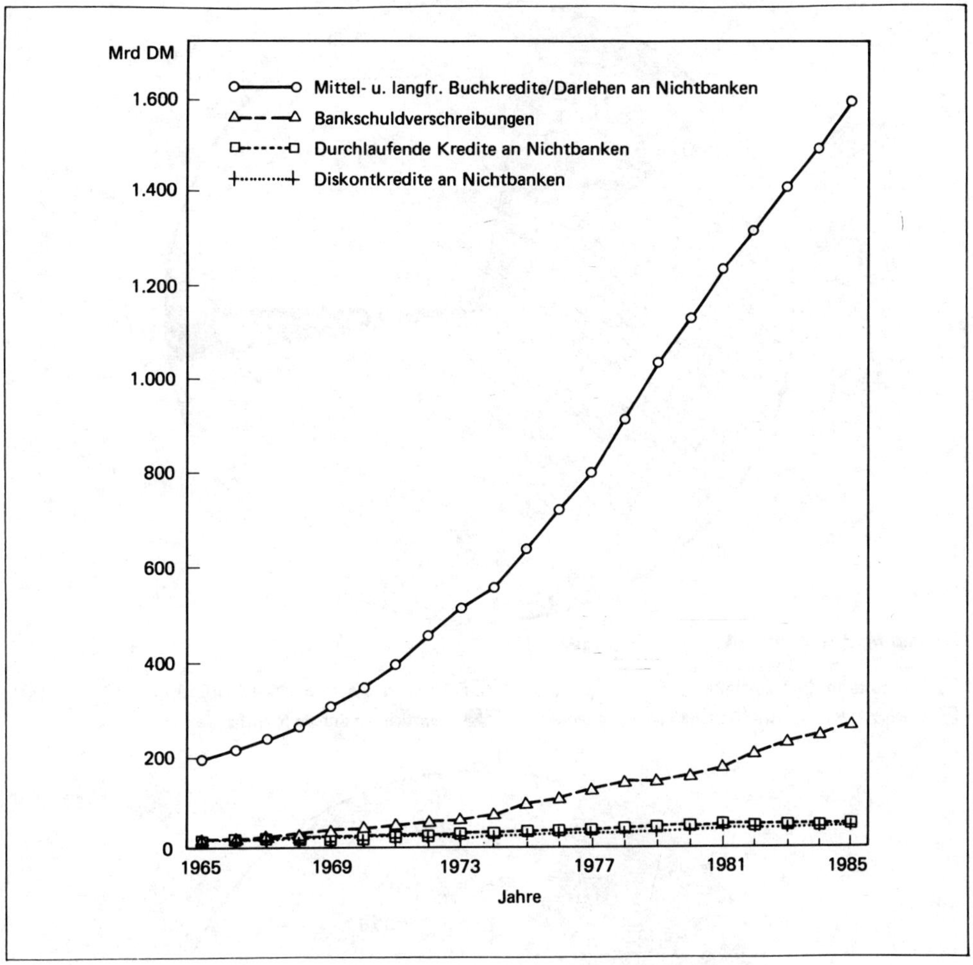

Abbildung 2: Entwicklung ausgewählter Kreditarten (alle Bankengruppen)

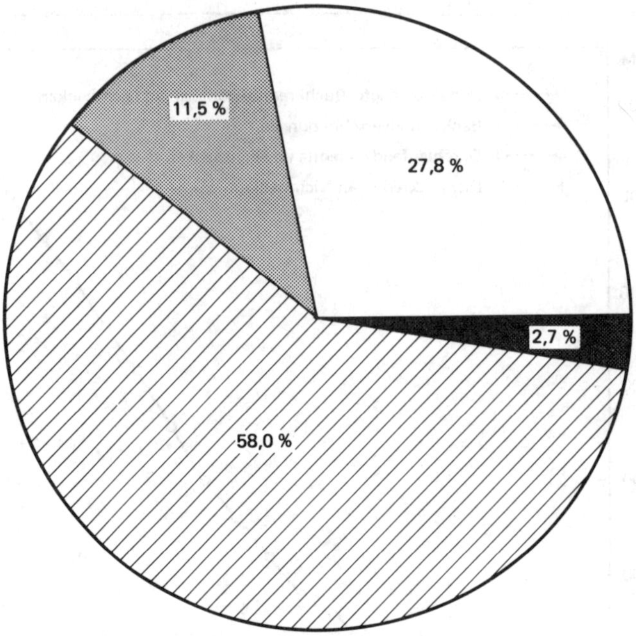

Abbildung 3: Kreditstruktur der Sparkassen 1985

- Kredite an Kreditinstitute
- Kurzfr. Buchkredite/Darlehen an Nichtbanken
- Mittel- u. langfr. Buchkredite/Darlehen an Nichtbanken
- Sonstige Kredite an Nichtbanken

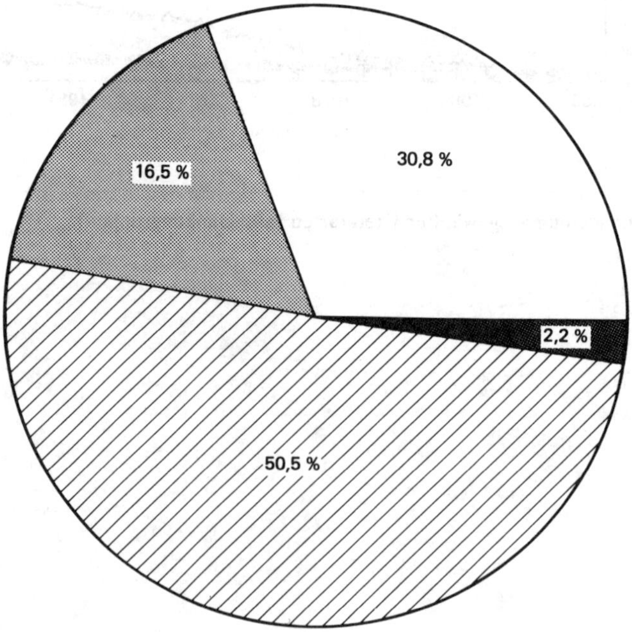

Abbildung 4: Kreditstruktur der Kreditgenossenschaften 1985

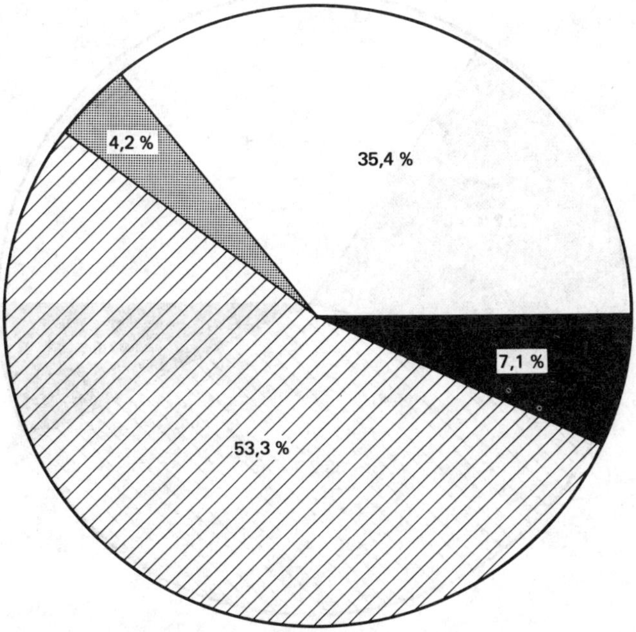

Abbildung 5: Kreditstruktur der Girozentralen 1985

- Kredite an Kreditinstitute
- Kurzfr. Buchkredite/Darlehen an Nichtbanken
- Mittel- u. langfr. Buchkredite/Darlehen an Nichtbanken
- Sonstige Kredite an Nichtbanken

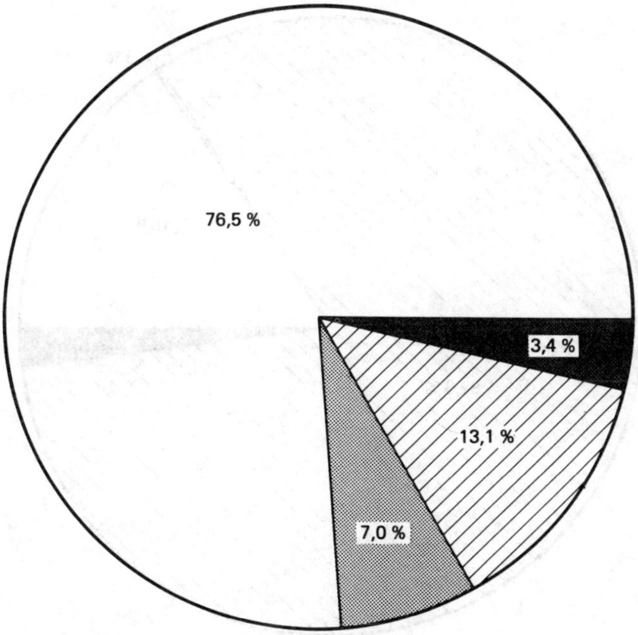

Abbildung 6: Kreditstruktur der genossenschaftlichen Zentralbanken 1985

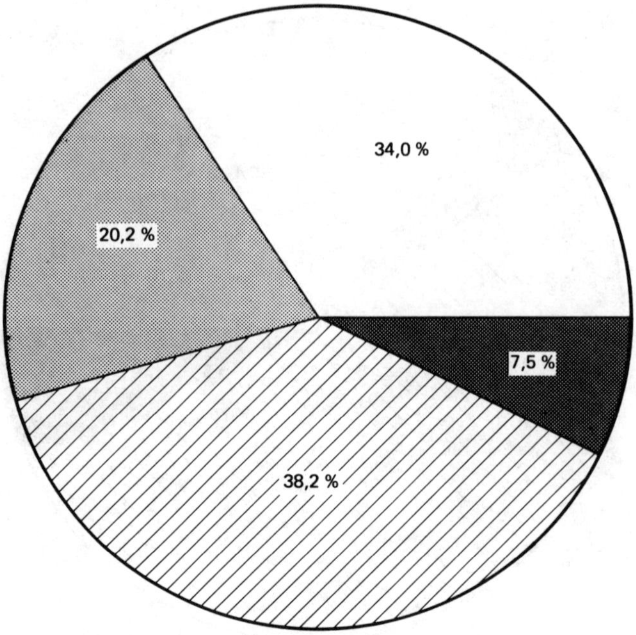

Abbildung 7: Kreditstruktur der Kreditbanken 1985

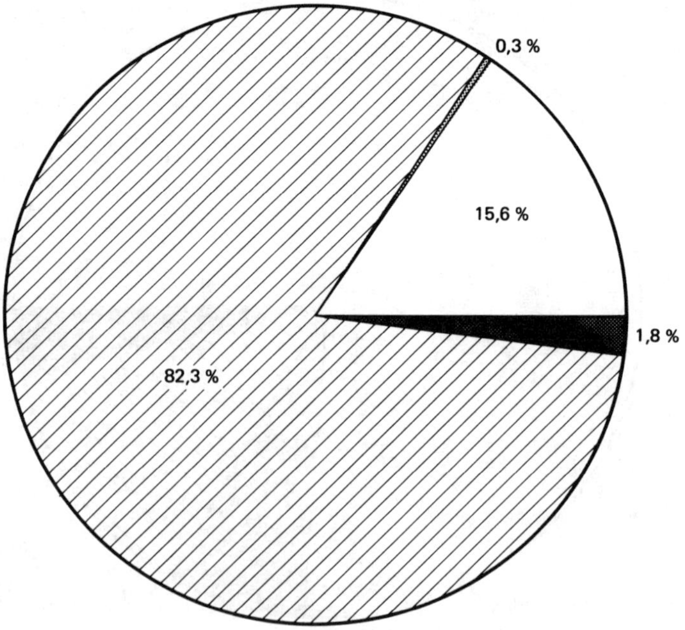

Abbildung 8: Kreditstruktur der Realkreditinstitute 1985

III. Kreditantrag – Kreditwürdigkeitsprüfung – Kreditzusage – Kreditmobilisierung

Die Banken haben ihre spezifischen Schwierigkeiten mit ihrem Selbstverständnis im Laufe der Geschichte. Im Hochmittelalter mit dem moraltheologischen Verdikt eines Thomas von Aquin konfrontiert, seit der Aufklärung bewußtes Instrument merkantilistischer Staatspolitik, verblieben bis zu Beginn der 70er Jahre des 20. Jahrhunderts typische obrigkeitsbezogene Formulierungen:

Es ist der „Bankbeamte", der dem Kunden gegenübertritt, wenn dieser einen „Antrag" auf Kredit stellt. Der Beamte prüft die „Würdigkeit" des Kreditsuchenden, „gewährt" bei befriedigendem Ergebnis der Prüfung den Kredit und vereinnahmt die mit der Kredit-„Gewährung" verbundenen „Gebühren". Und so heißt es denn auch noch in der vierten Auflage dieses Bandes auf S. 16: „Um von der Bank einen Kredit zu erhalten, muß sich der Kreditbewerber mit einem entsprechenden Antrag an das in Betracht kommende Institut wenden."

Dies war die traditionelle, typisch nachfrageorientierte, produktionsbezogene Sicht des Kreditgeschäftes der Banken. Die Perspektive hat sich grundlegend verändert. Wenn auch nicht an die Stelle, so doch neben die nachfrageorientierte ist die angebotsorientierte Sicht getreten, die produktionsbezogene ist durch die marktbezogene Sicht im wesentlichen abgelöst worden.

Inzwischen bieten die Banken – im Rahmen des gesetzlich Zulässigen – Kredite an. Typisches Beispiel ist der kundengruppenbezogene *Überziehungskredit* im Privatkundengeschäft, das Angebot durch Aushändigung der Scheckkarte und von 25 eurocheques, bis zum Betrag von 10 000,– DM die Überziehung zu dulden, im Oligopol des Marktes gibt es den „Kampf" um den Kreditnehmer im Bereich der ersten Adressen, jeweils nach Kundengruppen im Firmenkundenmarketing getrennt, um den Kreditnehmer, dessen *Bonität* „über jeden Zweifel" erhaben ist.

Diese Bonität wird nicht mehr allein auf den einzelnen (Privat-/Firmen-) Kunden bezogen, sondern gilt für eine ganze Gattung, eine Kundengruppe, und dann, abgeleitet, nach bestimmten Kriterien, auch für die Spezies dieser Gattung, den individuellen (oder: individualisierten) Kunden.

Nicht der kreditfähige Kunde, sondern die Kreditfähigkeit der Bank wird am Markt gehandelt, der Markt bestimmt, inwieweit die Portefeuille-Strategie der Bank im Kreditgeschäft realisiert wird. Dieser Kampf am Markt, um Marktanteile, findet im Rahmen der allgemeinen gesetzlichen Bestimmungen und der branchenspezifischen Reglementierungen durch Gesetz und KWG statt, in ihm realisiert sich das Kreditgeschäft der Banken.

In der angebotsorientierten, gattungsbezogenen Form ist lediglich die Aktivität marktbezogen, die Bank offeriert ihre *Kreditfähigkeit;* die Prüfung der Kreditfähigkeit des Kunden und der *Kreditwürdigkeit* erfolgt vor Vertragsabschluß.

In dem angebotsorientierten, kundenindividuellen Bereich ist dem *Kreditvertrag*, dem Kreditverhältnis, ohnehin die Prüfung der Kreditfähigkeit und der Kreditwürdigkeit durch die Bank vorausgegangen. Die Kreditfähigkeit ist im Rahmen der Kontoeröffnung geprüft worden; diese angebotsorientierte, auf den einzelnen Kunden bezogene Einräumung einer *Kreditlinie* ist daher auf das Kontokorrentkonto beschränkt: Die Art des Kredites ist der *Transaktionskassenkredit*, das Kreditverhältnis kommt durch konkludentes Handeln des Kunden zustande.

Im Rahmen der *Kreditwürdigkeit* sind drei Faktoren zu analysieren:[15]

1) der *rechtliche* Faktor = Kreditfähigkeit im engeren Sinne der Rechtsfähigkeit und Vertretungsbefugnis,
2) der *personelle* Faktor = Kreditfähigkeit im weitesten Sinne für natürliche und juristische Personen als fachliche Qualifikation, Risikominimierung aus Zukunftserfolgen,
3) der *wirtschaftliche* Faktor = Kreditwürdigkeit als Risikominimierung des Kreditausfalls in der Analyse künftiger Zahlungsfähigkeit.

1. Der rechtliche Faktor

Die Analyse des rechtlichen Faktors bezieht sich auf die *Rechtsfähigkeit* – natürlicher Personen sowie juristischer Personen des öffentlichen und privaten Rechts – und auf die *Geschäftsfähigkeit* als die Fähigkeit, Rechtsgeschäfte selbständig vollwirksam vorzunehmen. Sie dient der Minimierung des Risikos aus nicht rechtswirksamen Verträgen aufgrund mangelnder Rechts- und Vertretungsbefugnis.

Für *natürliche Personen* unterstellt das BGB die Geschäftsfähigkeit und grenzt daher negativ ab[16]:

Geschäftsunfähig nach § 104 BGB:
- Kinder unter 7 Jahren,
- Geisteskranke,
- wegen Geisteskrankheit Entmündigte.

Beschränkt geschäftsfähig:
- Minderjährige (ab 7. bis zur Vollendung des 18. Lebensjahres) § 2 BGB,
- wegen Geistesschwäche, Verschwendungs-, Trunk- und Rauschgiftsucht Entmündigte (§ 114 BGB),
- nach § 1906 BGB unter vorläufige Vormundschaft gestellte Personen (§ 114 BGB).

[15] vgl. Waechtershäuser, M.: Kreditrisiko und Kreditentscheidung im Bankbetrieb, Wiesbaden 1971, S. 126 ff. mit Literaturverweisen

[16] „Bankrecht und Bankpraxis“ (Nachfolge des Bankgeschäftlichen Formularbuches) Loseblattwerk, Köln 1979, Bd I 2/56 ff., zitiert im folgenden: „BuB“

Neben die Geschäftsfähigkeit tritt bei natürlichen Personen die Geschäftsführungs- und Vertretungsbefugnis von Personengemeinschaften ohne eigene Rechtspersönlichkeit von der Ehegemeinschaft bis hin zur Kommanditgesellschaft oder der stillen Gesellschaft des Handelsrechts.

Für *juristische Personen des Privatrechts*[17] gilt die Zuerkennung der Rechtsfähigkeit generell. Ihre Handlungsfähigkeit erhalten sie durch ihre Organe.

Für *juristische Personen des öffentlichen Rechts*[18] wird die Rechtsfähigkeit durch Gesetz, Satzung oder staatlichen Hoheitsakt begründet.

2. Der personelle Faktor

Neben das Kreditausfall-Risiko aus nicht rechtwirksamen Verträgen aufgrund mangelnder Rechts- und Vertretungsbefugnis tritt das *Risiko des Kreditausfalls* aufgrund falscher Einschätzung des Rückzahlungswillens des Kreditnehmers oder der mangelnden fachlichen Qualifikation für die Erreichung des mit dem Fremdmitteleinsatz verfolgten Zieles.

Im Einzelfall (und nur dieser kann hier behandelt werden; die Risikopolitik selbst ist Gegenstand von Band III) muß sich die Prüfung des *personellen* Faktors beziehen auf

1) bei natürlichen Personen:
   - persönliche Integrität des Kreditnehmers,
   - fachliche Qualifikation des Unternehmers oder seines Managements,
   - Regelung des Nachfolgeproblems bei Einzelkaufleuten, Personengesellschaften und freiberuflich Tätigen,
2) bei juristischen Personen:
   - die fachliche Qualifikation,
   - die Organisations- und Entscheidungsstrukturen.

3. Der wirtschaftliche Faktor

Mit dem wirtschaftlichen Faktor sind die Kriterien der *Analyse des Kreditausfalls* aufgrund der Zahlungsunfähigkeit des Kreditnehmers zum Fälligkeitstermin zusammengefaßt.

Während die Banken bei Krediten bis 100 000 DM insgesamt an einen Kreditnehmer frei sind, ob und mit welchen Methoden sie den wirtschaftlichen Faktor analysieren, sind sie ab dieser Höhe nach § 18 KWG verpflichtet, sich „die wirtschaftlichen Verhältnisse, insbesondere durch Vorlage der Jahresabschlüsse, offenlegen zu lassen". Dies ist eine durch die KWG-Novelle 1976 verschärfte Fassung; bis 1976 mußten die

[17] BuB I 2/244 ff.
[18] BuB I 2/313 ff.

Banken die Offenlegung *verlangen,* dieses Verlangen brauchte nicht zum Erfolg zu führen.

Das Bundesaufsichtsamt für das Kreditwesen „betrachtet als zulässig, wenn die Kreditzusage vor Offenlegung der wirtschaftlichen Verhältnisse erfolgt, sofern die Valutierung vom Ergebnis der Bonitätsanalyse abhängig gemacht wird".[19]

§ 18 Satz 2 KWG stellt von der Verpflichtung frei, wenn die gestellten Sicherheiten oder die Mitverpflichteten eine Offenlegung unbegründet erscheinen lassen, § 18 Satz 3 KWG stellt das Factoring-Geschäft frei. Nach § 20 Abs. 1 und 2 KWG sind Kredite an Kreditnehmer mit zweifelsfreier Bonität von diesem Erfordernis des Verlangens der Offenlegung frei: Kredite an die Öffentliche Hand und juristische Personen des öffentlichen Rechts, ebenso wie Realkredite und Interbankenkredite mit Laufzeiten bis zu drei Monaten.

Der Vollständigkeit halber wird auch für abgeschriebene Kredite das Erfordernis der Offenlegung gestrichen, in wirtschaftlicher Betrachtungsweise ohnehin ohne Belang.

Die Prüfung der Bilanzen bezieht sich auf die drei Kriterien:

Vermögenslage:
- Vermögensstruktur,
- Kapitalstruktur

Liquidität:
- aktuelle Liquidität,
- Finanzplananalyse,

Rentabilität,

die grundsätzlich als Gesamtheit betrachtet und ausgewertet werden müssen. Dies geschieht EDV-gestützt – maschinell („Mabila = maschinelle Bilanz-Analyse") und hat für die Bank den Vorteil, Querschnittsanalysen innerhalb von Kundengruppen, Branchen, aber auch Bewegungsbilanzen zu ermöglichen.

Am Ende der Analyse dieser Faktoren steht dann die *Kreditablehnung* oder die *Kreditzusage,* sofern es sich um Blankokredite handelt.

Wird der Kredit nicht blanko eingeräumt, muß über die Kreditbesicherung verhandelt werden. Nach positivem Verhandlungsergebnis wird die Kreditzusage im Krediteinräumungsschreiben beziehungsweise Kreditbestätigungsschreiben gegeben.

Der Bankkredit – in welcher Form, Gattung und Art auch immer – kann nur über ein Konto durch bare oder unbare Verfügung mobilisiert werden. Produktionsanlage ist das Konto, Produktionsfaktoren sind der dispositive Produktionsfaktor und die Elementarfaktoren, Mobilisierungsfaktor ist der monetäre Faktor.

[19] Szagunn, V./Wohlschieß, K.: Gesetz über das Kreditwesen i. d. Fassung vom 11. 7. 1985; 4. Aufl., Stuttgart, Berlin, Köln, Mainz, 1986, S. 331

IV. Kreditbesicherung

Hinsichtlich der Gestaltungsfreiheit der Besicherung eines Kredites ist zwischen

Kredit in laufender Rechnung:
- Überziehungskredit,
- Betriebsmittelkredit.

Darlehen (Kredit auf Kreditsonderkonto):
- Privatkundendarlehen,
- Praxisdarlehen für Ärzte,
- Festsatzkredit mit/ohne festen Rückzahlungsraten

als den Krediten mit absoluter Gestaltungsfreiheit einerseits, und den Kreditsonderformen nach der Art der Besicherung

Lombardkredit
Hypothekarkredit

andererseits, als den Krediten mit sicherungsbedingtem Gestaltungszwang zu unterscheiden.

Die Kredite mit absoluter Gestaltungsfreiheit sind zu definieren nach

Blankokredit,
Kredit ohne vertraglich vereinbarte Sicherheit,
gesicherter Kredit.

Der *Blankokredit* ist ein Kredit, bei dem ausdrücklich auf Sicherheiten verzichtet wird, auch auf das Pfand- und Zurückbehaltungsrecht nach AGB; der Kredit ohne vertraglich vereinbarte Sicherheiten unterliegt hingegen dem Pfand- und Zurückbehaltungsrecht[20].

Die Sicherheiten sind *rechtlich* nach akzessorischen und bedingten Sicherheiten zu untergliedern[21]: akzessorisch sind diejenigen, bei denen sich Bestand, Umfang und Dauer des gesicherten Rechts nach Bestand, Umfang und Dauer des gesicherten Hauptanspruches richten; bedingt sind diejenigen, die dem Gläubiger nach außen ein von Bestand, Umfang und Dauer des gesicherten Hauptanspruchs selbständiges Recht gewähren:

Sicherheiten	
akzessorisch	*bedingt*
Bürgschaft	Sicherungsübereignung
Pfandrecht	Sicherungszession
Hypothek	Grundschuld

[20] BuB I 4/2
[21] BuB I 4/3, 4/4

Neben diesen bankbetriebswirtschaftlich *originären* Sicherheiten gibt es *derivative* Formen, d. h. vertragliche Absprachen, die einer Verbreiterung der Haftungsbasis dienen:

Patronatserklärung,
Negativerklärung,
Verpflichtung einer künftigen Sicherheitenleistung,
Zurücktreten von Forderungen.

Neben die rechtliche Unterscheidung kann generell eine bankbetriebswirtschaftliche Sicht treten, die sich am Liquidierungsgrad = Liquiditätsgrad und an der Höhe des Liquidierungsdisagios orientiert. (Daß es auch ein Liquidierungsagio geben kann, ist hier nicht von Belang; dies wäre Chance, nicht Risiko.)

Nach dieser Betrachtung[22] ergibt sich folgendes Bild:

Liquiditätsgrad 100 % Disagio = 0	**Pfandrecht auf Kontoguthaben** – Kontokorrentkonto – Sparkonto – Festgeldkonto
Liquiditätsgrad abhängig von Bonität Disagio je nach Einredemöglichkeit	**Bürgschaften** – Ausfallbürgschaft – Nachbürgschaft – Rückbürgschaft – bedingte Bürgschaft u. a.
Liquiditätsgrad ~ 100 % Disagio vorhanden (je nach Kurs oder Plazierungswert)	**Pfandrecht auf Wertpapiere im Depot** – Festverzinsliche Wertpapiere – Aktien - amtlich notiert - Freiverkehr - unnotiert - ausländische Werte
Liquiditätsgrad < 100 % > 50 % Disagio vorhanden (je nach Marktwert/ Rückkaufswert)	**Sicherungsübereignung** – Waren und sonstige Wirtschaftsgüter **Sicherungszession** – Bausparguthaben – Lebensversicherung – Forderungen aus Gesellschaftsverträgen **Lombardierung von Waren und beweglichen Sachen**
Liquiditätsgrad < 50 % Disagio vorhanden (je nach Rang und Beleihungsauslauf)	**Grundsicherheiten**

Diese Sicherungsmöglichkeiten – mit Ausnahme des Lombard- und Hypothekarkredits – können sich im Zeitverlauf erweisende, falsche Bonitätseinschätzungen – Einschätzung des personellen und wirtschaftlichen Faktors – ganz oder teilweise heilen.

[22] BuB I 4/53-4/63

Neben dem Risiko aus der Werthaltigkeit der Besicherung am Zeitpunkt der Verwertungsnotwendigkeit tritt die Belastung der Zinsmarge aus den nicht durch „Gebühren" gedeckten Kosten der Sicherheitenübernahme und deren Verwaltung hinzu.

V. Kreditüberwachung

Im Interesse möglichst geringer Debitorenausfälle ist es notwendig, die Kreditwürdigkeit des Kunden nicht nur vor der Kreditzusage festzustellen, sondern auch während der Laufzeit des Kredites zu überwachen. Ein frühzeitiges Erkennen finanzieller Schwierigkeiten beim Kreditnehmer ermöglicht es der Bank, die erforderlichen Maßnahmen rechtzeitig einzuleiten und Verluste zu verhindern. Zu dieser Kreditüberwachung gehören *laufende Kreditwürdigkeitsprüfungen* an Hand der in gewissen Abständen einzureichenden Bilanzen, Gewinn- und Verlustrechnungen, Umsatzzahlen usw. und die Überwachung und Prüfung der Sicherheiten hinsichtlich ihres Vorhandenseins (Bestandsprüfung) und insbesondere ihres Wertes. Aufgrund dieser Unterlagen erfolgen Zeitvergleiche der Kapital- und Vermögensverhältnisse sowie der Liquiditäts- und Ertragslage der kreditierten Unternehmen, die über die Entwicklung der Kreditwürdigkeit Aufschluß geben sollen.

Bei der Kreditüberwachung ist ferner darauf zu achten, daß der Kredit die richtige Verwendung findet. Obwohl eine solche Feststellung vielfach schwierig ist, wird an Hand von zweckmäßig gegliederten Bilanzen und sonstigen Verwendungsnachweisen sowie bei Betriebsmittelkrediten durch Überwachung der Umsätze auf dem Konto des Kreditnehmers eine Kontrolle möglich sein, ob der Kredit im großen und ganzen dem im Kreditantrag angegebenen Zweck entsprechend disponiert wurde. Dabei ist insbesondere auf den richtigen Einsatz der Mittel hinsichtlich der Fristigkeit zu achten. Die Einhaltung der Kreditbedingungen wird zweckmäßig mit Hilfe einer Kreditkartei überwacht, in der alle Kreditnehmer erfaßt werden und in die alle wesentlichen Angaben über das Kreditverhältnis eingetragen werden. Auf diese Weise kann schnell überprüft werden, ob der Kreditnehmer die ihm eingeräumte Kredithöhe einhält, ob er seinen Zinsverpflichtungen nachkommt und die vereinbarten Tilgungsraten fristgerecht begleicht.

VI. Gefährdete und notleidende Kredite

Als *„gefährdet"* soll ein Kredit definiert werden, wenn

1) bei Privatkunden
   - die Art der Kontoführung auf Zahlungsschwierigkeiten schließen läßt,
   - fällige Raten nicht gezahlt werden,
   - Kontopfändung von dritter Seite erfolgt,
   - Scheckproteste/Wechselproteste vorkommen.

2) bei Firmenkunden
   - die Bilanzverhältnisse (Vermögensstruktur, Kapitalstruktur, Rentabilität) sich deutlich verschlechtern,
   - Zahlungsschwierigkeiten deutlich werden (übermäßige Ausdehnung des Lieferantenziels),
   - Kontopfändung von dritter Seite erfolgt,
   - Scheck- und Wechselproteste vorkommen,
   - Scheck- und Wechselreiterei erkannt wird,
   - plötzlich auftretende Ereignisse zur Existenzbedrohung führen (Brandschaden ohne ausreichende Versicherung, Ausfall eines Großabnehmers, schwierige Branchensituation).

In dem Zustand der Gefährdung muß das Konto/der Kreditnehmer in seinem Verhältnis zur Bank intensiv beobachtet werden, der Stand und die Werthaltigkeit der Sicherungen sind zu überprüfen, auch und insbesondere Auffang- bzw. Sanierungsmaßnahmen sind mit dem Kreditnehmer zu behandeln.

Als *„notleidend“* ist ein Kredit zu definieren, wenn

1) bei Privatkunden
   - das Vertrauensverhältnis zwischen Bank und Kunde gestört ist,
   - Kontomißbrauch erkannt wird (Überschreitung der Dispositionsfreigrenze),
   - Zahlungseinstellung erfolgt (Eidesstattliche Versicherung).

2) bei Firmenkunden
   - Zahlungseinstellung gegeben ist in Form eines Moratoriums, Vergleichs oder eines Konkurses,
   - Auflösung der Firma mit möglichen Ausfallrisiken der Bank, offen oder still, betrieben wird,
   - das Vertrauensverhältnis gestört ist.

In beiden Fällen hat eine *Bestandsaufnahme* der gesamten Kundenverbindung zu erfolgen mit Feststellung sämtlicher Konten und aller aus dem Geschäftsverkehr resultierenden Positionen der Bank, auch gegenüber haftenden Dritten.

Der Katalog dieser Bestandsaufnahme könnte etwa aussehen: bei

1) Privatkunden

   Kreditorische Konten/Werte:
   - laufendes Konto mit Unterkonten,
   - Termingeldkonten,
   - Sparkonten,
   - Wertpapierdepots,
   - Vorhandensein von Schließfächern.

Debitorische Konten/Verpflichtungen:
- laufendes Konto mit Unterkonten,
- Privatdarlehen,
- Praxisdarlehen,
- Baufinanzierungskredite,
- Bürgschaftsverpflichtungen,
- Options-, Devisen-Termin-Geschäft.

Feststellung der Sicherheiten:
- Pfandrechte nach AGB,
- Verpfändungen,
- Sicherungsübereignungen,
- Grundsicherheiten,
- Bürgschaften.

2) Firmenkunden

Kreditorische Konten/Werte:
- laufendes Konto mit Unterkonten,
- Termingeldkonten,
- Wertpapierdepots,
- Export-Akkreditive und Inkassi,
- Schließfächer.

Debitorische Konten und Verpflichtungen:
- laufendes Konto mit Unterkonten,
- E.V.-Gutschriften aus Schecks und Lastschriften,
- Einreicher-Wechsel-Obligo,
- Bezogenen-Obligo,
- Avale/Bürgschaftsverpflichtungen,
- unwiderrufliche Zahlungsaufträge (im Importgeschäft),
- unter Vorbehalt angekaufte Akkreditiv-/Inkasso-Dokumente,
- Devisen-Termin-Geschäfte/Optionsgeschäfte,
- Auszahlungsermächtigungen bei anderen Geschäftsstellen der Bank,
- Verpflichtungen aus von Dritten abgetretenen Forderungen,

Feststellung der Sicherheiten:
- Pfandrechte nach AGB,
- Scheck- und Wechsel-Inkassi,
- Depotwechsel,
- Dokumente aus Export-Akkreditiven, Export-Inkassi/Sonstige,
- Verpfändungen,
- Sicherungsübereignungen,
- Sicherungszessionen,
- Grundrechte/Schiffspfandrechte,
- Bürgschaften und sonstige schuldrechtliche Erklärungen (Patronatserklärungen etc.).

Benachrichtigung an involvierte Stellen intern und extern (Bürgen, Konsortialpartner etc.).

Für beide Kundengruppen gilt als Folgen:

Fälligstellen der Kredite gem. Nr. 17 AGB,
Abschluß gekündigter Konten,
Sperre der Werte/Verwertung von Sicherheiten,
Rückrechnung diskontierter Wechsel,
Sperre von Gutschriften E.V.-Schecks, Wechsel, Lastschriften; nur noch Annahme zum Inkasso,
Streichung von Abbuchungsaufträgen/Daueraufträgen,
Rückforderung von Scheckkarte und Schecks,
Kündigung von im Auftrage des Kunden übernommenen Bürgschaften/Garantien im rechtlich zulässigen Rahmen,
Widerruf von widerruflichen Akkreditiven,
Einstellen von Devisen-Termin- und Optionsgeschäften,
Löschung der Linien,
Kündigung der Geschäftsverbindung.

Dieser umfangreiche, stichwortartige Katalog von Analysen und Maßnahmen verdeutlicht, warum in den Banken Spezialisten oder Spezialeinheiten für die Abwicklung von Krediten beschäftigt werden müssen, daß neben dem Kapitalverlust auch ganz erhebliche Kosten der Kreditabwicklung entstehen, von Privatdarlehen oder kleinen Überziehungskrediten bis hin zu den spektakulären Entwicklungen wie etwa AEG oder Neue Heimat.

B. Arten monetärer Forderungen

I. Der Transaktionskassenkredit

Das laufende Konto – Kontokorrentkonto – dient dem Zahlungsverkehr des Kontoinhabers. Seiner Funktion nach ist es gleichgültig, ob diese Abwicklung des Zahlungsverkehrs aus Guthaben (Sichteinlagen) oder aus Kredit (Überziehungskredit) geschieht.

Da das Kontokorrentkonto insoweit die Transaktionskasse des privaten und unternehmerischen Haushalts ist – vgl. die Ausführungen in Band I, S. 225 ff. über die funktionale Bedeutung der Sichteinlagen –, sind Überziehungskredite ihrem Wesen nach Transaktionskassenkredite: „Da der Zahlungsverkehr der Unternehmen regelmäßig über Kontokorrentkonten abgewickelt wird, zeichnen sich Kontokorrentkredite durch eine im Zeitablauf sehr unterschiedliche Inanspruchnahme aus".[23]

1. Rechtliche Grundlagen

Gesetzliche Grundlage für jeden *Kontokorrentkredit* sind zunächst die Bestimmungen über das Darlehen, die in den §§ 607 bis 610 BGB enthalten sind. Bei diesen schuldrechtlichen Vorschriften handelt es sich jedoch um abdingbares Recht, also nicht um zwingende Rechtsnormen. Die Bestimmungen des bürgerlichen Rechts finden daher nur Anwendung, sofern keine besonderen vertraglichen Vereinbarungen vorliegen. Im bankmäßigen Kreditgeschäft gelten anstelle der bürgerlich-rechtlichen Vorschriften über das Darlehen in erster Linie die im Einzelfall im Kreditvertrag und die generell in den Allgemeinen Geschäftsbedingungen getroffenen Vereinbarungen. Für den Kontokorrentkredit kommen die Vorschriften über das Kontokorrent (§§ 355 bis 357 HGB) hinzu. Wegen seiner besonderen Bedeutung für das Verständnis des Kontokorrentverkehrs sei § 355 Abs. 1 HGB im Wortlaut wiedergegeben:

„Steht jemand mit einem Kaufmann derart in Geschäftsverbindung, daß die aus dieser Verbindung entspringenden beiderseitigen Ansprüche und Leistungen nebst Zinsen in Rechnung gestellt und in regelmäßigen Zeitabschnitten durch Verrechnung und Feststellung des für den einen oder anderen Teil sich ergebenden Überschusses ausgeglichen werden (laufende Rechnung, Kontokorrent), so kann derjenige, welchem bei dem Rechnungsabschluß ein Überschuß gebührt, von dem Tag des Abschlusses an Zinsen verlangen, auch soweit in der Rechnung Zinsen enthalten sind."

Die letzte Bestimmung des wiedergegebenen Textes ist besonders bemerkenswert, da im Gegensatz zur sonstigen Gesetzespraxis Zinsen auch von den in der vorhergehenden Abrechnungsperiode angefallenen Zinsen berechnet werden dürfen.

[23] Süchting, J.: Finanzmanagement, Wiesbaden 1976, S. 150

Bemerkenswert sind auch die in § 357 HGB enthaltenen Bestimmungen über die Pfändung des Kontokorrentsaldos. Werden beide Salden gepfändet, so wird von einer Doppelpfändung gesprochen. Der Versuch, einen zukünftigen Saldo durch Pfändung zu erfassen, führt allerdings leicht zu Unzuträglichkeiten, da der Schuldner dann meistens auf die Weiterführung des gepfändeten Kontokorrents verzichtet und seinen Zahlungsverkehr auf anderen Wegen abwickelt.

Zusammenfassend können als rechtliche Kriterien des Kontokorrents bezeichnet werden:

1) die Kaufmannseigenschaft mindestens eines Partners,
2) das Bestehen einer Geschäftsverbindung mit gegenseitiger Verrechnung und damit das Vorhandensein beiderseitiger Ansprüche und Leistungen,
3) die Maßgeblichkeit des Überschusses (Saldo),
4) die Feststellung des Überschusses in regelmäßigen Zeitabständen, mindestens einmal jährlich.

Für den Kontokorrentkredit ist u. a. die Bestimmung der Allgemeinen Geschäftsbedingungen bedeutsam, daß dann, wenn ein Kunde mehrere Konten bei der Bank unterhält, jedes Kontokorrentkonto ein selbständiges Kontokorrent bildet. Dieser Passus – die „Selbständigkeitsklausel" – entspricht den Gegebenheiten heutiger Bankpraxis. Dies kommt z. B. darin zum Ausdruck, daß für jedes Kontokorrentkonto eine eigene Zinsstaffel geführt wird und eine getrennte Zinsabrechnung erfolgt.

Aufgrund der Allgemeinen Geschäftsbedingungen erübrigt sich ein schriftliches Saldenanerkenntnis seitens der Kontokorrentkunden, da nach 14 Tagen der im Rechnungsabschluß mitgeteilte Saldo als stillschweigend anerkannt gilt.

2. Bankbetriebswirtschaftliche Aspekte

Sofern sich der Transaktionskassenkredit im geordneten Rahmen bewegt – innerhalb der eingeräumten Linien also –, ist die Bank grundsätzlich in der Position eines Stillhalters: solange sie die Transaktionskasse nicht selbst verwaltet, was innerhalb des Cash-Managements durchaus vorstellbar ist, muß sie die Verhaltensweise des Kunden akzeptieren; sie ist abhängig von der Optimierung des Zahlungsplanes des Privatkunden und des Unternehmens.

In „normaler" Zeit wirft diese Stillhaltefunktion keine besonderen Probleme auf, der Ausnutzungsgrad eingeräumter Linien ist gesamtinstitutsindividuell als Erfahrungswert bekannt, nach Kundengruppen in unterschiedlicher Höhe auch relativ konstant.

Die offenen Linien können in „hektischer" Zeit, in Zeiten der Liquiditätsengpässe allerdings zu einem gravierenden Problem werden, wenn die Kapazitätsgrenze – Eigenmittelbasis – erreicht oder sogar überschritten wird. Dieses Risiko ist für das Kreditgewerbe nicht unbedeutend: Nach der Statistik der Bundesbank[24] waren die zugesagten Linien – Kontokorrent-, Wechsel- und sonstige Kredite mit wechselnder Inanspruchnahme – in den Jahren 1982 bis Mitte 1986 zwischen 45,2 % und 48,3 %, im kurzfristigen Bereich zwischen 45,0 % und 48,6 % ausgenutzt, d. h., bei einer Inanspruchnahme von 236,4 Mrd DM war die Möglichkeit, zusätzlich in Anspruch genommen zu werden, 275,8 Mrd DM per Mitte 1986. Eine Totalausschöpfung offener Linien würde daher das Bankensystem überfordern.

Inwieweit ein derartiges Risiko virulent werden kann, ist schwer abzuschätzen. Tatsache ist, daß die Vorhaltelinien der multinationalen Großunternehmen als Sicherheitsnetz für einen etwaig funktionsunfähigen Euro-Dollar-Markt bemerkenswert sind; von einer derartigen Risiko-Virulenz werden daher die Kreditbanken in erster Linie betroffen.

Neben dieser Stillhalte-Funktion und der damit verbundenen Notwendigkeit entsprechender Refinanzierungsvorhalte-Positionen ist beim Transaktionskassenkredit die Anpassungsfähigkeit und -schnelligkeit in der Kondition typisch. Galt bis zur Sollzins-Freigabe 1967 die automatische Koppelung der Kondition an den Diskontsatz der Bundesbank, damit auch die Garantie einer relativ konstanten Marge aus dem Zinsgeschäft, so gilt nach 1967 zumeist die sogenannte b.a.w.-Kondition für diese Kreditart: die Kondition gilt „bis auf weiteres", der Kunde kann bei Konditionsänderung – sofern die Kondition angehoben wird – entscheiden, ob er

- verhandelt, um eine ihm nicht genehme Kondition zu ändern,
- die Änderung akzeptiert,
- das Konto nach Institutswechsel bzw. durch die Linie bei einem anderen Institut (Mehrfachverbindung) abdeckt,
- den Kredit zu dieser Kondition nicht in Anspruch nimmt.

Die praktizierte Verhaltensweise hängt von der Verhandlungsmacht des Kunden der Bank gegenüber ab.[25]

3. Erlös- und Kostenstrukturen

Ebenso, wie es ein Produkt „Einlage" gibt, ist auch der Kredit, hier der Transaktionskassenkredit ein Produkt, jedoch entsprechend der Sichteinlage kein originäres, sondern ein derivatives Produkt, ein von dem Transaktionskassenverhalten des Kunden abhängiges, für die Bank „zufälliges" Produkt.

Zu den wertbezogenen Kosten können daher für den Transaktionskassenkredit ebensowenig die Refinanzierungskosten gezählt werden, wie bei der Sichteinlage zu den wertbezogenen Erlösen die Anlageerlöse aus Sichteinlagen.

Produkt in diesem Sinne ist das Zinsgeschäft, in welchem die Zinsmarge realisiert wird.

[24] Monatsberichte der Deutschen Bundesbank, 38. Jg. Nr. 9, Sept. 1986 III, 4
[25] vgl. Krümmel, H. J.: Bankzinsen, Köln, Berlin, Bonn, München 1964, S. 230 ff.

a) Wertbezogene Erlöse[26]

– nur noch selten in der Praxis realisiert:
  Bereitstellungsprovision auf den zugesagten, nicht in Anspruch genommenen Kredit. Wenn diese Provision noch vereinbart wird, dann regelmäßig als „anrechenbare Provision“.
  Umsatzprovision auf den Umsatz der größeren Kontoseite
– Normal-Erlöse:
  Zinsen auf den in Anspruch genommenen Kredit nach Valutensalden,
  Überziehungsprovision bei unvereinbarter Kontoüberziehung,
  Kontoführungs-„Gebühren“ einschließlich Spesen- und Barauslagenersatz,
  Gebühren für die Sicherheitenverwaltung.

b) Wertbezogene Kosten

Wertbezogene Kosten können sich ergeben, wenn zur Deckung der aus der Inanspruchnahme resultierenden Überschreitung des Grundsatzes III KWG Gelder hereingenommen werden müssen, die zu einer Negativmarge im zuzuordnenden Einzelgeschäft führen sowie in Form der Risikokosten aus Kapital(teil-)verlust.

c) Betriebsbezogene Kosten

Als betriebsbezogene Kosten treten auf
– originär:
  Kosten der Krediteinräumung, der Kreditüberwachung, der Kreditverwaltung,
  Kosten der Schaltertechnik und der Kundenbuchhaltung,
  Kosten der Sicherheiten-Verwaltung und ggf. der Sicherheiten-Verwertung.
– derivativ:
  die ungedeckten Kosten aus dem „debitorischen“ Zahlungsverkehr mit etwa 0,67 %, umgerechnet als Belastung der Zinsmarge (vgl. Band I, S. 230 (c)),
  Kosten aus der Beschaffung und Anlage von Mitteln zur Deckung des Grundsatzes III KWG.

Im Gegensatz zur Sichteinlage, wo eine Nettokosten-Rechnung möglich war, kann für den Transaktionskassenkredit keine Nettoerlös-Rechnung aufgestellt werden. Dies liegt im wesentlichen an der bankkalkulatorischen Schwierigkeit der Ermittlung und Zurechnung der Kosten der Kreditbearbeitung. Dies wird im dritten Band zu behandeln sein.

[26] vgl. Krümmel, H. J.: a. a. O., 135 ff., Süchting, J.: a. a. O., S. 151

II. Der Wechseldiskontkredit

1. Rechtliche Grundlagen

Nach dem heute in der Bundesrepublik Deutschland geltenden Wechselrecht ist der Wechsel eine Urkunde, die eine unbedingte Anweisung enthält, eine bestimmte Geldsumme zu zahlen, im Text als Wechsel bezeichnet ist und eine Reihe von weiteren strengen Formerfordernissen erfüllt. Der Wechsel ist also ein Wertpapier, und zwar ein geborenes Orderpapier, das eine selbständige Zahlungsverpflichtung enthält, die an keine Bedingung geknüpft ist.

Der Diskontkredit ist der Ankauf eines Wechsels vor dessen Fälligkeit und Gutschrift des Gegenwertes nach Abzug der Zinsen (Diskontierung).

a) Arten des Wechsels

Das Wechselgesetz kennt zwei Grundformen des Wechsels, und zwar den *„gezogenen Wechsel"* und den *„eigenen Wechsel"*.

Die Bestandteile des gezogenen Wechsels sind nach Art 1.WG

1) die Bezeichnung „Wechsel" im Text der Urkunde, und zwar in der Sprache, in der sie ausgestellt ist;
2) die unbedingte Anweisung, eine bestimmte Geldsumme zu bezahlen;
3) der Name dessen, der zahlen soll – Bezogener –;
4) die Angabe der Verfallzeit;
5) die Angabe des Zahlungsortes;
6) der Name dessen, an den oder an dessen Order gezahlt werden soll – Wechselnehmer –;
7) die Angabe des Ausstellungstages und -ortes;
8) die Unterschrift des Ausstellers oder Trassanten.

Der gezogene Wechsel stellt somit die Anweisung des Ausstellers an den Bezogenen dar, zu einem genau festgelegten Zeitpunkt an den genannten Wechselnehmer oder dessen Order eine bestimmte Geldsumme zu zahlen. Ein gezogener, aber nicht akzeptierter Wechsel wird als „Tratte", ein akzeptierter Wechsel als „Akzept" bezeichnet.

Im Gegensatz dazu enthält der eigene Wechsel – auch *Solawechsel* genannt – das Versprechen des Ausstellers, an den genannten Wechselnehmer oder an dessen Order zu einem genau festgelegten Termin eine bestimmte Geldsumme zu zahlen. Hinsichtlich der gesetzlichen Wechselbestandteile unterscheidet sich der Solawechsel vom gezogenen Wechsel dadurch, daß die Angabe eines Bezogenen entfällt und in der Urkunde keine Anweisung, sondern ein unbedingtes Zahlungsversprechen gegeben wird.

Die gleiche Wirkung wie mit einem Solawechsel kann mit einem gezogenen Wechsel erzielt werden, wenn dieser auf den Aussteller selbst gezogen wird (trassiert-eigener

Wechsel). Trassiert-eigene Wechsel kommen hauptsächlich als Ziehungen der Hauptniederlassung auf ihre Zweigniederlassungen vor und werden dann auch als Kommanditwechsel bezeichnet.

Neben den gesetzlichen Wechselbestandteilen gibt es falkultative Bestandteile, die von wechselrechtlicher Bedeutung sind, sowie rein kaufmännische Vermerke, die den Wechselverkehr erleichtern sollen.

Wechselrechtlich bedeutsame Zusätze sind:

1) der Domizil- oder Zahlstellenvermerk, der angibt, an welchem Ort und bei welcher Bank der Wechsel zur Zahlung vorgelegt werden soll (Art. 4 WG),
2) die Duplikatklausel, z. B. „Erste Ausfertigung“, „Zweite Ausfertigung“ usw. im Wechseltext, die dann erforderlich ist, wenn mehrere Ausfertigungen eines Wechsels vorhanden sind (Art. 64 WG),
3) die Rektaklausel (negative Orderklausel), die z. B. durch die Worte „nicht an Order“ zum Ausdruck gebracht wird und zur Folge hat, daß der Wechsel nicht durch Indossament, sondern nur durch Abtretung übertragen werden kann (Art. 11 Abs. 2 WG),
4) die Protesterlaßklausel, die den Wechselinhaber von der Pflicht befreit, vor Rückgriff Protest mangels Annahme bzw. mangels Zahlung erheben zu lassen, z. B. durch den Vermerk „ohne Kosten“ oder „ohne Protest“ (Art. 46 WG),
5) die Angstklausel, durch die der Aussteller seine Haftung für die Annahme, der Indossant seine Haftung für Annahme und Zahlung ausschließen kann mit folgendem Wortlaut: „ohne Gewähr“, „ohne Obligo“ (Art. 9 Abs. 2, Art. 15 Abs. 1 WG).

Rein kaufmännischen Charakter haben folgende Wechselbestandteile bzw. Vermerke:

1) Wiederholung des Verfalltages und des Zahlungsortes in der rechten oberen Ecke des Wechsels,
2) Angabe der Ortsnummer des Zahlungsortes am rechten oberen Rand des Wechsels neben dem Zahlungsort,
3) interne Wechselnummer, welche die Banken bei der Kopierung anbringen,
4) Wiederholung der Wechselsumme in Ziffern,
5) Anschrift des Ausstellers.

b) Funktionen des Wechsels

Ein Wechsel kann folgende wirtschaftliche Funktionen erfüllen:

1) Zahlungsmittelfunktion,
2) Kreditfunktion,
3) Refinanzierungsfunktion,
4) Sicherungsfunktion,
5) Geldanlagefunktion,
6) währungspolitische Funktion.

Historisch gesehen steht die *Zahlungsmittelfunktion* an erster Stelle. Heute tritt sie gegenüber den anderen wirtschaftlichen Funktionen in ihrer Bedeutung erheblich zurück.

Die *Kreditfunktion* ist heute die wichtigste Funktion des Wechsels, durch die Akzeptleistung wird die effektive Zahlung des Bezogenen um die Laufzeit des Wechsels hinausgeschoben. Der Kunde akzeptiert einen Wechsel des Lieferanten (Ausstellers), den er erst bei Fälligkeit einzulösen braucht, so daß er ihn in der Regel bereits mit dem Erlös aus dem Warenverkauf abzudecken vermag.

Die Bedeutung des Wechsels als Kreditmittel basiert zu einem großen Teil darauf, daß sich die Unternehmen mit Hilfe von Abschnitten erster Bonität fast jederzeit refinanzieren können. Die *Refinanzierungsfunktion* des Wechsels beruht auf ihrer Eignung für die Diskontierung oder Lombardierung durch Kreditinstitute.

Im Zusammenhang mit den beiden letzterwähnten Funktionen steht die *Sicherungsfunktion* der Wechsel. Die Sicherheit im Wechselgeschäft resultiert aus der im Wechselgesetz festgelegten wechselrechtlichen Strenge, nämlich der Bindung an feste Formen und Regeln und insbesondere der Loslösung von dem zugrundeliegenden Rechtsgeschäft (Kausalgeschäft). Mit jeder Weitergabe verbessert sich die Sicherheit des Wechsels, da jeder Indossant die Haftung für die Einlösung des Wechsels übernimmt. Über das ursprünglich reine Wechselgeschäft hinaus wird der Wechsel auch häufig zur Sicherung anderer Kredite benutzt. Die Kreditinstitute bedienen sich der Sicherungsfunktion des Wechsels im Zusammenhang mit Kontokorrentkrediten, indem sie auf ihre Kunden Wechsel ziehen, die von diesen akzeptiert werden, ohne daß beabsichtigt ist, diese Debitorenziehung in Umlauf zu setzen. Im Rahmen von Lombardkrediten werden Wechsel von der Bank als Pfandobjekte angenommen und beliehen.

Die *Geldanlagefunktion* der Wechsel ist das Korrelat der Refinanzierungsfunktion. Da gute Wechsel jederzeit zur Refinanzierung verwendet werden können und sie außerdem nicht unerhebliche Erträge in Form des Wechseldiskonts erbringen, stellen sie ein geeignetes Mittel zur kurzfristigen Anlage vorübergehend freigesetzter Geldmittel dar.

Im Rahmen der Währungspolitik der Deutschen Bundesbank hat der Wechsel eine wichtige *währungspolitische Funktion.*

c) Übertragung und Haftung beim Wechsel

Die Weitergabe eines Wechsels geschieht durch eine Übertragungserklärung auf seiner Rückseite, die als „Indossament" oder „Giro" bezeichnet wird. Das Indossament kommt in zwei Grundformen – als Voll-bzw. Blankoindossament – vor. Ein Vollindossament hat z. B. folgenden Wortlaut:

Für uns an die Order der Kreditbank, Kassel
Kassel, den 8. 3. 19 . .
Bernhard Schmidt,

während ein Blankoindossament lediglich aus der Unterschrift des Indossanten (Giranten), also desjenigen, der den Wechsel überträgt, besteht.

Ein Indossament hat drei Rechtswirkungen:

1) Übertragungs- oder Transportfunktion: Ein Indossament überträgt sämtliche Rechte aus dem Wechsel auf einen Dritten, den Indossatar (Art. 14 WG).
2) Ausweis- oder Legitimationsfunktion: Wer einen Wechsel in Händen hat, gilt als rechtmäßiger Inhaber, sofern er sein Recht durch eine ununterbrochene Reihe von Indossamenten – unter denen sich auch Blankoindossamente befinden können – nachweisen kann (Art. 16 WG).
3) Haftungs- oder Garantiefunktion: Jeder Indossant haftet – sofern ein entgegenstehender Vermerk nicht vorhanden ist – für die Annahme und Einlösung des Wechsels (Art. 15 WG).

Hauptschuldner aus dem Wechsel ist der Bezogene, der – außer beim Sichtwechsel – den Wechsel in der Regel mit einer Annahmeerklärung (Akzept) versieht (Art. 21 ff. WG). Daneben haften der Aussteller und sämtliche Indossanten für die Annahme und Einlösung des Wechsels. Ferner haften aus dem Wechsel – sofern sich entsprechende Erklärungen auf diesem befinden – noch die Wechselbürgen (Art. 30 bis 32 WG) und Ehrenakzeptanten (Art. 55 bis 63 WG). Ein Rückgriff auf Aussteller, Indossanten und Wechselbürgen für den Fall, daß der Bezogene die Annahme bzw. Zahlung verweigert, setzt eine fristgemäße Erhebung des Wechselprotestes voraus (Art. 44 WG). Der Protest wird durch einen Notar, Gerichtsbeamten bzw. Postbeamten aufgenommen (Art. 79 bis 81 WG). Versäumt der Wechselinhaber die Protestfrist, so verliert er alle wechselrechtlichen Ansprüche gegen den Indossanten, den Aussteller und alle anderen Wechselverpflichteten mit Ausnahme des Bezogenen (Art. 53 WG).

2. Bankbetriebswirtschaftliche Aspekte

Der Wechseldiskontkredit hat für die einzelnen Kundengruppen höchst unterschiedliche Funktionen, die von Seiten der Bank in das Entscheidungskalkül, einen Wechsel anzukaufen oder den Ankauf abzulehnen, eingehen müssen, wenn sie sich kundengruppen-adäquat verhalten will.

Für die *Privatkundschaft* ist der Wechseldiskontkredit von untergeordneter, marginaler Bedeutung, auch dann, wenn die nicht handelsregisterlich eingetragenen Gewerbetreibenden in dieser Kundengattung mitgeführt werden, sowie die Mitglieder von Personengesellschaften. Falls in der letzteren Gruppe Linien bemerkenswerten Umfanges geführt werden, pflegen diese Kunden als Firmenkunden eingruppiert zu werden.

In der *Firmenkundschaft* müssen – analog etwa der Unterscheidung bei den Termineinlagen – zwei Debitorengruppen scharf getrennt werden:

1) Der absatznahe Debitor

Hier liegt eine unmittelbare Verknüpfung von Absatz- und Finanzplan vor. Der Kunde erwartet von seiner Bank die Übernahme der Liquidisierungsfunktion seiner Forderungen aus Warenlieferungen und -leistungen, auch zu einem Zeitpunkt, an dem die Bank am Ankauf von Wechseln nicht interessiert ist und mit Abwehrkonditionen den Zufluß zu begrenzen versucht.

Da der absatznahe Debitor im Wechselankauf keine eigenständige Leistung, kein eigenständiges „Produkt" der Bank sieht, verlangt er im Rahmen der Kundenverbindung einen marktkonformen Satz und stellt bei Zögern der Bank die gesamte Kundenbeziehung in Frage.

Dies gilt auch bei der Behandlung der Termineinlagen (vgl. Band I, S. 232 (1)). Insoweit sind Wechsel und Termineinlagen für die *Bank* auch spiegelbildlich – identisch. Die Hereinnahme beider führt zu einer Belastung der Zinsmarge:

- Die Termineinlage ist regelmäßig die teuerste Einlage – der Wechselankauf ist regelmäßig der billigste Kredit.
- Die Termineinlage dient der Einhaltung der Liquiditätsnormen des KWG, der Wechselankauf kann jederzeit *im Rahmen des freien Rediskontkontingents* reliquidisiert werden.

2) Der geldmarktnahe Debitor

Entsprechendes gilt auch für den geldmarktnahen Wechselanbieter: Hier bedeutet der Wechseldiskont eine einseitige Disposition aus dem Finanzplan heraus, eine Verknüpfung mit dem Absatzplan ist nicht oder nur lose vorhanden. Preisgestaltung und Kundenbeziehung stehen in keinem interdependenten Verhältnis, die Entscheidung eines Instituts, den Wechsel nicht anzukaufen und dies durch die Preisfestsetzung zu dokumentieren, gefährdet nicht die Gesamtkundenbeziehung. Entscheidungskriterium für die Bank bleibt, neben der eingeräumten Linie sachentsprechend, das Volumen des freien Rediskontplafonds.

Daher sind aus der Sicht der Bank geldmarktnahe und kundenbezogene Diskontkredite scharf getrennt.

Eine besondere Bedeutung spielten in der Vergangenheit und spielen auch heute noch die Wechselankäufe durch kleinere Institute und auch durch Privatbankiers als reine Margenkredite ohne Kapitalbindung zur Verbesserung des Ergebnisses des Zinsgeschäftes. Sie kaufen Wechsel mit dem Ziel an, sie an befreundete Institute im Rahmen der ihnen eingeräumten Linien zu verkaufen, also innerhalb des Bankenapparates zu rediskontieren.

Die Zahlen verdeutlichen die Struktur:

Der Anteil der Wechseldiskontkredite an den kurzfristigen Nichtbankenkrediten insgesamt betrug bei den

	1973	Mitte 1986
Privatbankiers	21,8 %	33,0 %
Großbanken	26,3 %	26,2 %.

Und die Liquidisierungstendenz hat bei den Privatbankiers nicht nachgelassen:

Mitte 1986 Mio DM	Wechseldiskont-kredite	Bestand an Diskont-wechseln	Indossaments-verbindlichkeiten aus weitergegebenen Wechseln
Privatbankiers	3 533 = 100 %	532 = 15 %	3 509 = 99 %
Großbanken	15 286 = 100 %	3 739 = 25 %	12 277 = 80 %

Aus den Prozentanteilen kann ein Bild über den Umfang „durchgeleiteter" Diskontwechsel gewonnen werden.

Bei den Großbanken kann von der Prämisse ausgegangen werden, daß der Rahmen der Wechselankäufe primär durch den Ausnutzungsgrad des Rediskontplafonds, sekundär durch das kundenbezogene Diskontgeschäft geprägt wird.

Bei den Privatbankiers handelt es sich in stärkerem Maße um geldmarktnahe Wechsel, die im Rahmen der Unterbringungsmöglichkeiten als Margengeschäft betrieben werden.

Hervorgehoben werden sollen charakteristische Merkmale. Die Qualität des Gesamt-Diskont-Geschäfts wird nicht dadurch beschrieben.

Im kundenbezogenen Wechseldiskontgeschäft spielt eine besondere Bedeutung die Frage nach der Disposition des Gegenwertes durch den Kunden. Zwei Möglichkeiten sind bankbetriebswirtschaftlich gegeben:

1) Der Erlös aus dem Wechselankauf mindert einen Debetsaldo. Dann liegt ein das Zinsgeschäft negativ beeinflussender Kreditartentausch vor. Ein Debetzins im Kontokorrent wird getauscht gegen den niedrigeren Diskontzins.
2) Der Erlös aus dem Wechselankauf ergibt einen Kreditsaldo (oder führt zum Saldenwechsel). Dann entstehen durch den Diskont zwar primär Sichteinlagen, die jedoch bei finanzplanoptimalem Verhalten abdisponiert werden.

In diesem Rahmen wird die Frage zu diskutieren sein, ob mit dem Wechselankauf institutsbegrenzende oder institutsüberschreitende Zahlungsströme ausgelöst werden: In der Praxis führt dies zum „Diskont-Syndrom": der Befürchtung, durch den Wechselankauf Zahlungsströme zu fremden Banken zu bewirken.

Daher und nicht nur aus Bonitätsgründen kommt der Frage nach dem institutsgeschlossenen oder institutsoffenen Kreis der Wechselbeteiligten eine besondere Bedeutung zu.

3. Erlös- und Kostenstrukturen

a) Wertbezogene Erlöse

Der Bank fließen beim Ankauf eines Wechsels zu
- Zinsen und – nur noch selten – Diskontprovision,
- „Spesen und Gebühren",
- Wechselsteuer als durchlaufender Posten.

Die Höhe des Diskontsatzes orientiert sich am Diskontsatz der Deutschen Bundesbank. Dabei lassen sich folgende Zusammenhänge in „normalen" Zeiten finden[27]:
- der niedrigste Zinssatz für bundesbankfähige Abschnitte (bis unter 100 000 DM gemäß Erhebung) liegt bei 1/4 %-Punkt über dem Diskontsatz der Bundesbank,
- der höchste Zinssatz dieser Abschnitte liegt am untersten Sollzinssatz für Kontokorrentkredite (unter 1 Mio DM).

Diese beiden Eckpunkte gehören in dieser Definition zu den typischen bankbetriebswirtschaftlichen Bestandteilen des Wechseldiskontgeschäftes.

b) Wertbezogene Kosten

Wertbezogene Kosten entstehen bei Rediskont des Wechsels, sowohl in der Eigenschaft als Margengeschäft als auch als „Heilmittel" für die Einhaltung der Liquiditätsnormen.

c) Betriebsbezogene Kosten

Betriebsbezogene Kosten entstehen durch die Kreditbearbeitung und -überwachung im Rahmen des Kunden-Engagements, durch die Technik des Ankaufs, der Verwahrung, Verwaltung und ggf. Mobilisierung des Abschnittes, durch die Verbuchung und die dadurch ausgelösten Vorgänge im Zahlungsverkehr.

Das sogenannte „breite" Wechselgeschäft ist regelmäßig – zu Vollkostensätzen – nicht kostendeckend.

III. Der Lombardkredit

Zu unterscheiden sind:
- der *echte* Lombardkredit,
- der *unechte* Lombardkredit.

Der letztere ist ein Kontokorrentkredit, der durch „Lombardierung" = Verpfändung von beweglichen Sachen oder Rechten *gesichert* ist, aber eben Transaktionskassenkredit seiner rechtlichen und wirtschaftlichen Form nach bleibt. Diese Form des unechten Lombardkredites ist inzwischen durch die leichter zu gestaltende Form der Sicherungsübereignung innerhalb des Transaktionskassenkredites substituiert worden.

Der *echte Lombardkredit* ist ein kurzfristiges, auf einen festen Betrag lautendes Darlehen, das durch Verpfändung marktgängiger, d. h. realisierbarer, beweglicher Sachen oder Rechte besonders gesichert ist.

[27] vgl. Monatsberichte der Deutschen Bundesbank, Statistischer Teil V 1, V7

1. Rechtliche Grundlagen

Da der Lombardkredit, für den es in Deutschland keine speziellen Rechtsvorschriften gibt, aus zwei Geschäften, nämlich einem Kreditgeschäft und einem Sicherungsgeschäft, besteht, sind auf das Lombardgeschäft einerseits die Vorschriften über das Darlehen (§§ 607 bis 610 BGB) und andererseits die Bestimmungen über das *Pfandrecht* an beweglichen Sachen und an Rechten (§§ 1204 bis 1296 BGB) anzuwenden. Außerdem sind – da Banken die Kaufmannseigenschaft besitzen – die §§ 366 bis 368 HGB sowie eine Reihe handelsrechtlicher Spezialvorschriften, wie das Depotgesetz, das Börsengesetz und die Verordnung über Orderlagerscheine, zu beachten. Eine Ergänzung dieser gesetzlichen Vorschriften bilden die Allgemeinen Geschäftsbedingungen.

Die Entstehung eines Pfandrechts ist an drei Voraussetzungen geknüpft:

1) Es muß eine Forderung bestehen.
2) Zwischen den Parteien muß eine Einigung darüber zustande kommen, daß das Pfandrecht dem Gläubiger zustehen soll.
3) Das bestimmt bezeichnete Pfandobjekt muß an den Gläubiger übergeben werden, oder für die Übergabe muß ein entsprechender Ersatz vorhanden sein.

Die Existenz einer Forderung ist eine unabdingbare Voraussetzung; denn das Pfandrecht ist akzessorischer Natur. Die Einigung ist im bankmäßigen Lombardgeschäft nicht problematisch, da sie sich aus dem Kreditantrag bzw. aus dem Kreditbewilligungsschreiben und der Einverständniserklärung ergibt. Die Notwendigkeit, daß das Pfandobjekt in den Besitz des Gläubigers übergehen oder eine gleichwertige Ersatzregelung vorhanden sein muß, bereitet dagegen häufig Schwierigkeiten. Hinsichtlich der Erfüllung des Erfordernisses der Übergabe stehen grundsätzlich fünf Möglichkeiten zur Verfügung:

1) Effektive Übergabe des Pfandobjekts,
2) Einigung über den Übergang bei bereits in unmittelbarem Besitz der Bank befindlichen Pfandobjekten,
3) Abtretung des Herausgabeanspruches an bei Dritten verwalteten Pfandobjekten mit Anzeige an den unmittelbaren Besitzer,
4) Indossierung eines Orderpapiers bei in einem Orderpapier verbrieften Rechten an dem Pfandobjekt.
5) Beschaffung des Mitbesitzes – etwa durch Mitverschluß – bei in unmittelbarem Besitz des Darlehensnehmers befindlichen Pfandobjekten, die dort verbleiben sollen.

Zur Bestellung eines rechtswirksamen Pfandrechts ist grundsätzlich nur der Eigentümer berechtigt. Eine Ausnahme ist dann gegeben, wenn ein Nichtberechtigter eine Sache verpfändet und dem Pfandnehmer der Schutz des guten Glaubens zugute kommt.[28]

[28] vgl. zu diesen Fragen: BuB I, 4/1215-1229

Für die Banken ist allerdings die einschränkende Bestimmung des § 367 HGB von besonderer Bedeutung. „Wird ein Inhaberpapier, das dem Eigentümer gestohlen worden, verlorengegangen oder sonst abhanden gekommen ist, an einen Kaufmann, der Bankier- oder Geldwechselgeschäfte betreibt, veräußert oder verpfändet, so gilt dessen guter Glaube als ausgeschlossen, wenn zur Zeit der Veräußerung oder Verpfändung der Verlust des Papiers im Bundesanzeiger bekanntgemacht und seit dem Ablauf des Jahres, in dem die Veröffentlichung erfolgt ist, nicht mehr als ein Jahr verstrichen war. Inhaberpapiere stehen an Order lautende Anleiheschuldverschreibungen sowie Namensaktien, Zwischenscheine und Reichsbankanteilscheine gleich, falls sie mit einem Blankoindossament versehen sind".

2. Die Arten des Lombardkredites

Innerhalb des Lombardkredites sind im wesentlichen drei Arten zu unterscheiden:

1) Effektenlombard,
2) Warenlombard (einschließlich der sie repräsentierenden Orderpapiere),
3) Goldlombard.

Der typische, auch aktuell immer noch bedeutsame *Lombardkredit* im Privatkundenbereich ist der *Effektenkredit* in Form des Effektenlombardkredites.

Der typische Firmenkundenlombardkredit, branchenbestimmt insbesondere im Waren-Importgeschäft, ist der *Warenlombardkredit*.

Beim Warenlombardgeschäft werden die Pfandobjekte in den seltensten Fällen an die Bank übergeben. In der Regel werden die Waren auf den Namen der Bank in einem Lagerhaus eingelagert, der Lagerschein wird der Bank ausgehändigt. In Ausnahmefällen verbleiben die Waren – getrennt von den übrigen Waren des Kreditnehmers – unter Mitverschluß der Bank im Besitz des Kreditnehmers. Sehr häufig werden sie bereits verpfändet, wenn sie sich auf dem Weg vom Lieferanten zum Kreditnehmer befinden. Die Verpfändung der Waren erfolgt durch Übergabe des Konnossements oder des Ladescheins.

Innerhalb des Firmenkundengeschäftes ist eine zweite typische Form des Lombardgeschäfts zu erwähnen: das *Golddarlehen* an Zentralbanken, das in der jüngsten Dekade eine nicht unerhebliche Bedeutung innerhalb des Edelmetall- und Devisengeschäfts der (internationalen) Banken erreichen konnte.

3. Bankbetriebswirtschaftliche Aspekte

Durch das Rechtsinstrument der Sicherungsübereignung im Kontokorrentverhältnis ist die Bedeutung des kundenbezogenen Lombardkreditgeschäfts stark zurückgegangen und konzentriert sich auf die erwähnten drei kundengruppen-typischen Arten des Effekten-, Waren- und Edelmetallombardkredites.

Diese drei Produkte werden in der Bank nicht initiativ angeboten, sondern dienen der Gesamtkundenverbindung, haben subsidiären Charakter.

Ohne Einräumung
- des Finanzierungsrahmens würde das Wertpapierkommissionsgeschäft,
- eines Waren-Lombardkredites würde das Auslands-Dienstleistungsgeschäft,
- eines Gold-Lombardkredites („Goldleihe") würde das Edelmetall- und Devisengeschäft

behindert. Die Lombardkredite sind das Vehikel, welches die entsprechenden Dienstleistungsgeschäfte realisiert.

Beim Effektenkredit kommt den Banken bei der Kreditüberwachung das erreichte Entwicklungsniveau der Elektronik zu Hilfe: In der Vergangenheit mußten in periodischen Abständen die aktuellen Kurswerte des Depots des Darlehensnehmers „manuell" ermittelt werden. Dies war eine ausgesprochen arbeitsintensive Tätigkeit, da für jede einzelne Gattung, für jeden einzelnen Depotwert der Kurs herausgesucht werden mußte. Diese Wertermittlung geschieht heute elektronisch, der Kreditsachbearbeiter kann, ebenso wie der Wertpapierberater, jederzeit „auf Knopfdruck" das aktuelle, bewertete Depot abrufen.

Beim Waren-Lombardkredit bestehen die traditionell aufwendigen Formen der Kreditüberwachung: Mitarbeiter der Sicherheiten-Abteilung müssen die Konsignationslager besichtigen und sich vom Vorhandensein und der Qualität der verpfändeten Waren überzeugen; besonders aufwendig pflegt dies in den Lagerschuppen der Freihäfen zu sein. Hier vermag die Elektronik nicht zu helfen.

Da sich nicht immer ein Lombardkredit problemlos abwickelt, müssen die Banken das Verwertungs-Risiko besonders beachten und im Eintrittsfalle lösen. Dies gilt im übrigen auch für die Verwertungen aus Sicherungsübereignungen. So kommen gelegentlich Bankmitarbeiter in den Genuß, sich an Verwertungsaktionen, auch im Rahmen des Kantinenessens, beteiligen zu können.

4. Erlös- und Kostenstrukturen

a) Wertbezogene Erlöse

Als wertbezogene Erlöse treten auf
- Zinsertrag aus dem Valutensaldo des Darlehenskontos,
- (in seltenen Fällen noch) Kreditprovision.

Erlöse aus Zahlungsverkehr sind dem Kredit fremd, da kein Zahlungsverkehr stattfindet, die Kosten der Sicherheitenbearbeitung und -verwaltung gelten bei den Kunden nicht als Eigenleistung der Bank und sind daher regelmäßig nicht preis-„würdig".

b) Wertbezogene Kosten

Wertbezogene Kosten treten nicht auf, falls nicht die Verwahrungs- und Verwertungskosten als „wertbezogen“ definiert werden; im Normalfalle sind dies betriebsbezogene Kosten. Wertbezogene Kosten können aber auftreten in Form des Restrisikos aus dem nicht durch die Sicherheitenverwertung voll abgedeckten Saldo.

c) Betriebsbezogene Kosten

Hierzu gehören die direkt mit dem Kredit in Zusammenhang stehenden Kosten der Kreditprüfung, -entscheidung, -überwachung und die Beobachtungskosten der Werthaltigkeit (und des Vorhandenseins) der verpfändeten Waren. Es zählen auch die indirekt mit dem Kredit in Zusammenhang stehenden Kosten etwa der Firmenkundenbetreuung und der Bonitätsprüfungen dazu.

Da diese Kredite Dienstleistungscharakter für die entsprechenden Dienstleistungsgeschäfte haben, geht die mögliche Unterdeckung aus dem Lombardkreditgeschäft zu Lasten des Dienstleistungsgeschäfts.

In der Vergangenheit war die Betrachtungsweise diametral entgegengesetzt: Das Dienstleistungsgeschäft wurde als Vehikel für das Zinsgeschäft gesehen und Unterdekkungen aus dem Dienstleistungsgeschäft durch die Zinsmarge „geheilt“. Die Konditionen im Zinsgeschäft für diese erörterten Lombardkreditformen, die heute noch eine gewichtige Bedeutung haben, lassen diese Perspektive nicht mehr zu.

IV. Der Treuhandkredit

Als Treuhandkredit werden solche Kredite bezeichnet, bei denen die Bank als Treuhänder Mittel im eigenen Namen, aber für Rechnung eines als Treugeber fungierenden Geldgebers als Kredit an einen Dritten (Treugutempfänger) weiterleitet und die Kredite im Interesse des weisungsberechtigten Treugebers verwaltet, also kein Kreditrisiko trägt, sondern nur für die ordnungsgemäße, dem Treuhandauftrag entsprechende Weiterleitung und Verwaltung sowie für die Abführung der von ihr einzuziehenden Rückzahlungs- und Zinsbeträge haftet.

1. Rechtliche Grundlagen

Für das Treuhandkreditgeschäft bestehen keine besonderen rechtlichen Vorschriften. Daher sind die allgemeinen für Kreditverhältnisse geltenden gesetzlichen Bestimmungen anzuwenden, z. B. § 607 BGB über das Darlehen. Erfolgt die Kreditgewährung zwischen Treugeber und Treugutempfänger in der Form eines Kontokorrentkredits, ist § 355 HGB maßgebend. Bedeutung haben ferner z. B. § 778 BGB für den Kreditauftrag und § 675 BGB über die Geschäftsbesorgung. Die Allgemeinen Geschäftsbedingungen enthalten keine speziellen Bestimmungen für Treuhandkredite. Erfolgt die Gewährung von Treuhandkrediten im Rahmen öffentlicher Kreditprogramme, so sind die Richtlinien der zentralen Institute zu beachten.

2. Bankbetriebswirtschaftliche Aspekte

Der wesentliche bankbetriebswirtschaftliche Aspekt des Treuhandkredites besteht darin, daß nicht das Kreditinstitut, sondern der Treugeber den Verwendungszweck der Mittel bestimmt und bei Kreditprogrammen auch den Empfängerkreis der Kredite festlegt. Die Bank fungiert also lediglich als Durchleitstelle. Würde dagegen – als wirtschaftliche Alternative – der Gläubiger seine Gelder als Einlagen zur Verfügung stellen, so daß die Banken die Kreditgewährung auf eigene Rechnung durchführten, so hätte er kaum Einfluß auf die Verwendung der Gelder; zwischen Mittelbeschaffung und Kredit würde vielmehr die dispositive, eigenverantwortliche Tätigkeit der Bank stehen.

Streng zu trennen von den Treuhandkrediten sind die sogenannten zweckgebundenen Mittel, die eine Mittelstellung zwischen Treuhandkrediten und den für eigene Rechnung der Banken gegebenen Krediten einnehmen („Durchgeleitete Kredite"). Bei ihnen handelt es sich, wie bei den Treuhandkrediten, um Weiterleitungskredite, deren Verwendungszweck und Empfängerkreis vom Gläubiger festgelegt wird. Der Unterschied liegt in der Haftung: Die Banken müssen das Kreditausfallrisiko ganz oder teilweise tragen.

Trotz vieler Gemeinsamkeiten im Förderungszweck und in der technischen Abwicklung besteht somit ein grundsätzlicher Unterschied zwischen Treuhandkrediten und Krediten aus zweckgebundenen Mitteln, der seinen Niederschlag auch in der verschiedenartigen Bilanzierung findet. (Zur Stellung der Treuhandkredite und der Weiterleitungskredite vgl. Tabelle 5[29]).

Tabelle 5: Stellung der Treuhandkredite unter den Weiterleitungskrediten

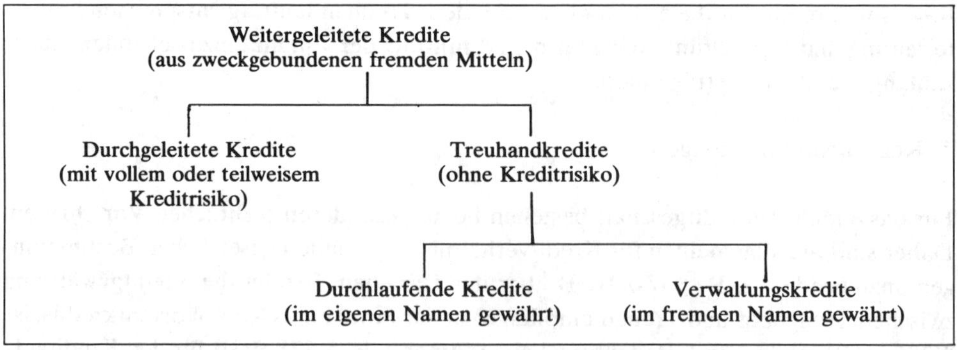

[29] Birck, H./Meyer, H.: Die Bankbilanz, 3. Aufl., Wiesbaden 1976, S. II/253

Wie der Lombardkredit eine Vehikel-Funktion für das Dienstleistungsgeschäft erfüllt, haben Treuhandkredite im wesentlichen „Dosenöffner"-Charakter; sie bilden, besonders im mittelständischen Firmenkundengeschäft, das Entrée in die Kundenbeziehung durch ein Institut, das seine fachliche Expertise in den unterschiedlichen Förderungsprogrammen der Öffentlichen Hand hat.

3. Kosten- und Erlösstrukturen

Da die Bank dem Treugeber als Dienstleistungsunternehmen für die Einräumung, Verwaltung und Abwicklung von zweckgebundenen Krediten gegenübersteht, wären zwei Möglichkeiten der Erlösgestaltung denkbar:
1) Aufschlag auf den originären Zins des Treuhandkredites.
Dann wäre der Treuhandkredit ein spezifischer Margenkredit, der Erlös wäre auf dem Zinsenkonto zu vereinnahmen. Dies ist jedoch in der Praxis nicht der Fall.
2) Verwaltungskosten-Pauschale für die Dienstleistungen.
Dieser Weg wird in der Praxis beschritten. Der Erlös ist daher eine Provision sui generis und auf dem Provisionskonto zu vereinnahmen. Damit tritt der interessante Fall ein, daß einerseits die Bilanzpositionen „Kredite und Einlagen", andererseits das GuV-Konto „Provisionseinnahmen" angesprochen werden. Ein Institut, das ausschließlich diese Geschäfte betriebe, würde zwar bilanziell über ein Zinsgeschäft verfügen, jedoch seinen Gewinn aus den Provisionen realisieren.

Den Provisionseinnahmen stehen die typischen Kosten der Krediteinräumung und -überwachung gegenüber, die wegen der spezifischen Komponenten der Kreditausgestaltung regelmäßig höher sind als vergleichbare Transaktionskassenkredite.
Dies unterstreicht die zweiseitige Subsidiarität der Treuhandkredite: Sie liegt zum einen in der Kreditbereitstellung durch die Öffentliche Hand, zum anderen in der Durchführung der Bank zum Zwecke der Initiierung oder Intensivierung der Gesamtkundenverbindung.

V. Der Objektkredit

Für die Definition des Objektkredites sind die Bestimmungen §§ 11 und 12 HypBG, §§ 10 bis 12 SchiffsBG sowie § 20 Abs. 2 Nr. 1 KWG grundlegend.

Danach werden als Objektkredite Darlehen angesehen, „die durch Grund- oder Schiffspfandrechte gesichert sind und deren Verzinsung und Rückzahlung jederzeit unabhängig von der Person des Kreditnehmers durch das beliehene Grundstück, Schiff oder Schiffsbauwerk gewährleistet sind."[30]

[30] Schreiben des BAK vom 25. 10. 1963, abgedruckt bei Birck, H./Meyer, H.: a. a. O., S. II/220

In der Kommentierung zu § 20 Abs. 2 Nr. 1 KWG wird präzisiert: Ein Objektkredit setzt „regelmäßig kumulativ voraus, daß

1. Grundstücke, Wohnungseigentum, grundstücksgleiche Rechte (Erbbaurechte u. a.), Binnen-, Seeschiffe, Schiffsbauwerke oder Miteigentumsbruchteile an solchen Einheiten unmittelbar beliehen werden, die in öffentliche, im Bereich der Bundesrepublik Deutschland sowie des Landes Berlin geführte und eigens dafür angelegte Register eingetragen sind,
2. der bei ordnungsmäßiger Bewirtschaftung des beliehenen, ertragsreifen Objekts – unabhängig von der Person des Eigentümers – erzielbare Ertragsüberschuß die Verzinsung und Rückzahlung des grundsätzlich dinglich innerhalb der Beleihungsgrenze gesicherten Kredits jederzeit gewährleistet,
3. der Kreditgeber vollberechtigter Gläubiger sowohl der schuldrechtlichen Forderung als auch des zu ihrer Besicherung bestellten, zumindest gleichhohen Grund- oder Schiffspfandrechts ist.“[31]

1. Rechtliche Grundlagen

Als rechtliche Grundlagen für den Objektkredit sind in erster Linie die Bestimmungen über das Darlehen zu nennen (§§ 607 ff. BGB). Bei Hypothekarkrediten sind die gesetzlichen Bestimmungen über die Grundpfandrechte (§§ 1113 ff. BGB) sowie die Grundbuchordnung zu beachten. Daneben sind die in bezug auf die Sicherheiten geltenden Rechtsgrundsätze maßgeblich.

Außerdem gibt es für einzelne Institutsgruppen Spezialgesetze: Die *privaten Hypothekenbanken* müssen das Hypothekenbankgesetz beachten, die *öffentlich-rechtlichen Grundkreditanstalten* das „Gesetz über die Pfandbriefe und verwandten Schuldverschreibungen öffentlich-rechtlicher Kreditanstalten“ (Pfandbrief-Gesetz). Für die letzteren Institute enthalten außerdem die Satzungen zahlreiche Vorschriften, die bei den privaten Hypothekenbanken im Hypothekenbankgesetz niedergelegt sind. Die *Schiffspfandbriefbanken* unterliegen dem „Gesetz über Schiffspfandbriefbanken“ (Schiffsbankgesetz) sowie dem „Gesetz über Rechte an eingetragenen Schiffen und Schiffsbauwerken“, das die gesetzlichen Vorschriften über die hypothekarische Belastung von Schiffen und Schiffsbauwerken enthält.

Die *Sparkassen* haben die in den jeweiligen Ländern erlassenen Sparkassengesetze, die aufgrund dieser Gesetze erlassenen Beleihungsvorschriften und die Vorschriften der Mustersatzung einzuhalten.

Bei allen im Realkreditgeschäft tätigen Instituten enthalten die Satzungen in der Regel besondere Bestimmungen über die Art und den Umfang der Geschäftstätigkeit. Die Allgemeinen Geschäftsbedingungen für das private Bankgewerbe spielen für den Objektkredit eine untergeordnete Rolle.

[31] Szagunn, V./Wohlschieß, K.: a. a. O., S. 375 f.

Die Bodenkreditinstitute geben in der Regel „Allgemeine Darlehensbedingungen" heraus, die beim Abschluß des Darlehensvertrages durch ausdrückliche schriftliche Anerkennung zum Bestandteil des Vertrages gemacht werden. Diese Darlehensbedingungen enthalten allgemeine Bestimmungen über die Verzinsung, Tilgung und Auszahlung des Darlehens, das erforderliche Verhalten des Darlehensnehmers sowie über Rücktritt und Kündigung des Darlehens.

Die *Bausparkassen* unterliegen dem Bausparkassengesetz vom 1. 1. 1973 und unterstehend danach der Fachaufsicht des Bundesaufsichtsamtes für das Kreditwesen; daneben bestehen die Allgemeinen Bedingungen für Bausparverträge.

2. Beleihungswert

Die Höhe des Objektkredites wird in Abhängigkeit von dem Beleihungswert bestimmt, der generell aus §§ 11 und 12 HypBG abgeleitet wird. Danach liegt die *Beleihungsgrenze* eines Objektes bei 60% des Beleihungswertes. Dieser Beleihungswert ist ein fiktiver Veräußerungswert des Objekts, der sich auf Basis der dauerhaften Eigenschaften des Grundstücks und seines Ertrages, und zwar unabhängig von der Person des Kreditnehmers/„Eigentümers" ergibt: Das ist derjenige Ertrag, den das Objekt in der Hand *jedes* Besitzers bei ordnungsmäßiger Bewirtschaftung *nachhaltig* erbringen kann.

Ausgangsbasis der *Beleihungswertermittlung* sind daher die Sachwert- und Ertragswert-Analysen. „Der *Sachwert* ergibt sich aus dem Wert von Grund und Boden, der Gebäude und der Außenanlagen. Der Bodenwert orientiert sich an den ortsüblichen Preisen von Grundstücken vergleichbarer Beschaffenheit und Lage; gewisse Anhaltspunkte geben die sogenannten Bodenrichtwerte, die von den Gutachterausschüssen der Städte und Landkreise aus der Aufzeichnung von Kaufpreisen abgeleitet werden. Der Bauwert wird entweder aus den tatsächlichen Baukosten oder im sogenannten Indexverfahren ermittelt. In beiden Fällen wird ein Abschlag vorgenommen, um etwaige überhöhte Baupreise zu eliminieren. Der Abschlag liegt gegenwärtig bei 30 %. Baunebenkosten sind dem Bauwert prinzipiell zuzurechnen, jedoch um Kosten zu bereinigen, die zur dauernden Wertsteigerung nicht beitragen. Der *Ertragswert* ergibt sich aus den örtlich nachhaltig erzielbaren Miet- und Pachterträgen. Der um die Betriebskosten gekürzte Rohertrag wird auf der Basis des Landeszinsfußes kapitalisiert. Dieser ist angesichts der erheblichen Zinsschwankungen keine konstante Größe; das Minimum wird bei 5 % gesehen."[32]

Die Beleihungs-Richtlinien der Banken können vorsehen, daß Beleihungen über das durch die §§ 11 und 12 HypBG gezogene Maß hinausgehen. Dann handelt es sich bei diesen Krediten jedoch nicht mehr um *Objektkredite* im Sinne des § 20 Abs. 2 Nr. 1 KWG, sondern um langfristige Darlehen gegen dingliche Sicherheiten.

[32] Szagunn, V./Wohlschieß, K.: a. a. O., S. 378 mit Verweisungen auf Spezialliteratur

3. Bankbetriebswirtschaftliche Aspekte

Im Objektkreditgeschäft haben sich im vergangenen Vierteljahrhundert gravierende strukturelle Änderungen ergeben:

- von der Spezialisierung zum Universalsystem,
- von der unternehmerischen Wohnungswirtschaft zum privaten Bauherrn
  oder:
- vom Großgeschäft zum Mengengeschäft
- von der Dominanz des Wohnungshypothekarkredites zur Partnerschaft mit der gewerblichen Wirtschaft,
- vom Spezial*kredit*institut zum Spezial*einlagen*institut.

War in der Vergangenheit der Objektkredit fast ausschließlich den dafür speziell gegründeten Realkreditinstituten vorbehalten, zeichnete sich als zweiter Schritt das Verbundsystem im öffentlich-rechtlichen und genossenschaftlichen Bereich ab, so folgten relativ spät, 1971, die Großbanken mit der sogenannten „Flurbereinigung", indem sie ihre Minderheitsbeteiligungen an Hypothekenbanken untereinander austauschten, um so zu Mehrheitsbeteiligungen an Realkreditinstituten zu gelangen.[33]

Der bislang letzte Schritt folgte in der (privaten) Baufinanzierung mit dem Slogan „Baufinanzierung aus einer Hand", indem die Banken nunmehr selbst Hypothekarkredite – Objektkredite – herauslegen und jeweils entscheiden, ob sie die Kredite an die Hypothekenbankentöchter vermitteln oder selbst in die Bücher nehmen. Parameter dieser Entscheidung ist die Zinserwartung und die Refinanzierungssituation aktuell.

An dieser Nahtstelle wird deutlich, daß die letzte, noch vorhandene Expertise des Spezialinstitutes nicht mehr die Fähigkeit und Möglichkeit des Objektkredites ist – dies können alle Universalbanken ebenso gut –, sondern das Emissionsprivileg, die Möglichkeit, sich über die Ausgabe von (deckungsstockfähigen) Pfandbriefen bei den Kapitalsammelstellen und institutionellen Anlegern laufzeitkonform mit fester Marge zu refinanzieren. Der Absatz von Hypotheken-Pfandbriefen an private Anleger ist demgegenüber unbedeutend. Insoweit sind aus Spezialkreditinstituten *Spezialeinlageninstitute* geworden.

War bis weit in die 60er Jahre hinein die unternehmerische Wohnungswirtschaft der wichtigste Geschäftspartner der Realkreditinstitute, so herrscht in den 70er und 80er Jahren der private Bauherr – auch als Bauherren-Modell – vor. Aus dem wenig personalintensiven Großgeschäft wurde das höchst personalintensive Mengengeschäft mit Einschaltung – im privatbanklichen Bereich – des Filial- und Zweigstellennetzes der Mutterbank und unter hohen Investitionen in die EDV.

[33] vgl. Röller, W.: Die Position der Hypothekenbanken in der deutschen Kreditwirtschaft, in: Der langfristige Kredit, 1986, S. 512 ff.

Insbesondere die privaten Hypothekenbanken profitierten durch die Flurbereinigung im gewerblichen Sektor. Sie übernahmen langfristige Investitionskredite durch die Finanzierung gewerblicher und industrieller Objekte, indem sie sich das spezifische Know-how der Muttergesellschaften zu Nutze machten; diese hinwiederum waren durchaus interessiert – und sind es weiterhin – diese langfristigen, objektbezogenen Kredite aus ihren eigenen in die Konzernbücher zu transformieren.

Diese enge Kooperation wird nun durch die KWG-Novelle 1984 durch die Großkreditregelung des § 13a KWG neuartig reglementiert: Durch das Erfordernis der Konsolidierung der Großkredite in der Gruppe.

Damit kommt zugleich eine kreditnehmerbezogene Komponente in den bislang „reinen" Objektkredit, weil in der Kreditinstitutsgruppe durch das zur Konsolidierung verpflichtete übergeordnete Institut dessen spezifische Sicht der Bonität des Kredits, nicht des Objektes, das finanziert wurde, tritt.

Auch aus dieser Perspektive wird deutlich, daß die Spezialität immer mehr das Pfandbriefprivileg, nicht das Aktivgeschäft ist.

Wesentliche bankbetriebswirtschaftliche Aspekte liegen in der kongruenten und laufzeitinkongruenten Refinanzierung. Damit ist Ausmaß und Dauer eines Zinsänderungsrisikos angesprochen. Diese Aspekte werden im dritten Band unter dem Rubrum des Risikomanagements und der Risikopolitik/Risikostrategie zu behandeln sein.

Waren im Zusammenhang mit den Bausparkassen im öffentlich-rechtlichen und genossenschaftlichen Sektor das Verbundsystem und im privatwirtschaftlichen Sektor das Kooperationssystem typisch, ist hier in einem als spektakulär empfundenen Schritt die Deutsche Bank AG in 1986 einen eigenen, integrativen Weg gegangen durch die Gründung einer eigenen Bausparkasse.

4. Erlös- und Kostenstrukturen

Die Erlös- und Kostenstruktur des Objektkredits ist durch die Eigenschaft als Margenkredit gekennzeichnet.

In Relation zur Laufzeit kann eine sehr kurze, „offene" Vorlaufzeit in der Finanzierung gegenüber der Refinanzierung liegen, die bei unerwartet hektischen Zinsausschlägen (etwa 1979 bis 1983) zu Positionsschließungsverlusten führen kann. Dieses kurze, zinsspekulative Intervall ändert jedoch nichts an der Tatsache, daß Objektkredite laufzeitkongruent refinanziert sind und damit – auch unter dem Gesichtspunkt der Zinsanpassungszeitpunkte – mit einer festen Marge in den Büchern stehen.

Diese Marge pflegt im Hypothekargeschäft in der Nähe der 0,5 %-Grenze, im Kommunaldarlehensgeschäft (um das zweite Bein der Hypothekenbanken hier anzuführen) bei etwa 0,25 % zu liegen. Diese Marge ist ausreichend, um den Personal- und Sachaufwand sowie die Risikokosten zu decken und die Dotierung der Rücklagen und die Ausschüttung einer Dividende an die Aktionäre zu gewährleisten.

In Bezug auf die Länge der Kreditlaufzeit treten die Personal- und Sachkosten in den Hintergrund, die Einräumungs- und Bewilligungskosten werden ohnehin durch die Einmalerträge (Damnum) gedeckt.

VI. Das Verbraucherdarlehen

Unter dem Gattungsbegriff *„Ratenkredit"* werden normierte Darlehen an Privatkunden verstanden, die in monatlichen, festen Raten verzinst und getilgt werden. In diesem Zusammenhang werden die speziellen Formen der Darlehen an natürliche Personen, die nicht ganz oder überwiegend gewerblichen oder beruflichen Zwecken dienen, verstanden: die Verbraucherdarlehen als Ratenkredite im engeren Sinne.

1. Rechtliche Grundlagen

Generell treffen auf diese Kredite die Bestimmungen des Bürgerlichen Rechts über das Darlehen (§§ 607 bis 610 BGB) zu; daneben gelten die Bestimmungen des „Gesetzes betreffend die Abzahlungsgeschäfte in der Fassung vom 1. 10. 1974" sowie seit 1. 1. 1987 diejenigen des „Gesetzes zur Änderung wirtschafts-, verbraucher- und sozialrechtlicher Vorschriften", insbesondere der eingefügte § 609a BGB, der den § 247 BGB ersetzt. Danach können die Verbraucherdarlehen bereits nach einer unkündbaren Vorlaufzeit von sechs Monaten mit dreimonatiger Kündigungsfrist gekündigt werden, soweit sie nicht durch ein Grund- oder Schiffspfandrecht gesichert sind. Ein vertraglicher Ausschluß dieses Kündigungsrechtes ist unwirksam.

Von herausragender Bedeutung ist die höchstrichterliche Rechtsprechung zur Sittenwidrigkeit von Ratenkreditvereinbarungen, insbesondere zur Verjährung des Anspruches auf Rückzahlung geleisteter Zinsen und anderer Kreditkosten bei sittenwidrigen Kreditverträgen gem. § 197 BGB (BGH-Entscheidung Akt. Z. III ZR 133/85 und 45/85). Innerhalb dieser Urteile wird ebenso höchstrichterlich festgestellt, daß der von der Bundesbank monatlich veröffentlichte Schwerpunktzins für Ratenkredite der geeignete Maßstab bei der Beurteilung der Sittenwidrigkeit in vergleichbarer Berechnung von Kreditverträgen ist. „Unterschiede in der internen Kostenstruktur der einzelnen im Wettbewerb stehenden Kreditinstitute rechtfertigen es nicht, dem Schwerpunktzins seine Wettbewerbsfunktion abzusprechen". Darauf wird im nächsten Abschnitt einzugehen sein.

2. Bankbetriebswirtschaftliche Aspekte

a) Arten, Anbieter und Nachfrager

Die Verbraucherdarlehen treten als
- Kleinkredite,
- Anschaffungsdarlehen,
- Privatdarlehen,
- Persönliche (Anschaffungs-) Darlehen,
- Personalkredite,
- Teilzahlungskredite,
- Abzahlungskredite

u. ä.

auf, sind jedoch faktisch nur in der Nomenklatur unterschiedlich. In der Ausgestaltung unterscheiden sich diese Arten durch spezifische Betragsbandbreiten und Laufzeiten, nicht jedoch in der Grundsubstanz: feste monatliche Raten auf Basis eines Monatszinses, der auf den ursprünglichen Darlehensbetrag bezogen ist, Bearbeitungsgebühr bei Einräumung.

Die Anbieter auf diesem Marktsegment sind
- Sparkassen,
- Kreditbanken,
- Genossenschaftsbanken,
- Spezialinstitute des Teilzahlungskredites,
- nicht unter das KWG fallende Unternehmen der Vermittlungs- und Umschuldungsbranche.

Die „echten" Teilzahlungsinstitute sterben aus. So ist das größte Unternehmen dieser Branche, die KKB, inzwischen aus dem Verband der Teilzahlungskreditinstitute ausgetreten, die WKV-Bank München hat das Einlagengeschäft aufgenommen und ist auf dem Wege zu einer „Geschäftsbank".

Bemerkenswert ist, daß die Nachfrager anbieterbezogen soziologisch unterschiedlich strukturiert sind: Es gibt eine ganz bestimmte soziologische Gruppe, die zum Kundenstamm der Teilzahlungsinstitute gehört. Sie verfügt offensichtlich über eine spezifische Präferenzenstruktur, die den höheren Preis dieser Institutsgruppe „in Kauf nimmt". Laut dem Jahresbericht des Bankenfachverbandes Konsumenten- und gewerbliche Spezialkredite (BGB) e. V. 1985 lagen die Monatssätze zwischen 0,40 % und 0,85 %, die Effektivzinssätze für 24 Monate Laufzeit zwischen 11,42 % und 22,63 %. Im Herbst 1985 betrug der Monatszins bei den Großbanken 0,42 %, effektiv bei 24 Laufzeitmonaten (vergleichbar) 11,85 %.

Die Nachfrager des von den Teilzahlungsbanken angebotenen Produktes „Teilzahlungskredit" mit einem Marktanteil am Verbraucherdarlehen von 20 % bilden „eine spezifische soziodemographische Gruppe mit gruppenspezifischer Präferenzenstruktur".[34]

Da aus dem Marktanteil geschlossen werden kann, daß die Preisdifferenzen nicht als Marktschranke effektiv, sondern durch Präferenzen überwunden wird, kann von einem marktkonformen Produkt mit ihm adäquater Bedarfsstruktur ausgegangen werden. Diese gruppenspezifischen Präferenzen von Teilzahlungsbankenkunden können sein:

1) Traditionelle Bindung
   Hier liegt eine „Familien-Tradition" vor, die sich auf die jeweils folgende Generation vererbt.
2) Anonymität des Institutes
   Die Vorfinanzierung von Konsumausgaben und von Haushaltsinvestitionen ist mit dem nach außen dokumentierten Ethos des „Besitzbürgers" nicht vereinbar und sucht die Anonymität eines Spezialinstitutes.
3) Scheu vor der Bankverbindung
   Die zahlenmäßig stärkste Gruppe der Kunden der Teilzahlungsinstitute sind Lohnempfänger, offenbar ohne Lohn- und Gehaltskonto. Hier bestehen „Berührungsängste" gegenüber Sparkassen, Genossenschaftsbanken und Geschäftsbanken.
4) Anonymität der Schulden
   Die Abschirmung der Kreditaufnahme gegenüber Familienangehörigen, Nachbarn, oder auch dem bekannten Kundenbetreuer/Schaltermitarbeiter der Bank, bei der die Transaktions- und Vermögenskonten geführt werden, führt zur Verbindung mit einem Spezialinstitut.
5) Preisvergleichsunfähigkeit
   Trotz der intensiven Bemühungen der durch Kommunikationsorgane unterstützten Verbraucherverbände und der einschlägigen Presse scheint der Preisvergleich als Präferenzen-Überwinder nicht zu funktionieren: Preise für Geld werden ökonomisch nur schwer realisiert.
6) Sanierungsfinanzierung
   Das Teilzahlungs-Institut als Endstation einer verfahrenen, aber nicht aussichtslosen Finanzmisere ist das Tätigkeitsfeld, das für das Image der Branche nicht unproblematisch ist. Hier sind im wesentlichen die gerichtlich anhängigen Verfahren einzuordnen, die die Sittenwidrigkeit der Preise zum Gegenstand haben.

Diesen meta-ökonomisch in der Institutsneigung strukturierten Marktsegmenten stehen rund 80 % der Verbraucher-Darlehens-Nehmer gegenüber, die – wiederum – zu mehr als 53 % Sparkassen, zu 23 % Kreditbanken- und zu 24 % Genossenschaftsbanken-Kunden sind.

Typisch für das Verbraucherdarlehen bei allen Institutsgruppen ist das Stagnieren des Neugeschäftes, zu einem überwiegenden Teil sind es revolvierende Kredite, also Kredite, die bei einem kundenindividuellen Reststand auf die ursprüngliche Höhe wieder aufgefüllt werden.

[34] vgl. – auch zum folgenden – Jacob, A.-F.: Kalkulatorische Fragen zum Teilzahlungskredit, in: bank und markt 8/1985, S. 5-10

Für dieses Produkt der revolvierenden Verbraucherdarlehen entsteht das Preis-Problem der sogenannten Rückzinsen-Vergütung und Berechnung, das im folgenden Abschnitt zu behandeln sein wird.

b) Preisgestaltung

Als produkttypische Preiselemente treten auf:
- Monatszins,
- Bearbeitungsgebühr,
- „Auslagen",
- Mahngebühren im Falle nicht ordnungsgemäßer Rückführung,
- Stundungsgebühren bei Ratenaussetzung.

Die ersten beiden Elemente müssen für die Möglichkeit des Preisvergleiches in einen Jahres-Effektiv-Zins transformiert werden. Dafür gibt es eine für das gesamte Kreditgewerbe verbindliche Berechnungsmethode, seit 1980[35].

$$\frac{1 + \frac{b}{100}}{M} + \frac{p}{100} = \frac{q^J}{\left(\frac{12}{i} + \frac{11}{2}\right) \cdot (q^J - 1) + \left(1 + \frac{m-1}{24} \cdot i\right) \cdot \frac{m}{1 + \frac{m}{12} \cdot i}}$$

e = Effektivzins ivH p. a.
i = e/100
q = 1 + i
M = Anzahl der vereinbarten Monatsraten
J = aus M berechnete Laufzeit-Jahre: Vorkomma-Anteil von M/12
m = Laufzeit-Monate im letzten Laufzeit-Jahr: M − 12 × J
p = Nominalzins ivH p. M. des ursprünglichen Kreditbetrages
b = Bearbeitungsgebühr ivH des ursprünglichen Kreditbetrages

Der Darlehensbetrag ist in M Monaten im Abstand von jeweils 30 Zinstagen zurückzuzahlen. Dabei bleiben die Höhe der Ratenzahlungen und die Anteile für die Darlehenstilgung und die Verzinsung einschließlich Bearbeitungsgebühren während der gesamten Laufzeit unverändert. Diese Voraussetzungen des Darlehensbetrages werden auf der linken Seite der Gleichung ausgedrückt.

Auf der rechten Seite der Gleichung werden die monatlichen Ratenzahlungen nach jeweils 360 Zinstagen und zum Stichtag der letzten Ratenfälligkeit verrechnet. Die Zeitunterschiede zwischen Zahlungs- und Verrechnungsterminen bewirken unter Anwendung des gesuchten Effektivzinssatzes Zinsgutschriften zugunsten der Darlehensnehmer. Ein Darlehenskonto kann also unter diesen Bedingungen mit Hilfe des Effektivzinssatzes nach der Zinsstaffelmethode auf Null durchgerechnet werden.

[35] vgl. Dibbern, K., Neue Effektivverzinsungsformel, in: Börsenzeitung v. 10. 9. 1980; Bund-Länder-Kommission „Effektiver Jahreszins": Grundsätze zur Berechnung des effektiven Jahreszinses nach der Preisangaben-Verordnung (PAngV) v. 29. 9. 1980

Wird ein Darlehen durch eine Erhöhung der normalen Ratenzahlung vorzeitig – vollständig oder auch nur teilweise – getilgt, dann kann der Darlehensnehmer für den nicht mehr beanspruchten Darlehensrest *Rückzinsen* verlangen. Für die Berechnung der Rückzinsen ist ein Effektivzins in nachstehende Formeln einzusetzen, der unter Außerachtlassung der Bearbeitungsgebühren ermittelt wurde, da diese als Entgelt für entstandene Arbeitskosten von dem Kreditinstitut nicht zurückerstattet werden müssen. Die Höhe der Rückzinsen kann auf verschiedene Weise berechnet werden.

1. Variante

$$v = 1 - \frac{100}{p \cdot M} \cdot \left\{ s \cdot \Bigg[\!\!\Bigg[\frac{t^T - 1}{s} - \frac{1 + \frac{M \cdot p}{100}}{M} \cdot \Bigg[\frac{11}{2} \cdot T + \left(12 + \frac{11}{2} \cdot s\right) \cdot \sum_{\substack{\text{von } h = 1 \\ \textit{und } T = 1}}^{\text{bis } h = (T-1)} (T - h) \cdot t^{(h-1)} \Bigg] \Bigg]\!\!\Bigg] + \frac{n}{12} \cdot s \cdot \Bigg[\!\!\Bigg[t^T - \frac{1 + \frac{M \cdot p}{100}}{M} \cdot \Bigg[\frac{n-1}{2} + \left(12 + \frac{11}{2} \cdot s\right) \cdot \frac{t^T - 1}{s} \Bigg] \Bigg]\!\!\Bigg] \right\}$$

2. Variante

T = Teillaufzeit bis zur vorzeitigen Tilgung, Anzahl ganzer Jahre
n = Teillaufzeit bis zur vorzeitigen Tilgung, Anzahl restlicher Monate nach ganzen Jahren
f = Effektivzins ivH p. a. ausschließlich Bearbeitungsgebühren für die Gesamtlaufzeit von M Monaten
s = f/100
t = 1 + s
v = Rückzinsen (RZ) ivH Gesamtzinsbetrag (Z)
Z = $K_o \cdot p/100 \cdot M$
K_o = Darlehensbetrag
RZ = v/100 · Z

$$RZ = Z - \left\{ s \cdot \Bigg[\!\!\Bigg[K \cdot \frac{t^T - 1}{s} - P \cdot \Bigg[\frac{11}{12} \cdot T + \left(12 + \frac{11}{2} \cdot s\right) \cdot \sum_{\substack{\text{von } h = 1 \\ \text{und } T = 1}}^{\text{bis } h = (T-1)} (T - h) \cdot t^{(h-1)} \Bigg] \Bigg]\!\!\Bigg] + \frac{n}{12} \cdot s \cdot \Bigg[\!\!\Bigg[K \cdot t^T - P \cdot \Bigg[\frac{n-1}{2} + \left(12 + \frac{11}{2} \cdot s\right) \cdot \frac{t^T - 1}{s} \Bigg] \Bigg]\!\!\Bigg] \right\}$$

$P = K_o \cdot \left(\frac{1}{n} + \frac{p}{100}\right)$ Ratenzahlung ohne anteilige Bearbeitungsgebühren

Die Rückzinsen können für eine vorzeitige Rückzahlung der gesamten Darlehensrestschuld nach den beiden genannten Formeln wahlweise berechnet werden. In der Praxis der Banken werden hierfür Tabellen benutzt, wenn nicht die Konten maschinell entsprechend den Formeldefinitionen abgeschlossen werden. Dabei ist jedoch zu beachten, daß für die Teilrückzahlungen die Rückzinsen nicht ermittelt werden können, da wegen der auf annuitätischer Grundlage berechneten Effektivzinsen eine Linearität in den Beziehungen nicht gegeben ist. Es muß also in diesen Fällen der nach einer Teilrückzahlung noch verbleibende Darlehensbetrag als neuer Kredit verbucht werden.

Bis 1980 galt die sogenannte „Uniform"-Methode zur Ermittlung des effektiven Jahreszinses:

$$\text{eff. Jahreszins} = 24 \cdot \frac{n \cdot p + g}{n + 1}$$

n = Laufzeitmonate
p = Zinssatz pro Monat
g = Bearbeitungsgebühr ivH

Die – nicht uneingeschränkte – Transparenz der Preisgestaltung wird durch die monatliche Darstellung des Schwerpunktzinses im Statistischen Teil (V. 7) der Monatsberichte der Deutschen Bundesbank geschaffen (Tabelle 6).

Tabelle 6: Schwerpunktzinsen beim Ratenkredit

	Ratenkredite			
	von 5 000 DM bis unter 15 000 DM			
	Monatssatz		jährliche Effektivverzinsung	
Erhebungszeitraum	durchschnittlicher Zinssatz	Streubreite	durchschnittlicher Zinssatz	Streubreite
1986 Jan.	0,39	0,36–0,52	.	.
Febr.	0,39	0,35–0,52	.	.
März	0,38	0,35–0,50	.	.
April	0,38	0,34–0,50	.	.
Mai	0,38	0,33–0,50	.	.
Juni	0,37	0,33–0,49	9,82	8,87–12,10
Juli	0,37	0,33–0,50	9,84	8,80–12,16
Aug.	0,37	0,33–0,50	9,81	8,80–12,16
Sept.	0,37	0,33–0,50	9,82	8,88–12,16
Okt.	0,37	0,33–0,50	9,83	8,80–13,06
Nov.	0,37	0,33–0,50	9,82	8,88–12,16
Dez.	0,37	0,33–0,50	9,80	8,80–12,16
1987 Jan.	0,37	0,33–0,50	9,80	8,80–12,16
Febr.	0,37	0,32–0,48	9,71	8,67–11,87

3. Erlös- und Kostenstrukturen

Der Erlös aus der Herauslegung von Verbraucherdarlehen ergibt sich sachlogisch aus der Preisgestaltung. Dabei ist der Effektivzins wegen der Einarbeitung der Einräumungsgebühr (Bearbeitungsgebühr) von der Laufzeit des Verbraucherdarlehens in seinem Einfluß abhängig.

Von besonderer Bedeutung sind die Kostenstrukturen bei der Produktion, dem Vertrieb und der technischen Abwicklung der Verbraucherdarlehen.

Dabei sind drei Elemente bestimmend für den Kostenverlauf:

- die Höhe des Darlehens = Losgröße,
- die Produktionstechnik = Verbundproduktion/Einzelproduktion,
- die Validität des Produktes = die Bonität der Schuldner als Gesamtheit.

Diese drei Elemente sind zwischen Banken und Spezialinstituten höchst unterschiedlich und schränken damit die durch den Schwerpunktzins gegebene Transparenz des Marktes ein. Bei einer Analyse der Elemente wird die Divergenz in den Kostenstrukturen von ihrer markt- und produktionsbezogenen Determination deutlich.

Für die Darstellung muß in Kauf genommen werden, daß die bankbetrieblichen Kalkulationsverfahren erst im dritten Band behandelt werden.

a) Die Losgröße

Die durchschnittliche Bewilligungshöhe liegt bei den Kreditbanken bei etwa 14 000,– DM. Dies dürfte auch für die Genossenschaftsbanken und Sparkassen gelten; die Höchstgrenze für Darlehen jedenfalls liegt bei den Sparkassen bei 40 000,– DM und dürfte ein Indiz für ein relativ hohes Durchschnittsvolumen pro Darlehen sein.

Demgegenüber ist die Losgrößenstruktur bei den Spezialinstituten durch die Größenklassen von 1000,– DM bis 3000,– DM geprägt. So weist ein typisches Institut, die WKV Bank GmbH München, in ihrem Geschäftsbericht 1985 eine durchschnittliche Kredithöhe im Schaltergeschäft von 5403,– DM aus.

Hinzu kommt als zweiter Bestandteil die Laufzeit der Darlehen: sie liegt im Kreditbankenbereich deutlich in der Nähe von 40 Monaten, zum Teil überschritten, die WKV weist 35,1 Monate aus. Damit erhöht sich das relative Gewicht der Bearbeitungsgebühr im Effektivzins.

b) Die Produktionstechnik

Kreditbanken, Sparkassen und Genossenschaftsbanken als Universalbanken haben ein breites Produktsortiment, sind also Mehrproduktunternehmen mit Kuppelproduktion, insbesondere zwischen Zins- und Dienstleistungsproduktion. Demgegenüber haben die Spezialinstitute ein tiefes Produktsortiment, Differenzierungen des Basisproduktes, sie sind daher Einproduktunternehmen.

Dies hat drei gravierende Unterschiede der Teilzahlungsbanken zu den Geschäftsbanken zur Folge:

1) Eine Spartensubventionierung kann nicht stattfinden. An deren Stelle tritt die Produktsubventionierung: hohe Losgrößen subventionieren kleine Losgrößen.
2) Ein Angebot zu Grenzkosten ist nicht möglich. Basis der Preiskalkulation muß die Vollkostenrechnung sein.
3) Als Einproduktunternehmen fehlen die Einlagenprodukte. Refinanzierungsmarkt ist der Bankengeldmarkt. Die Qualität der Refinanzierung wird allein durch den Laufzeitenmix in Abhängigkeit von der Fälligkeitsstruktur der Aktivseite bestimmt.

Die Schwierigkeit des Passivmanagements liegt in der Divergenz zwischen nominaler und realer Fälligkeit. Wenn mehr als 50% der Ausreichungen Aufstockungen aus dem vorhandenen Bestand sind, dann halbiert sich die reale Laufzeit in etwa. Da die Passivseite in nominaler und realer Laufzeit usancenmäßig identisch ist, liegt die „Kunst“ des Passivmanagements darin, reale und nominale Fälligkeitsstruktur in Einklang zu bringen; dies gelingt nur mit Akzeptanz eines gewissen Anteils an Inkongruenz beider Seiten. Die Steuerung dieses inkongruenten Teils entscheidet über die Rentabilität des Geschäftes: aus der Unsicherheit der realisierten Marge. Aus diesem Grunde muß in der Kalkulation des Preises auch eine institutsgruppenspezifische Risikoquote enthalten sein: das Margenrisiko aufgrund der realen, nicht planbaren Fälligkeitsstruktur des Teilzahlungskredites. So heißt es lapidar im Geschäftsbericht der WKV: „Die Soll-Ratenrückflüsse bis Januar 1988 zuzüglich täglich verfügbarer Guthaben decken den Betrag der aufgenommenen Gelder“.

c) Die Validität des Bestandes

Refinanzierungsaufwand und Aufwendungen für Abschreibungen, Wertberichtigungen auf Forderungen und Zuführung zu Rückstellungen im Kreditgeschäft verhalten sich bei den Geschäftsbanken, bezogen auf das Verbraucherdarlehen, in etwa 2 : 1, bei den Teilzahlungsinstituten ist dieses Verhältnis etwa 1 : 1. Das bedeutet letztlich kalkulatorisch einen doppelt so hohen Risikoaufschlag aus der schlechteren Validität des Bestandes.

Dies ist eine Resultante der spezifischen Kundenstruktur der Teilzahlungsinstitute; ein Einproduktunternehmen muß in der Risikoneigung höher liegen als ein Mehrproduktunternehmen mit differenzierten Risikofaktoren.

d) Zahlenbeispiel

Für die Dresdner Bank AG wurden in den Jahren 1978 und 1985 die Kostenstrukturen in dem bereits genannten Aufsatz für das Verbraucherdarlehen veröffentlicht. Zugrunde lagen Monatssätze von 0,32 % und 0,45 % und durchschnittliche Bewilligungshöhen von 9000,– DM und 14 000,– DM für die beiden Jahre (Tabelle 7).

Tabelle 7: Entwicklung von Effektivzins und Arbeitskosten vor Refinanzierungs-Kosten für 5000 DM (oben), 10 000 DM (Mitte), und 30 000 DM (unten), (Berichtsgröße: ivH, p. a., durchschnittlich gebundenes Kapital)

Laufzeit	Effektivzins inkl. Bearb.Geb.		DM 5.000					
			direkte Kosten		Teilkosten		Vollkosten	
Monate	1978	1985	1978	1985	1978	1985	1978	1985
6	13,44	16,67	13,30	20,87	17,53	32,72	27,02	45,77
12	10,78	14,57	8,23	12,95	10,85	20,33	16,38	28,41
24	9,29	12,64	5,38	8,52	7,08	13,39	10,42	18,68

Laufzeit	Effektivzins inkl. Bearb.Geb.		DM 10.000					
			direkte Kosten		Teilkosten		Vollkosten	
Monate	1978	1985	1978	1985	1978	1985	1978	1985
6	keine sinnvolle Aussage							
12	10,78	14,57	4,56	6,89	6,00	10,85	8,84	15,03
24	9,29	12,64	3,14	4,67	4,12	7,38	5,86	10,16
36	8,77	11,87	2,64	3,89	3,47	6,16	4,81	8,46
48	8,50	11,42	2,38	3,50	3,14	5,53	4,28	7,58
60	8,34	11,10	2,23	3,25	2,93	5,16	3,95	7,06
72		10,81		3,09		4,90		6,70

Laufzeit	Effektivzins inkl. Bearb.Geb.		DM 30.000					
			direkte Kosten		Teilkosten		Vollkosten	
Monate	1978	1985	1978	1985	1978	1985	1978	1985
6	keine sinnvolle Aussage							
12	keine sinnvolle Aussage							
24	9,29	12,64	1,65	2,11	2,15	3,37	2,82	4,49
36	8,77	11,87	1,48	1,85	1,93	2,96	2,47	3,92
48	8,50	11,42	1,39	1,72	1,82	2,75	2,29	3,63
60	8,34	11,10	1,34	1,64	1,77	2,63	2,18	3,45
72		10,81		1,58		2,54		3,33

Bei einer Bewilligungshöhe von 5000,– DM, also etwa dem Durchschnittsbetrag der WKV-Bewilligung, konnte die Dresdner Bank AG nicht kostendeckend produzieren, unabhängig von jeder denkbaren Refinanzierungsstruktur.

Exkurs 3:
Potentielle monetäre Forderungen aus potentiellen Verbindlichkeiten der Bank

Diese potentiellen Forderungen aus potentiellen Verbindlichkeiten werden als Kreditleihe bezeichnet und treten in zwei Formen auf

- Akzeptkredit,
- Avalkredit.

Der *Akzeptkredit* ist ein Kredit, bei dem die Bank einen von ihrem Kunden oder dessen Beauftragten auf sie gezogenen Wechsel unter der Bedingung akzeptiert, daß der Kunde den Gegenwert des Wechsels vor Fälligkeit der Bank anschafft. Er ist insoweit eine Spezialform des bereits behandelten Wechselkredits. Der Akzeptkredit war in der Vergangenheit ein bedeutendes Instrument der Außenhandelsfinanzierung, im klassischen Rembourskredit; dieser wird heute nicht mehr praktiziert.

Der *Avalkredit* ist ein Kredit, bei dem die Bank für die Verbindlichkeiten eines Kunden die Haftung in Form einer Bürgschaft oder einer Garantie übernimmt. Die Bürgschaft ist durch §§ 765 ff. BGB, 349 f. HGB geregelt.

Neben die Bürgschaft als Übernahme von Gewährleistungen für andere durch die Bank tritt die Form der Garantie: „ihr Zweck ist, daß der Garant dem Begünstigten für den Eintritt eines bestimmten Erfolges oder die Fortdauer eines bestimmten Zustandes einzustehen hat, dabei soll der Garant . . . im Falle des Nichteintritts bzw. der Nichtfortdauer den wirtschaftlichen Ausfall des anderen decken.“[36] Die häufigst vorkommenden Arten sind Bietungs-, Leistungs-, Anzahlungs-, Konnossementsgarantien. Eine gesetzliche Regelung der Garantie gibt es nicht.

Typisch für beide Formen ist, daß sie originär keine monetären Forderungen sind, sondern den Charakter von Eventual-Verbindlichkeiten haben, denen, bei ihrem Entstehen, d. h. der Inanspruchnahme aus Akzept oder Aval, monetäre Forderungen entsprechen. Sie werden, diesem Charakter entsprechend, in der Bilanz auf der Passivseite „unter dem Strich“ ausgewiesen.

Dennoch entspricht es der Bankusance, bei der Darstellung des Kreditgeschäftes das „Kreditvolumen“ als Position zu wählen, das sich aus dem Bilanzvolumen an Wechseln, Forderungen an Kunden und Banken und den „Avalforderungen“ zusammensetzt. Dies geschieht einmal, weil die Avalprovision im Zinsgeschäft mit ausgewiesen wird und daher zur Ermittlung der Zinsmarge auch das Avalvolumen mit eingerechnet werden muß.

Zum anderen hat die Einbeziehung der Aval-„Kredite“ in das Kreditvolumen eminent bankbetriebswirtschaftliche Gründe:

[36] Szagunn, V./Wohlschieß, K.: a. a. O., S. 108

1) Gemäß Grundsatz I Abs. 4 gelten Bürgschaften als Kredit und gehen in die Anrechnungs-Systematik zu 50 % ein. Sie beanspruchen damit zu 50 % ihres nominalen Wertes die Eigenmittelbasis und damit die Kreditkapazität der Bank.
2) Gemäß §§ 13, 13a, 19 KWG sind – seit der Novellierung – Gewährleistungen für konzernangehörige Unternehmen als Kredit anzusehen. Insoweit ist das Aval in diesem Sinne nicht nur ein Bankgeschäft, sondern gilt als Kredit.
3) Da aus der Inanspruchnahme aus dem Aval monetäre Forderungen an den Kunden entstehen, gehören diese „Eventualforderungen" in die Kreditlinie des Kunden, müssen also auch über § 13 KWG hinaus als Kredite gesehen werden.

Die Avalprovision muß, auf Grenzkosten-Basis kalkuliert, die Eigenmittel-Bindung bedienen. Sie liegt, je nach Höhe der Eigenmittelkosten – Rücklagenzuführung und Dividende/Gewinnverwendung – zwischen 0,75 % und 1,25 %, Sätze, die in der Realität nicht immer erzielt werden können. Die Liquiditätsvorhaltung aus etwaiger Inanspruchnahme ist in diesen Sätzen nicht enthalten und wird daher regelmäßig nicht als preis-würdig vom Kunden angesehen, der bekanntlich an seiner eigenen Zahlungsfähigkeit nicht zu zweifeln pflegt.

C. Kreditsurrogate

Als Kreditsurrogate sind zu behandeln:

– klassische Kreditsurrogate:
  - *Leasing*,
  - *Factoring*,
  - *Forfaitierung*;
– „moderne" Kreditsurrogate:
  - *Venture-capital-Finanzierung*,
  - Formen der *Securitisation von monetären Forderungen*.

I. Klassische Kreditsurrogate

1. Leasing[37]

Das Leasing wird in allen seinen Formen seit der KWG-Novelle 1976 in § 19 KWG als Kredit im Sinne der §§ 13 bis 18 KWG erfaßt. Das Leasing wird also behandelt, „als ob" es ein Kreditgeschäft sei. Daher sein Charakter als Kredit*surrogat*.

Unter dem Begriff „Leasing" sind spezifische „Vertragsformen der Vermietung und Verpachtung von Gegenständen des Anlagevermögens, in denen das Investitionsobjekt der Unternehmung von einem außerhalb der Unternehmung stehenden Finanzier und Eigentümer zur Nutzung übertragen wird" zusammengefaßt.[38]

In wirtschaftlicher Betrachtungsweise ersetzt die Miete die Bindung von Eigenmitteln – in diesem Zusammenhang nicht zu behandeln – oder von Fremdmitteln: den Investitionskredit. An die Stelle der Zinsen, der Tilgung und der AfA tritt die Mietzahlung, der Investitionsvorgang verlagert sich aus der Bilanz in die GuV: auch aus dieser Sicht handelt es sich um einen Kreditersatz, ein Kreditsurrogat.

Süchting unterscheidet folgende Leasing-Arten:[39]

1) „Nach dem Leasing-Objekt:
   – Das Konsumgüter-Leasing (für höherwertige Konsumgüter wie z. B. Automobile und Fernsehgeräte mit Laufzeiten von in der Regel nicht unter einem Jahr).
   – Das Investitionsgüter-Leasing (Equipment-Leasing im weiteren Sinne), das wiederum unterteilt werden kann in

[37] Als Spezialliteratur sei hingewiesen auf: Hagenmüller, K. F. (Hrsg.): Leasing-Handbuch, 3. Aufl., Wiesbaden 1973

[38] Süchting, J.: Finanzmanagement, a. a. O., S. 136

[39] ebenda, S. 136 f.

- Die Vermietung beweglicher Anlagegüter (Equipment-Leasing im engeren Sinne) sowie
- Die Vermietung unbeweglichen Anlagevermögens, das sind das Immobilien-Leasing (z. B. Verpachtung von Verwaltungsgebäuden) und die sogenannte Anlagepacht (Pacht kompletter Industrieanlagen mit Laufzeiten von regelmäßig 20 bis 30 Jahren).

2) Nach der Stellung des Leasing-Gebers:
- Das Hersteller-Leasing (auch Direkt-Leasing genannt), bei dem zwischen Hersteller des Investitionsobjektes und Mieter kein weiterer Finanzier zwischengeschaltet wird.
- Das Leasing durch Leasing-Gesellschaften, die das Leasing-Objekt beim Hersteller kaufen und es an den Mieter vermieten. Eine Sonderform stellt das Sale-Lease-Back-Verfahren dar, mit dem eine Unternehmung eigene Anlagegüter an eine Leasing-Gesellschaft verkauft und sie wieder von ihr zurückmietet.

3) Nach der Dauer des Leasing-Vertrages
- Das Operating-Leasing, durch das der Mieter ein kurzfristiges, in der Regel jederzeit kündbares Nutzungsrecht an dem Mietobjekt erwirbt. Da unter diesen Umständen das Investitionsrisiko beim Vermieter verbleibt, ist eine rechtliche Abgrenzung des Operating-Leasing zu normalen Mieterträgen kaum mehr möglich.
- Das Financial-Leasing, bei dem der Mieter in einem langfristigen, unkündbaren Vertrag das gesamte Nutzungspotential des Investitionsobjektes erwirbt. Die dafür geleisteten Mietzahlungen sollen die Kosten der Transaktion beim Vermieter tragen und ihm einen Gewinn bringen. Das Investitionsrisiko trägt der Leasing-Nehmer."

Eine zusammenfasende Darstellung[40] bietet Abbildung 9.

Neben die beiden Systematisierungen tritt die Unterscheidung von nationalem und internationalem Leasing: „Unter internationalem Leasing werden Leasing-Geschäfte verstanden, bei denen der Produzent des Leasing-Objektes (Exporteur) und der Leasing-Nehmer (Importeur) in verschiedenen Ländern domiziliert sind."[41]

Die Banken haben in der Vergangenheit darauf verzichtet, das Produkt ‚Leasing' in die eigene Angebotspalette zu nehmen; sie sind den Weg der Kooperation über Tochterbanken gegangen. Nachdem jedoch die Leasing Gesellschaften nach § 10a KWG als nachgeordnete Kreditinstitute gelten und zum Konsolidierungskreis gehören, gewinnen Überlegungen, das Leasing unmittelbar in die Produktpalette zu übernehmen, an Boden.[42]

[40] Wassermann, H.: Die Situation in der Bundesrepublik, in: Sonderbeilage „Leasing" des Handelsblattes, 23. 4. 1985

[41] Büschgen, H. E.: Internationales Finanzmanagement, Frankfurt am Main 1986, S. 43

[42] vgl. Triller, P.: Gedanken zum Leasing über den Bankschalter, in: bank und markt 12/1986, S. 15 ff.

Leasing-Aktivitäten sind in den einzelnen Institutsgruppen/Instituten beispielsweise wie folgt integriert:

Sparkassensektor

Anlagenvermietung GmbH, Gerlingen

Bakola Leasing- und BeteiligungsGmbH, Mannheim

Deutsche Anlagen-Leasing GmbH, Mainz

Deutsche Leasing AG, Frankfurt/Main

FL Finanz-Leasing GmbH, Wiesbaden

HKV Handels- und Vermietungs-Kontor-Gesellschaft für Mobilien-Leasing mbH, Heidelberg

Kommanditgesellschaft Allgemeine Leasing GmbH & Co., Grünwald

LHI Leasing für Handel und Industrie GmbH, München

Mietfinanz GmbH, Mülheim/Ruhr

MMV Mittelrheinische Leasing GmbH, Koblenz

Philips Mietsystem GmbH, Hamburg

PL Projekt-Anlagen Leasing, Germering

Schwäbische Leasing-Gesellschaft für Mobilien mbH, Stuttgart

Süd-Leasing GmbH, Stuttgart

Genossenschaftssektor

AMG-Allgemeine Mietgesellschaft mbH, Neu-Isenburg

CENTRA Leasing Anlagen GmbH, München

CENTRA Leasing GmbH, München

DG Immobilien-Leasing GmbH, Frankfurt/Main

GENO Leasing-GmbH, Suttgart

GENO Leasing-GmbH, Hamburg

Lease Plan Beteiligungs- und Leasinggesellschaft mbH, Düsseldorf

Mietfinanz GmbH, Mülheim/Ruhr

Saar Leasing AG, Saarbrücken

VL-Leasinggesellschaft der Volksbanken mbH, Unterföhring

Deutsche Bank-Gruppe

ALD Auto Leasing D GmbH, Hamburg

Deutsche Gesellschaft für Immobilien-Leasing mbH, Köln

GEFA-Leasing GmbH, Wuppertal

IKB Leasing GmbH, Hamburg

Dresdner Bank-Gruppe

Auto-Sixt Leasing GmbH, München

Disko Leasing GmbH, Düsseldorf

IKB Leasing GmbH, Hamburg

Kommanditgesellschaft Allgemeine Leasing GmbH & Co., Grünwald

Triumph-Adler Leasing GmbH & Co. KG, Nürnberg

Commerzbank-Gruppe

Commerz- und Industrie-Leasing GmbH, Frankfurt

Deutsche Gesellschaft für Immobilien- und Anlagen Leasing mbH (DIL), Düsseldorf

IKB Leasing GmbH, Hamburg

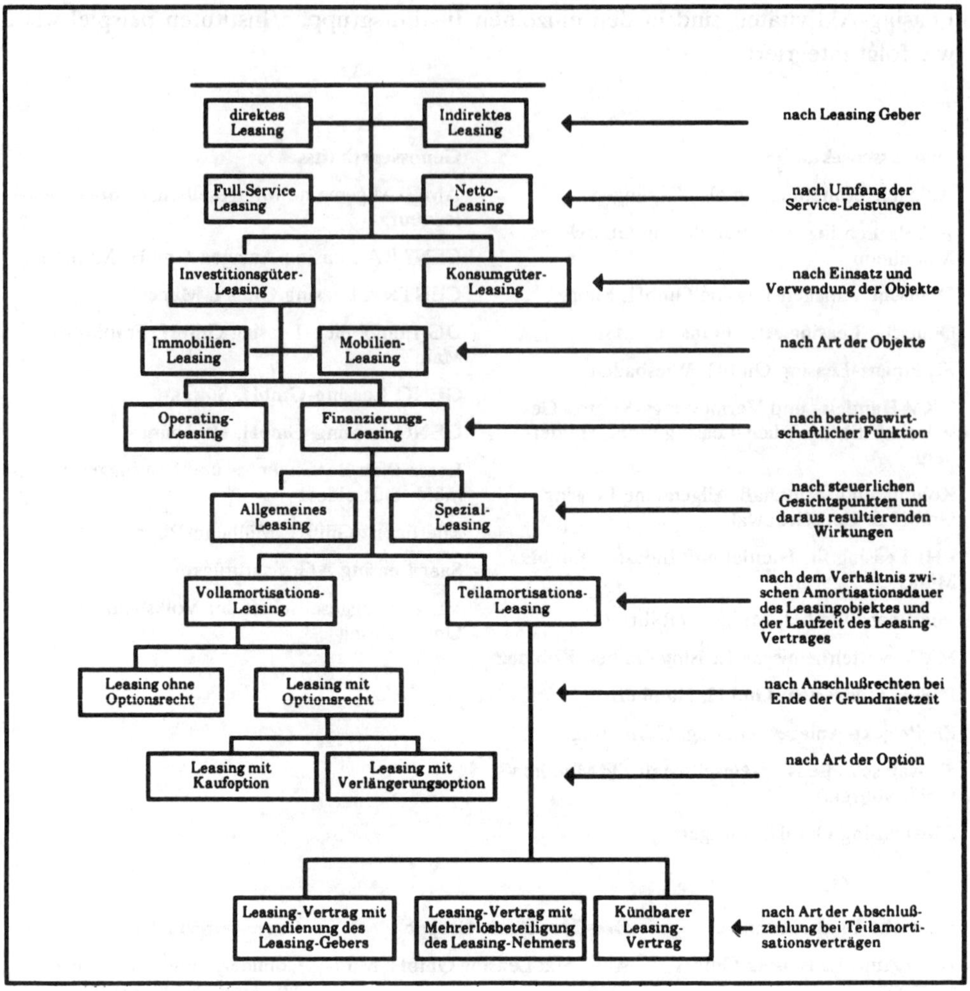

Abbildung 9: Erscheinungsformen des Leasing

2. Factoring

Ist das Leasing das Surrogat für den Investitionskredit, so ist das Factoring das Surrogat für den Betriebsmittelkredit in Form des durch Forderungsabtretung gesicherten Zessionskredits.

Bei dem Factoring kauft der Factor = ein Finanzierungsinstitut vor Fälligkeit Forderungen an und übernimmt durch den Kauf der Forderung das volle Ausfallrisiko.

Süchting systematisiert das Factoring in drei Formen[43]:

1) „Der Ankauf der Forderungen zum durchschnittlichen Fälligkeitstag (echtes Factoring): die Rechnungen werden nicht einzeln, sondern bündelweise angekauft. Aus den gewogenen Einzelbeträgen und den individuellen Fälligkeiten wird der durchschnittliche Fälligkeitstag für das gesamte Rechnungsbündel ermittelt;
2) die Gewährung von Vorschüssen aus dem durchschnittlichen Fälligkeitstag; es handelt sich hier nicht mehr allein um einen Kauf, sondern auch um eine Kredithergabe;
3) das revolvierende Kreditabkommen (unechtes Factoring): die Forderungen werden laufend an den Factor zur Sicherung eines Kredits abgetreten. Das bedeutet einen revolvierenden, sich selbst liquidierenden Kredit. Diese Finanzierung gleicht einem Zessionskredit. Dabei wird wie bei der stillen Forderungszession der Drittschuldner von der Übertragung der Forderung auf den Factor nicht in Kenntnis gesetzt. Das Risiko des Forderungsausfalles bleibt beim Klienten. Aus diesen Gründen kann man auch nicht von Factoring im oben definierten Sinne sprechen, sondern allenfalls – wie dies in der Literatur auch geschieht – von unechtem Factoring."

Auch beim Factoring spielt die Unterscheidung in nationales und internationales Factoring eine wesentliche Bedeutung: Im internationalen Factoring treten in der Regel zwei Factors auf: der Export- und der Importfactor.[44] Diese international tätigen Factors arbeiten in zwei Vereinigungen zusammen: Factors Chain International und International Factors Group.

Aus der Bundesrepublik sind folgende Institute Mitglieder des Factors Chain International:

Institut	**Träger**
Deutsche Factoring Bank	Landesbanken
Diskont und Kredit AG	Dresdner Bank AG
GEFA Gesellschaft für Absatzfinanzierung	Deutsche Bank AG

Die DG Diskontbank AG, Träger: DG Bank, ist hingegen Mitglied der International Factors Group.

Eine sehr anschauliche Darstellung des internationalen Factoring bietet Abbildung 10 [45].

Obwohl auch für das Factoring-Geschäft die Gruppenkonsolidierung nach § 10a KWG gilt, werden Überlegungen, das Factoring in die Produktplatte der Trägerbanken zu integrieren, nicht angestellt.

Dies liegt in der bankaufsichtsrechtlichen Stellung des Factoring begründet. Factoring ist kein Bankgeschäft im Sinne § 1 Abs. 1 Satz 2 des KWG, sondern ein „den Bankge-

[43] Süchting, J.: Finanzmanagement, a. a. O., S. 41 f.
[44] vgl. Büschgen, H. E.: Internationales Finanzmanagement, a. a. O., S. 41 f.
[45] Cox, A.N./MacKenzie, J. A.: International Factoring, Euromoney Publication 1986, S. 23

schäften ähnliches Geschäft"[46]. Das bedeutet in der Konsequenz: „Das KWG ist für Factoring nur dann relevant, wenn es von einem Kreditinstitut betrieben wird"[47]; dies ist bereits dann der Fall, wenn es zusammen mit dem Leasing in einer Gesellschaft betrieben wird.

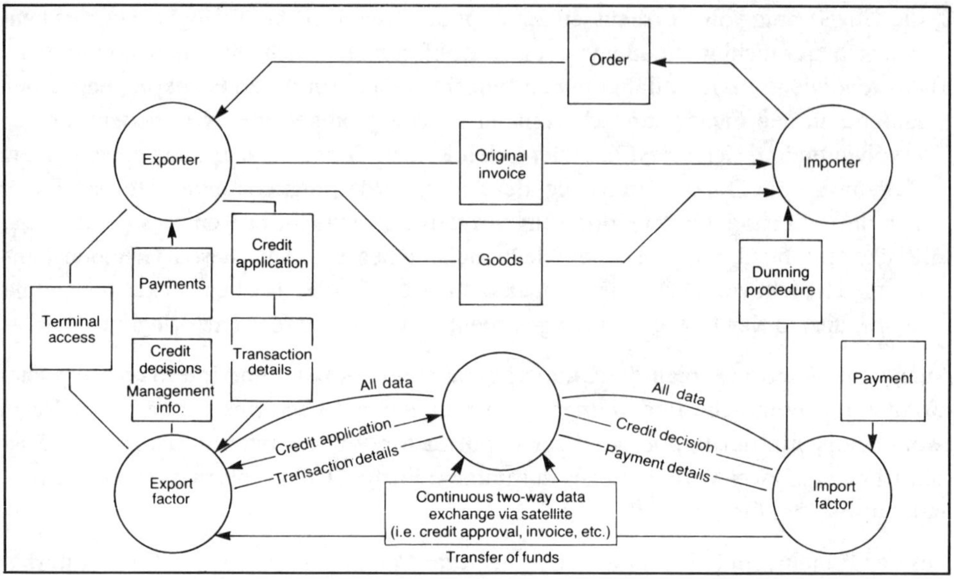

Abbildung 10: Ablaufwege im internationalen Factoring

3. Forfaitierung

Eine dem Factoring ähnliche Form ist die Forfaitierung, „der regreßlose Ankauf von (Einzel-) Forderungen höherer Beträge aus Waren- und Dienstleistungsgeschäften"[48], jedoch, im Gegensatz zum Factoring, auch mittel- und langfristige Forderungen. Auf das Forfaitierungsgeschäft treffen daher die Ausführungen über das Factoring sachentsprechend zu.

II. „Moderne" Kreditsurrogate

Als „moderne" Kreditsurrogate werden behandelt

- die Finanzierung von Innovationen = *Venture Capital,*
- die innovativen Finanzierungsformen der *Securitisation.*

[46] Szagunn, V./Wohlschieß K.: a. a. O., S. 90
[47] Schepers, G.: Das Factoring im neuen KWG, in: ZfgK 38. Jg. (1985), S. 845
[48] Büschgen, H. E.: Internationales Finanzmanagement, a. a. O., S. 44

1. Venture Capital

Hinter dem Anglizismus „*Venture Capital*" verbirgt sich der deutsche Begriff der Beteiligungsfinanzierung oder derjenige der Wagnisfinanzierung, wie er in den Kapitalbeteiligungsgesellschaften seit Mitte der 60er Jahre institutionalisiert ist. Insoweit ist „Venture Capital" nicht unbedingt „Neues", wohl aber, gemessen an den traditionellen Finanzierungsformen, etwas „Modernes".

Zwei Aspekte bestimmen die Beteiligungsfinanzierung:[49]

1) Eigenkapitalversorgung von nicht-emissionsfähigen Unternehmen der mittelständischen Wirtschaft – Venture Capital im weiteren Sinne,
2) Finanzierung von Innovationen durch temporäre Eigenmittelzuführung – Venture Capital im engeren Sinne.

Die erste, im weiteren Sinne als Venture Capital bezeichnete Variante geht auf Überlegungen der Arbeitsgemeinschaft Selbständiger Unternehmer e.V. (ASU) aus dem Jahre 1965 zurück und beruhte auf den sich in den 60er Jahren ergebenden Schwierigkeiten mittelständischer Unternehmen, Eigenmittel aufzunehmen. Daraus ergab sich eine Verschlechterung der Finanzierungsrelationen: Ersatz von fehlendem Eigenkapital durch Fremdkapital.

Mit der Verschlechterung der Finanzierungsrelation ging zugleich die Kreditfähigkeit zurück und begrenzte die Wachstumsmöglichkeiten aus marktchancenmäßig erforderlichen Erweiterungsinvestitionen. Dies war die Ursache für die Gründung von Kapitalbeteiligungsgesellschaften[50]

- der Öffentlichen Hand im Zusammenwirken mit Banken aus dem ERP-Sondervermögen,
- des Sparkassensektors durch die Landesbanken, z. B. Anlagen- und Verwaltungsgesellschaft mbH. Frankfurt am Main (1969),
- des Genossenschaftssektors: Beteiligungsgesellschaft für mittelständische Unternehmen (1970),
- der privaten Banken z. B. Deutsche Beteiligungsgesellschaft mbH. Frankfurt (1965) (Führung: Deutsche Bank), Allgemeine Kapitalunion GmbH & Co. Frankfurt (1966) (Führung: Bankhaus Gebrüder Bethmann), Beteiligungsgesellschaft für die deutsche Wirtschaft mbH. Frankfurt (1969) (Führung: Dresdner Bank).

Die zweite Variante, Venture Capital im engeren Sinne als Wagnisfinanzierung, dient der Finanzierung von Innovationen. Aus betriebswirtschaftlicher Sicht liegt eine Inno-

[49] vgl. Hagenmüller, K. F.: Leasing, Factoring, Beteiligungsfinanzierung, in: Die Kapitalbeteiligungsgesellschaft in Theorie und Praxis, Hrsg.: Juncker, K./Schlegelmilch, K., Frankfurt 1976, S. 32
[50] vgl. Schlegelmilch, K.: Die Kapitalbeteiligungsgesellschaften in der Bundesrepublik Deutschland, in: Die Kapitalbeteiligungsgesellschaft in Theorie und Praxis, a. a. O., S. 35 ff.

vation vor, wenn ein Unternehmen „eine technische Neuerung erstmalig nutzt, unabhängig davon, ob andere Unternehmungen den Schritt vor ihr getan haben oder nicht".[51]

Mithin ist die Realisierung des Innovationsprozesses sowohl eine Frage des naturwissenschaftlich-technischen als auch betriebswirtschaftlichen Reifegrades der Anwendungsfähigkeit. Sind beide Voraussetzungen erfüllt, muß die Möglichkeit der Finanzierung der innovativen Investition geprüft werden. Je höher die Eigenkapitalquote bei dieser Finanzierung ist, je geringer ist sachentsprechend das Innovationsrisiko für den Fremdkapitalgeber.

Diese Problemstellung betrifft wiederum mittelständische Unternehmen oder Newcomer am Markt und wurde in der Vergangenheit (ab 1970) von dem öffentlich-rechtlichen Sektor in Form der Innovations-Subvention gelöst[52], auf dieser Basis nahmen sich auch die Kapitalbeteiligungsgesellschaften – als marktwirtschaftliche Alternative – diesem Problem an und boten statt der Subvention der Öffentlichen Hand temporär im Unternehmen arbeitende Eigenmittel an.

Die Innovationsfinanzierung ist seit 1983 erneut als wirtschaftspolitische Aktivität virulent geworden. „Venture Capital direkt zugerechnet wurde das stürmische Marktwachstum der ‚High technology' – Industriesektoren Mikroelektronik, Roboter- und Gentechnik ebenso wie die Schaffung von 600 000 Arbeitsplätzen in den USA."[53]

Damit war der Anstoß zu den landespolitisch unterstützten Technologie-Zentren und einer neuen Finanzierungsform gegeben, der Wagnisfinanzierung als Venture Capital im engeren Sinne.

Mit dem 1. Oktober 1984 wurde die WFG, die 1975 von 29 deutschen Kreditinstituten gegründet worden war, in die WFG Deutsche Gesellschaft für Wagniskapital umgegründet, die das Fondskonzept realisiert. Sie legte einen Fonds für „Minderheitsbeteiligungen an wachstumsträchtigen mittelständischen Unternehmen"[54] mit einem Kapital von 130 Mio DM auf. Inzwischen sind mehr als 20 Gesellschaften gegründet worden, die nach dem Fondsprinzip arbeiten und über ein Kapital von etwa 700 Mio DM verfügen.[55]

[51] Witte, E.: Organisation für Innovationsentscheidungen, Göttingen 1973, S. 3

[52] Kimpel, H.: Beteiligungsfinanzierung durch Kapitalbeteiligungsgesellschaften, in ZfgK 29. Jg. (1976), S. 267

[53] Fanselow, K.-H.: Wagnisfinanzierung (Venture Capital), in: Innovationen auf Finanzmärkten, Hrsg.: Bruns, G./Häuser, K., Frankfurt 1986, S. 45

[54] ebenda, S. 47

[55] ebenda, S. 57

Die zunächst – politisch und von den Medien induzierte – anzutreffende Euphorie ist einer nüchternen Betrachtungsweise gewichen, die Fonds haben Schwierigkeiten, die bereitgestellten Mittel unterzubringen.

Wesentlich ist, daß durch Venture Capital nicht nur mangelndes Eigenkapital, sondern auch, aufgrund fehlender Kreditfähigkeit, mangelndes Fremdkapital ersetzt werden soll. Beide Kapitalformen können im Entwicklungsprozeß der Unternehmen das Venture Capital ablösen, geschieht dies durch Fremdkapital, dann war Venture Capital ein Kreditsurrogat, geschieht dies durch Eigenkapital, so war Venture Capital ein Eigenmittelsurrogat.

Wesentlich ist ferner, daß diese Surrogate nicht von den Banken in der eigenen Produktpalette angeboten werden, sondern durch Spezialinstitute mit Fremdbeteiligung (= Beteiligung von Nichtbanken) herausgelegt werden.

2. Securitisation monetärer Forderungen

Jede autonome Brechung eines Trends wird durch Innovation bewirkt. Jede heteronome Brechung eines Trends bewirkt Innovation.

Die Securitisation monetärer Forderungen ist eine Form der Finanzinnovation. Sie ist bewirkt worden durch heteronome Brechung eines Trends. Der Trend stellte sich als Auf- und Ausbau von Kreditpyramiden dar.

Die Securitisation von monetären Forderungen als Form der Finanzinnovation ist zugleich auch eine autonome Brechung eines Trends: Die Entdeckung des Off-balance-sheet-Geschäfts als Folge des Einbruchs des Investmentbanking in das kommerzielle Bankgeschäft.

In der Securitisation of assets* liegt der seltene Fall einer Kombination eines autonomen mit einem heteronomen Trendbruch vor. Dies ist zu begründen.

Die Bank for International Settlements hat im April 1986 eine Studie mit dem Titel „Recent Innovations in International Banking", erarbeitet von einer Gruppe von Experten der Zentralbanken von 10 Ländern, vorgelegt, in der auch die Tendenzen beschrieben sind, die den Innovationsprozess in den Finanzierungsformen ausgelöst und getragen haben (S. 7 f.):

* „**Securitisation:** the term is most often used narrowly to mean the process by which traditional bank or thrift institution assets, mainly loans or mortgages, are converted into negotiable securities which may be purchased either by depository institutions or by non-bank investors. More broadly, the term refers to the development of markets for a variety of new negotiable instruments, such as NIFs and FRNs in the international markets and commercial paper in the United States, which replace bank loans as a means of borrowing. Used in the latter sense, the term often suggests **disintermediation** of the banking system, as investors and borrowers bypass banks and transact business directly."
Recent Innovations in International Banking, S. 267 (s. u.)

– makro-ökonomische Trends:
  - Inflationsanstieg,
  - Schwankungen in den Zinssätzen und Währungskursen,
  - Zahlungsbilanzen-Ungleichgewicht und Veränderungen in den Zahlungsströmen und dem Anlageverhalten der Investoren an internationalen Märkten;
– Veränderungen in den gesetzlichen Regelungen der Bankenaufsicht auf den nationalen Märkten;
– Kommunikations- und Computertechnologie und das Entstehen von „new service companies";
– die intellektuellen Fähigkeiten, das Know-how, der Marktteilnehmer sind gewachsen = „growing competition in international financial markets".

Hinsichtlich der unterstellten Trendbrüche oder Trendveränderungen ist aus diesen Ursachen abzuleiten:

– Die Änderung der makro-ökonomischen Trends haben den „rasanten" Aufstieg der Finanzplätze Tokyo und London verursacht, aber auch gleichzeitig die Bedeutung des Euro-Dollar-Marktes klassischer Form beeinträchtigt.
– Die Veränderungen in den aufsichtsrechtlichen Bestimmungen haben für die deutschen, international tätigen Banken gravierende Einflüsse ausgeübt. Die Quotenkonsolidierung hat auch die internationalen Töchter in den Konzern-Eigenmittel-Rahmen eingebunden und damit zu Versuchen geführt, die Bilanzen zu entlasten.

Die separate Steuerung von Inlands- und Auslands-Konzern-Volumen war durch die unterschiedlichen Regelungen in den einzelnen Gastländern bewirkt: so galt und gilt in Luxemburg de facto eine Eigenmittel-Unterlegung von etwa 3 % als ausreichend, im Inland 5,56 %. Die Einrechnung der Auslands-Konzern-Volumina in den Grundsatz I mußte die Innovationsfähigkeit anreizen.

– Die neuen Technologien und der Fortschritt bereits genutzter Technologie haben im internationalen Markt zur Globalisierung und zu Punktmärkten geführt: die zeitliche Distanz zwischen den internationalen Finanzmärkten ist Null. Das hat gewichtige Folgen für den Secundary-Market, für die Plazierungsfähigkeit von Emissionen.
– Das wachsende Know-how hat die Phantasie in der Ausgestaltung der Instrumente äußerst angeregt. Auf Basis einer Grundform schießen Varianten geradezu aus dem Boden, führen aber auch zu Margenverfall.

So haben sich Kräfte des Marktes und Kräfte in den Banken selbst zu einem Innovationsschub in den Finanzformen vereinigt, der für die Zentralbanken weltweit zu einem beachtlichen Interpretations- und Regulierungsproblem geworden ist. Dies zeigt die Studie der Bank for International Settlements überdeutlich.

a) Entwicklungen auf dem Euro-Markt

Preisanstieg und Preisverfall des Rohöls – Problem, Problemlösung und Problementfallen des Petro-Dollar-Recycling – haben in der jüngsten Dekade den Aufstieg und Fall des Eurokredites ebenso bewirkt, wie die damit unmittelbar in Zusammenhang stehende Verschuldungsneigung und Rückzahlungsschwierigkeiten der Schwellen- und Entwicklungsländer.

Der Rückgang der Neugewährung mittel- und langfristiger internationaler Konsortialkredite wird lediglich leicht durch die Kreditgewährung im Zusammenhang mit Umschuldungen optisch „geschönt".

Nach der Statistik der Deutschen Bundesbank[56] verlief die Entwicklung der Euro-Kredite (ohne traditionelle Kredite)

1981	91,3 Mrd US-Dollar
1982	90,8 Mrd US-Dollar
1983	60,2 Mrd US-Dollar
1984	53,2 Mrd US-Dollar
1985	53,5 Mrd US-Dollar.

Die Bundesbank kommentiert:[57] „Brutto betrachtet ist die Neugewährung mittel- und langfristiger internationaler Konsortialkredite nach den verfügbaren Angaben um 2 Mrd US-Dollar auf 60 Mrd US-Dollar zurückgegangen. Läßt man Kredite oder Kreditlinien außer Ansatz, die im Zusammenhang mit Umschuldungen an Entwicklungsländer gewährt wurden oder die lediglich früher eingeräumte Fazilitäten ersetzen, so nahm das Volumen der neu bereitgestellten Konsortialkredite um 11 Mrd US-Dollar auf 32 Mrd US-Dollar ab. Dies hing hauptsächlich damit zusammen, daß die freiwillige Neukreditgewährung an Entwicklungsländer weiter eingeschränkt wurde. Zugleich haben die Industrieländer ihre Nachfrage nach internationalen Konsortialkrediten kaum erhöht, da sie es vorzogen, ihren Finanzbedarf verstärkt auf den Wertpapiermärkten zu decken und dabei in stark gestiegenem Maße auch Vereinbarungen mit den Banken über die Plazierung von Geldmarktpapieren trafen. Diese zunehmende „Verbriefung" im internationalen Finanzgeschäft hat den ohnehin starken Wettbewerb am Markt für Konsortialkredite weiter verschärft. Als Folge davon gingen die nach der Bonität des Schuldners gestaffelten Zinsaufschläge zum Londoner Interbankensatz, die 1984 im Durchschnitt aller Kreditnehmer noch 0,9 Prozentpunkte betrugen, weiter auf 0,6 Prozentpunkte zurück, obwohl sich die Bonität der Schuldner im ganzen eher verschlechtert haben dürfte, seitdem erstklassige Adressen teilweise zu anderen Finanzierungsformen abwandern."

[56] Geschäftsbericht der Deutschen Bundesbank für das Jahr 1985, S. 84
[57] ebenda, S. 85

b) Die neuen Instrumente der Verbriefung: Note issuance facilities (NIFs)

Die Studie der Zentralbankexperten[58] definiert: „A NIF is a medium-term legally binding commitment under which a borrower can issue short-term paper in its own name, but where underwriting banks are committed either to purchase any notes which the borrower is unable to sell, or to provide standby credit. For bank borrowers the paper is usually short-term certificates of deposit, while for non-bank borrowers it is in the form of promissory notes (commonly known as Euro-notes).“

Im Regelfalle übernehmen Investmentbanken als lead manager oder Arrangeur die Plazierung, meist im Zusammenwirken mit anderen Instituten (tender panel, continuous tender panel). Die Finanzierungszusage für den Fall, daß die Papiere nicht plaziert werden können, geben *Geschäftsbanken* (back-up lines).

Insoweit ersetzen diese NIFs die am Euromarkt typische Form der syndizierten Kreditrahmenvereinbarungen (revolving loan facilities) und lösen die Kreditlinie aus dem traditionellen Kredit-Geschäft = Surrogat.

Während der Laufzeit kann der Kreditnehmer typischerweise kurzfristige Euronotes begeben – Laufzeit drei oder sechs Monate – mit einer Verzinsung auf LIBOR (London Interbank Offered Rate)-Basis. Die Plazierung erfolgt durch den lead-manager (sole placing agent) im Rahmen des tender panel über ein auktionsähnliches Bietungsverfahren oder durch eine Bankengruppe (best efforts basis).

Eine Gruppe von Banken verpflichtet sich als Underwriter mittel- bis langfristig (back-up, back-stop), bei Nichtplazierbarkeit diese Papiere zu übernehmen = Kreditsurrogate oder zu einem festgelegten Zinssatz (LIBOR plus) revolvierende kurzfristige Kredite herauszulegen = Form des kurzfristigen syndizierten Eurokredites.

Aus der innovativen Phantasie geboren, gibt es inzwischen die verschiedensten Varianten der Ur-Form NIF/RUF (revolving underwriting facilities), z. B.

SNIF = short term notes issuance facility
PUF = prime underwriting facility.

Nachdem die Zentralbanken oder die Organe der Bankenaufsicht „marktordnend“ eingegriffen haben – in Deutschland Einrechnung zu 50 % in den Grundsatz I, analog Aval –, sind für Schuldner höchster Bonität auch NIFs emittiert worden, die keine standby-Klausel für den Fall der Nichtplazierungsmöglichkeit enthalten. Dies gilt, wie die Studie schreibt[59], für Unternehmen, die ohnehin offene Kreditlinien bei ihren Banken halten und daher nicht nur keine Bereitstellungsprovision für die offene Linie zahlen, sondern auch die Kosten des underwriting einer separaten back-up line sparen = optimale Kondition für den Schuldner, Margenverfall bei den Banken „Borrowers like NIFs because of their low cost and great flexibility“.[60]

[58] Bank for International Settlements, a. a. O., S. 19
[59] Bank for International Settlements, a. a. O., S. 22
[60] ebenda, S. 31

In 1985 entfielen bereits 50% des Volumens auf diese Form, wie aus der Aufstellung über die geographische Verteilung des NIF market hervorgeht (Tabelle 8).[61]

Tabelle 8: Geographische Verteilung des Note Issuance Facilities-Marktes

		1981	1982	1983	1984	1985
				in billions of US dollars		
Major OECD		**–**	**0,53**	**1,73**	**6,31**	**29,27**
of which:	France	–	–	0,78	1,24	2,98
	Netherlands	–	–	–	–	1,32
	Switzerland	–	–	–	1,10	0,07
	United Kingdom	–	–	–	0,70	3,81
	United States	–	0,43	0,35	3,05	17,52
Minor OECD		**0,50**	**1,17**	**1,25**	**11,24**	**17,55**
of which:	Australia	–	0,25	1,03	2,70	7,89
	Denmark	–	–	–	1,02	0,40
	New Zealand	0,50	0,10	–	2,05	0,74
	Sweden	–	0,05	0,07	4,73	4,81
Others		**0,53**	**0,67**	**0,31**	**1,28**	**2,67**
of which:	developing countries	0,53	0,58	0,15	0,27	1,00
	oil exporters	–	0,05	0,10	0,23	0,52
	international institutions	–	–	–	0,50	0,85
Total		**1,03**	**2,37**	**3,29**	**18,83**	**49,49**
of which:	underwritten NIFs	1,03	2,37	3,29	18,20	33,14
	non-underwritten NIFs/Eurocommercial-paper programmes	–	–	–	0,63	16,35

In der Risiko-Einschätzung kommt die Studie zu folgender Aussage:[62]

Credit risk	Principal amount for holders of paper, same as other guarantees for writers of standbys
Market risk	Writers of standbys face risk they will be called on to lend at below-market spreads if market conditions change
Settlement risk*	Principal amount on payment date for borrower
Market liquidity risk**	Liquidity of paper largely untested.

* The possibility that operational difficulties interupt delivery of funds even where the counterpart is able to perform.

** The possibility that a financial instrument cannot be sold quickly and at full market value.

61 ebenda, S. 24
62 Bank for International Settlements, a. a. O., S. 193

III. Kreditsurrogate der Banken: Geldanlagegeschäft

Während die bisher behandelten Surrogate Ausweichinstrumente der Bankkunden sind, handelt es sich bei den Kreditsurrogaten der Banken um Liquiditätsanlagen der Banken selbst. Sie treten in zwei Formen auf:

1) Ersatzdebitoren
   Die mangelnde Kreditnachfrage zwingt zu Alternativanlagen im Aktivgeschäft.
2) Grundsatz III-freie Aktiva
   Aus der Systematik der Liquiditätsnorm folgt die Anlagenotwendigkeit in nicht anrechnungspflichtige Aktiva.

Während die erstere Form daher marktveranlaßt oder -bezogen ist, muß die letztere Form als systemveranlaßt oder -bezogen definiert werden; sie schafft zugleich die Voraussetzung für die wirksame Offenmarktpolitik der Bundesbank, d. h., ohne die Anrechnungssystematik im Grundsatz III gäbe es keinen Zwang der Banken, die von der Bundesbank offerierten Geldmarktpapiere aufzunehmen.

Als *Geldanlagegeschäfte* können mithin alle Geschäfte definiert werden, die auf eigene Initiative der Bank zurückgehen und den Einsatz von Mitteln, die für den sofortigen Liquiditätsausgleich nicht benötigt werden und/oder aus der Systematik der Liquiditätsnorm des Grundsatzes III grundsatzneutral angelegt werden müssen, am Geldmarkt in ertragbringender und laufzeitkongruenter oder laufzeitinkongruenter Form (= mit oder ohne Zinsänderungsrisiko aus der Refinanzierung) zum Gegenstand haben.

1. Ersatzdebitoren

Das Ausweichen der internationalen Unternehmen in der Finanzierung auf den Euro-Dollar-Markt und in Kreditsurrogate hat das Kreditportefeuille insbesondere der Großbanken getroffen: der Anteil des Privatkunden-Kreditgeschäftes liegt bei dieser Bankengruppe inzwischen über der 50 %-Marke, im Firmenkundengeschäft dominiert das mittelständische Geschäft, wie in den Geschäftsberichten nachzulesen ist. Die Inanspruchnahme eingeräumter Linien im Großgeschäft liegt unter der 30 %-Marke; darauf war bereits eingegangen worden.

Bei stetig wachsendem Passivgeschäft muß daher eine „Ersatzanlage“ gefunden werden; dies sind die Rentenwerte, die sachentsprechend als „Ersatzdebitoren“ bezeichnet werden und auch in der Risikopolitik so behandelt werden, „als ob“ sie Debitoren sind.

Ihrem Wesen nach sind diese Bestände daher in der Regel auch nicht laufzeitkongruent refinanziert, analog den Debitoren, so daß in diesen Beständen latente Zinsänderungsrisiken enthalten sind. Diese latenten Risiken sind insbesondere in den Jahren 1978 bis 1982 virulent geworden und haben zu „Schieflagen“ geführt.

Die Statistik zeigt diese Entwicklung sehr deutlich[63]. Die Position „Wertpapiere (ohne Bankschuldverschreibungen)“ – Inlandsaktiva – „explodierte“ bis 1978:

	1975	25,8 Mrd DM	100,0 Index
	1976	35,0 Mrd DM	
	1977	46,8 Mrd DM	
	1978	50,1 Mrd DM	194,2 Index
	1979	47,7 Mrd DM	
und ab	1983:	67,1 Mrd DM	
	1984	80,4 Mrd DM	
	1985	95,7 Mrd DM	
Juli	1986	103,9 Mrd DM	402,7 Index

Die strategischen Aspekte dieser Entwicklung sind im Rahmen der Risikopolitik im dritten Band zu behandeln.

2. Grundsatz III-neutrale Aktiva

Zu den Geldmarktpapieren, die eine Grundsatz III-neutrale Anlage eines Passivüberhanges erlauben, gehören:

- *Schatzwechsel* – mit Laufzeiten bis zu 90 Tagen – des Bundes;
- *unverzinsliche Schatzanweisungen* – mit Laufzeiten von 6, 12, 18 und 24 Monaten – des Bundes, der Bundesbahn, der Bundespost;
- *Privatdiskonten,* „Das sind Bankakzepte erster Adressen. In der Bundesrepublik sind Privatdiskonten DM-Akzepte der zum Privatdiskontmarkt zugelassenen Akzeptbanken. Die Akzepte müssen der Finanzierung von Außenhandelsgeschäften dienen und dürfen höchstens 90 Tage laufen. Es ist eine Mindestwechselsumme von 100 000 DM, eine Höchstsumme je Wechsel von 5 Mio DM festgelegt“[64].
- *Kassenobligationen* des Bundes, der Länder, der Bundesbahn und der Bundespost. Diese Papiere sind dann geldmarktgeeignet, wenn sie von der Bundesbank zentralbankfähig gemacht werden: „So hat die Bundesbank sich zeitweise bereit erklärt, Kassenobligationen mit einer Restlaufzeit bis zu 18 Monaten in ihre Geldmarktregulierungstransaktionen einzubeziehen“[65].

Obwohl die unverzinslichen Schatzanweisungen vor Fälligkeit „im Regelfall“ nicht rückgebbar sind (Beschluß vom 31. März 1971), ist faktisch mit einer Verweigerung der Rücknahme nicht zu rechnen.

Im Gegensatz zu den Ersatzdebitoren sind Probleme der Laufzeitenkongruenz nicht gegeben; Geldmarktpapiere sind ex definitione laufzeitkonform refinanziert.

Die Bundesbank berichtet monatlich über ihre Aktivitäten am Offenen Markt (Statistischer Teil der Monatsberichte, V 3,4).

[63] Monatsberichte der Deutschen Bundesbank, Statistischer Teil III, 2
[64] Köhler, C.: Geldwirtschaft, a. a. O., S. 138, Höchstsumme aktualisiert
[65] ebenda, S. 139

Vierter Teil

Dienstleistungsgeschäft

A. Das Effektengeschäft

I. Das klassische Effektengeschäft

1. Begriffe, Formen, Arten

Unter „Wertpapiergeschäft“ im Rahmen des Dienstleistungsgeschäftes werden die Anschaffung, Veräußerung, Verwahrung und Verwaltung von Wertpapieren für Andere verstanden (§ 1 Abs. 1 Nr. 4 KWG).

Wertpapiere in diesem Sinne sind[1]

1) Aktien,
2) Kuxe,
3) Zwischenscheine,
4) auf Inhaber lautende oder durch Indossament übertragbare Schuldverschreibungen,
5) Anteilsscheine deutscher Kapitalanlagegesellschaften.

Die Wertpapiere im Sinne § 1 Abs. 1 Nr. 4 KWG lassen sich nach Tabelle 1 systematisieren.

a) Fungibilität als Ordnungsbegriff

Grundlage der Systematisierung[2] ist das rechtliche Kriterium der Übertragbarkeit, der Fungibilität: Inhaber-, Order- und Rektapapiere.

Generell sind Wertpapiere privatrechtliche Urkunden; zur Ausübung des Rechtes aus der Urkunde ist ihr Besitz erforderlich.

Die *Inhaberpapiere* benennen den Berechtigten nicht. Der Aussteller ist zur Leistung an den jeweiligen Inhaber verpflichtet (§§ 929 ff. BGB).

Die *Orderpapiere* lauten auf einen namentlich benannten Berechtigten. Zur Übertragung des Rechtes ist neben Einigung und Übergabe die Indossierung notwendig. Der jeweilige Inhaber muß sich durch eine lückenlose Reihe von Indossamenten als Berechtigter ausweisen. Das grundsätzlich zulässige Blankoindossament verwandelt ein Orderpapier in wirtschaftlicher Betrachtung in ein Inhaberpapier.

Das *Rektapapier,* auch Namenspapier genannt, muß auf eine bestimmte Person lauten und kann nur durch Abtretung übertragen werden. Rektapapiere sind wegen mangeln-

[1] Szagunn, V./Wohlschieß, K.: a. a. O., S. 103 ff.
[2] vgl. Bankrecht und Bankpraxis, a. a. O., Teil 7 mit Literaturhinweisen

Tabelle 1: Einteilung der Wertpapiere

Ordnungsbegriff	Gattung	Form
1 Fungibilität	Inhaberpapiere	Inhaberaktien Inhaberschuldverschreibungen Anteilsscheine
	Orderpapiere	Namensaktien Orderschuldverschreibungen Zwischenscheine
	Rektapapiere	Kuxe, soweit bisheriger Eigentümer Abtretungserklärung und Umschreibungsbewilligung erteilt hat
2 Markt	Geldmarktpapiere	Schatzanweisungen Kassenobligationen
	Kapitalmarktpapiere	Mitgliedschaftsrechtliche Papiere Gläubigerrechtliche Papiere Anteilsscheine
3 Ertrag	Papiere mit variablem Ertrag	Aktien Kuxe
	Papiere mit festem Ertrag	Staatsanleihen Kommunalanleihen Pfandbriefe und Kommunalobligationen Industrieobligationen Bankobligationen
	Mischformen	Optionsanleihen Wandelschuldverschreibungen Gewinnobligationen Los- und Prämienanleihen Genußscheine Investmentzertifikate
4 Verbriefung	Verbriefte Papiere	Einzelurkunden Globalurkunden
	Unverbriefte Papiere	Schuldbuchforderungen Bundesschatzbriefe

der bzw. erschwerter Fungibilität nicht börsenfähig und daher für das Wertpapiergeschäft der Banken ungeeignet. Eine Ausnahme machen die Kuxe „neuen Rechts", die auf den Namen im Gewerkenbuch eingetragen sind. Stellt der bisherige Eigentümer eine Abtretungserklärung mit Umschreibungsbewilligung aus, werden sie börsenfähig.

b) Markt als Ordnungsbegriff

Die Unterscheidung in Geld- und Kapitalmarktpapiere gilt nur für diejenigen Wertpapiere, die gem. § 1 Abs. 1 Nr. 4 KWG Gegenstand des Effektengeschäftes sind. Klassische *Geldmarktpapiere* wie Wechsel und Schecks oder auch Schatzwechsel gehören nicht zu dieser Geschäftssparte. Schatzanweisungen und Kassenobligationen gehören in den Bereich des Geldmarktes, sind aber mittelfristige Papiere. Insbesondere die Kassenobligationen, auch in Form von Kommunalschuldverschreibungen, sind regelmäßig Inhaberpapiere, die in den geregelten Freiverkehr einbezogen sind; eine Börsenzulassung ist möglich.

Die wesentlichen Papiere des Wertpapiergeschäftes sind die *Kapitalmarktpapiere*, die der Form nach als Papiere, die ein Mitgliedschaftsrecht oder ein Gläubigerrecht verbriefen oder als Anteilsscheine an einer deutschen Kapitalanlagegesellschaft auftreten.

aa) Mitgliedschaftsrechtliche Papiere

Papiere, die ein Mitgliedschaftsrecht verbriefen, sind Aktien, Kuxe und Zwischenscheine.

Aktien sind Urkunden, die das Mitgliedschaftsrecht an einer Aktiengesellschaft verbriefen. Sie kommen in zwei Fungibilitätsformen vor:

- Inhaberaktien (§ 24 Abs. 1 AktG),
- Namensaktien (§ 68 AktG), auch in vinkulierter Form, d. h., Übertragung nur mit Zustimmung der Gesellschaft,

und in zwei aktienrechtlichen Ausgestaltungen

- Stammaktien als normal-aktienrechtliche Urkunden,
- Vorzugsaktien als Sonderform in der Bevorzugung bei Dividende (Vorzugsdividende) und im Falle der Liquidation (bei der Vermögensverteilung) auch in der Sondergestaltung „ohne Stimmrecht", jedoch mit bevorzugt auszuzahlendem, festen Mindestgewinnanteil (§ 139 AktG).

Kuxe sind Urkunden, die eine Mitberechtigung an einer bergrechtlichen Gewerkschaft beurkunden. Ihre Aufführung in diesem Zusammenhang hat rein historische Bedeutung: seit dem 21. 9. 1970 ist der Handel und die Notierung des letzten Kuxes – Gewerkschaft Wintershall – (an der Börse zu Düsseldorf) eingestellt worden[3].

Zwischenscheine (Interimsscheine) sind vorläufige Wertpapiere und beurkunden die Mitgliedschaft eines Aktionärs solange, bis die endgültigen Aktienurkunden ausgegeben werden (§ 8 Abs. 4 AktG). Sie lauten auf den Namen, sind Orderpapiere und mithin durch Indossament übertragbar.

bb) Gläubigerrechtliche Papiere

Gläubigerrechtliche Wertpapiere verbriefen eine schuldrechtliche Verpflichtung. Der Berechtigte kann die vereinbarten Zinsen verlangen, unabhängig von der Ertragslage

[3] vgl. Süchting, J.: Finanzmanagement, a. a. O., S. 53

des Schuldners und erhält in Form kontinuierlicher oder diskontinuierlicher Tilgung oder am Ende der Laufzeit das Darlehen nominal oder mit Aufgeld zurück.

Als Arten treten auf:

Anleihen der Öffentlichen Hand: *Staatsanleihen* der Bundesrepublik Deutschland, der Bundesländer sowie der Sondervermögen des Bundes (Bundesbahn, Bundespost). Diese Anleihen sind ausschließlich Tilgungsanleihen; Rentenanleihen, bei denen sich der Emittent nur zur Verzinsung, nicht zur Tilgung des Kapitals verpflichtet, wurden nach dem Zweiten Weltkrieg nicht mehr aufgelegt.

Werden die Schuldverschreibungen von den Gemeinden aufgelegt, sind es Kommunaldarlehen. Von diesen Kommunaldarlehen sind die *Kommunalobligationen* oder Kommunalschuldverschreibungen, die von Hypothekenbanken oder öffentlich-rechtlichen Kreditinstituten emittiert werden, zu unterscheiden. Sie werden – nach § 41 HypBG – aufgrund eines durch Schuldschein gesicherten Kredites an eine Gemeinde aufgelegt.

Pfandbriefe sind Schuldverschreibungen der Hypothekenbanken und öffentlich-rechtlichen Bodenkreditinstitute, die durch Hypotheken von mindestens gleicher Höhe und mindestens gleichen Zinsertrages gedeckt sind. An diesen (Deckungs-) Hypotheken steht den Berechtigten aus dem Pfandbrief im Konkursfalle des Emissions-Institutes ein Vorrecht zu (§ 35 HypBG).

Industrie- und Bankobligationen sind Teilschuldverschreibungen von Industrieunternehmen und Banken. Sie können Inhaber- und Orderschuldverschreibungen sein. Industrieobligationen sind regelmäßig durch eine Grundschuld gesichert, die auf den Namen der Emissionsbank als Treuhänderin eingetragen ist.

Inländische Schuldverschreibungen – mit Ausnahme der vom Bund und den Ländern begebenen Anleihen – bedürfen der Genehmigung, die auf Antrag von dem Bundesminister der Finanzen im Einvernehmen mit der obersten Behörde desjenigen Landes erteilt wird, in deren Gebiet der Aussteller seinen Sitz hat.

Als Rückzahlungsmodalitäten finden sich

- *Gesamtfälligkeit* am Laufzeitende regelmäßig bei Schatzanweisungen und Kassenobligationen;
- *Ratentilgung* mit gleichmäßigen Raten der Hauptschuld und dementsprechend wegen der fallenden Zinsbeträge mit fallenden Ausschüttungsbeträgen;
- *Annuitätentilgung* mit festem Ausschüttungsbetrag und dementsprechend steigendem Tilgungsanteil;
- *Rückzahlung* in Form Sinking Fund Debentures. Tilgung aus einem treuhänderisch von der Emissionsbank verwalteten Fonds durch Ankauf unter pari notierter Stükke;
- *Verlosung* nach Serien oder Blöcken. Sie ist im Bundesanzeiger und in einem Pflichtblatt der Börse anzuzeigen; die wesentliche Veröffentlichung erfolgt in der Verlosungstabelle der Wertpapiermitteilungen;

– *Kündigung* der Anleihe durch den Emittenten, die für eine bestimmte Anlaufzeit der Anleihe ausgeschlossen ist.

cc) Mischformen

Die *Wandelschuldverschreibung* verbrieft dem Berechtigten neben den Rechten an einer Teilschuldverschreibung – Verzinsung und Rückzahlung des Kapitals – ein (§ 221 Abs. 1 AktG)

– Umtauschrecht in Aktien des emittierenden Unternehmens,
– Bezugsrecht auf Aktien des emittierenden Unternehmens.

Daraus resultieren zwei unterschiedliche Formen der Wandelschuldverschreibung

1) Wandelschuldverschreibung im engeren Sinne. Sie gewährt dem Berechtigten das Recht, innerhalb einer festgelegten Frist in einem festgelegten Umtauschverhältnis mit/ohne Agio die Schuldverschreibung in Aktien umzutauschen.
2) Optionsanleihe. Sie gewährt dem Berechtigten das Recht, innerhalb einer festgelegten Frist Aktien zu einem festgelegten Bezugskurs zu beziehen. Die Anleihe selbst bleibt weiterhin bestehen.

Gewinnschuldverschreibungen sind Anleihen, bei denen dem Gläubiger neben einem festen Zins eine Beteiligung am Reingewinn des Unternehmens zusteht. Sie haben Ähnlichkeit mit den *Genußrechten,* die dem Berechtigten gegenüber einer Aktiengesellschaft einen Anspruch auf einen Anteil am Reingewinn gewähren. Sie haben Aktualität im Zusammenhang mit der Neuordnung des Grundsatz I KWG gewonnen, da sie als Eigenmittel-Surrogat für Kreditinstitute gelten.

Los- und Prämienanleihen sind entweder un- oder geringverzinslich. Die ersparten Zinsen werden angesammelt, um einzelnen Gläubigern, die durch Losentscheid ermittelt werden, eine Prämie zu gewähren. Sie sind nur noch von historischem Interesse: 1951 hat der Bund Prämienschatzanweisungen (unverzinsliche Schatzanweisungen im Nennwert von 10,– DM) als sogenannte Baby-Bonds emittiert.

Investmentzertifikate verbriefen einen Anteil an einem Wertpapierfonds, *Immobilienzertifikate* einen Anteil an einem Immobilienfonds (die Fonds werden von einer Kapitalanlagegesellschaft bzw. Immobiliengesellschaft verwaltet).

2. Das Wertpapier-Handels-Geschäft

Innerhalb des Wertpapier-Handels-Geschäftes sind drei Formen zu unterscheiden:

1) Das *Effektenkommissionsgeschäft,* entweder in der Form der einfachen Kommission (§§ 383 ff. BGB), oder der Kommission mit Selbsteintritt (Nr. 29 Abs. 1 AGB).
2) Direkte *Stellvertretung,* in der die Bank im Namen des Kunden auftritt. Dieser Abwicklungstyp fällt nicht unter § 1 Abs. 1 Nr. 4 KWG.

3) *Eigengeschäft* nach Nr. 29 Abs. 2 AGB; die Bank tritt bei Ankauf und Verkauf von nicht zum amtlichen Handel zugelassenen Werten (geregelter Freiverkehr und Telefonhandel) im eigenen Namen für eigene Rechnung auf (kein Geschäft nach § 1 Abs. 1 Nr. 4 KWG).

Nicht zum Dienstleistungsgeschäft gehört das Eigengeschäft in Form des An- und Verkaufs im eigenen Namen und auf eigene Rechnung ohne Kundenauftrag als Arbitrage-, Kursregulierungs- und Kursstützungsgeschäft sowie als Geld- und Kapitalanlage einschließlich der Verwaltung des Beteiligungsportefeuilles.

In den aufgeführten Formen wird die Bank als Dienstleistungsunternehmen im Auftrag des Kunden tätig, der eine Effektenkauf- oder -verkaufsorder – schriftlich oder mündlich mit schriftlicher Bestätigung – erteilt.

Aus dieser Order müssen hervorgehen:

1) Kauf- oder Verkaufsauftrag,
2) genaue Wertpapierbezeichnung – Gattung, Wertpapiernummer –,
3) Umfang – Nominalbetrag, Stückzahl –,
4) Kurs,
5) Börsenplatz, wenn Papier an mehreren Plätzen zugelassen ist und die Wahl nicht der Bank vorbehalten bleiben soll (Nr. 30 Abs. 1 AGB),
6) Zeitliche Begrenzung bei Limitierung; Limitierung heißt:
   - fester Kurs, sonst nach Usance,
   - „billigst" bei Käufen,
   - „bestens" bei Verkäufen.

a) Rechtliche Grundlagen

Die einfache Effektenkommission wird rechtlich durch den Kommissionsvertrag und die AGB geregelt: Im Kommissionsvertrag erhält die Bank eine Ermächtigung zur indirekten Stellvertretung nach § 383 HGB; die Bank kann daher bei Verkaufsaufträgen im eigenen Namen für Rechnung des Kunden verfügen.

Die Effekteneinkaufskommission ist durch das Depotgesetz in erster Linie geregelt (§§ 18 ff. DepotG), wobei insbesondere die Fremdvermutung des § 4 DepotG von Bedeutung ist, falls die Bank ein drittes Institut einschaltet: der dritten Bank ist nach unwiderlegbarer Vermutung bekannt, daß der Auftrag für einen Kunden der ersten Bank durchgeführt werden soll (§ 30 Abs. 1 DepotG).

Für die Effektenkommission mit Selbsteintritt nach Nr. 29 Abs. 2 AGB gelten dieselben Bestimmungen, daneben die Vorschriften der §§ 400 ff. HGB und §§ 433 ff. BGB. Bei der direkten Stellvertretung kommen zu diesen Bestimmungen das Geschäftsbesorgungsrecht (§ 675 BGB) und die §§ 164 ff. BGB hinzu. Bei Eigengeschäften findet sachentsprechend das Kommissionsrecht keine Anwendung. Die rechtliche Seite wird durch Nr. 34 AGB und die Bestimmungen über den Handelskauf (§§ 373 ff.

HGB) geregelt. Bei Effektenverkäufen der Bank gelten zusätzlich die §§ 18 bis 31 DepotG.

b) Die Börse

aa) Verfassung

„Börsen“ sind regelmäßige Zusammenkünfte von Kaufleuten, die auf Massenumsatz von fungiblen Waren und Wertpapiere gerichtet sind. Sie bedürfen der staatlichen Genehmigung zu ihrer Errichtung.

In der Bundesrepublik und West-Berlin bestehen acht Börsen

- Frankfurter Wertpapierbörse,
- Rheinisch-Westfälische Börse zu Düsseldorf,
- Bayerische Börse in München,
- Hanseatische Wertpapierbörse Hamburg,
- Baden-Württembergische Wertpapierbörse zu Stuttgart,
- Berliner Wertpapierbörse,
- Bremer Wertpapierbörse,
- Niedersächsische Börse zu Hannover,

die sich mit Wirkung zum 1. Juli 1986 zu einer „Arbeitsgemeinschaft der deutschen Wertpapierbörsen“ zusammengeschlossen haben[4]. In der Präambel des Statutes heißt es: „Zur Stärkung der Wettbewerbsfähigkeit des ‚Finanzplatzes Deutschland‘ und der Leistungsfähigkeit der deutschen Börsen haben sich die ... mit Wirkung vom 1. 7. 1986 zu einer neuen Arbeitsgemeinschaft der deutschen Wertpapierbörsen zusammengeschlossen ...“

Nach § 2 des Statutes ist Zweck der Arbeitsgemeinschaft:

1) Der Arbeitsgemeinschaft werden alle überregionalen Angelegenheiten des deutschen Börsenwesens übertragen. Regionale Angelegenheiten werden von der zuständigen Börse wahrgenommen.
2) Die Arbeitsgemeinschaft befaßt sich insbesondere mit folgenden Aufgaben:
   1. Interessenvertretung der deutschen Börsen gegenüber in- und ausländischen Stellen,
   2. überregionale und internationale Fragen des Börsenhandels, z. B. Einführung neuer Finanzierungsinstrumente, Handelsformen,
   3. überregionale Öffentlichkeitsarbeit, z. B. Jahresbericht und Jahrespressekonferenz, Veröffentlichung der Börsen-Gesamtumsätze, Informationsschriften,
   4. überregionale organisatorisch-technische Fragen der deutschen Börsen, z. B. Informationsverbund, Verbesserung der Kommunikation.“

[4] vgl. Röller, W.: Neuorganisation des deutschen Börsenwesens, in: Die Bank 8/86, S. 392-395

Die Stimmrechte verteilen sich nach dem jeweiligen Anteil am gesamten Börsenumsatz der Bundesrepublik und West-Berlins, wie auch in der oben dargestellten Rangordnung zum Ausdruck kommt:

Frankfurt	50	Stuttgart	3
Düsseldorf	30	Berlin	3
München	7	Bremen	1
Hamburg	5	Hannover	1.

Organe der Arbeitsgemeinschaft sind:

- der Vorsitzende
- der Geschäftsführer
- die Mitgliederversammlung
- der Fachherrenbeirat

mit den Aufgaben:[5]

„Der Vorsitzende repräsentiert die Arbeitsgemeinschaft, er schließt namens der Arbeitsgemeinschaft den Anstellungsvertrag mit dem Geschäftsführer ab und überwacht die Geschäftsführung. Im Statut ist festgelegt, daß der zu wählende Vorsitzende der Mitgliederversammlung über besondere Erfahrungen und Kenntnisse im nationalen und internationalen Börsenwesen verfügen muß.

Die der Arbeitsgemeinschaft übertragenen Aufgaben nimmt der Geschäftsführer in enger Zusammenarbeit mit dem Fachherrenbeirat wahr. Auf diese Weise soll eine effiziente, praxisbezogene, den aktuellen und künftigen Herausforderungen dienende Tätigkeit der Arbeitsgemeinschaft sichergestellt werden. Die Aufgaben des Geschäftsführers orientieren sich an den Zielsetzungen der Arbeitsgemeinschaft. Hier sind besonders hervorzuheben die Interessenvertretung gegenüber in- und ausländischen Stellen, die Mitwirkung bei überregionalen und internationalen börsenrelevanten Rechts- und Gesetzgebungsverfahren, Öffentlichkeitsarbeit und natürlich auch die Zusammenarbeit mit den Geschäftsführern der einzelnen Börsen.

Dem Fachherrenbeirat kommt in dieser Zusammenarbeit eine besondere Bedeutung zu. Er ist mit hervorragenden Fachherren und Spezialisten besetzt, die den Geschäftsführer in allen wichtigen Fragen aktiv beraten und mit realitätsbezogener Sachkunde und Kompetenz unterstützen sollen. Selbstverständlich können bei Bedarf weitere Spezialisten von den Börsen oder Banken hinzugezogen werden. Der Fachherrenbeirat besteht aus acht Mitgliedern, von denen drei von Frankfurt, zwei von Düsseldorf und insgesamt drei von den übrigen Börsen benannt werden. Beschlüsse im Fachherrenbeirat machen eine ¾-Mehrheit seiner Mitglieder erforderlich“.

Für die Verfassung der jeweils einzelnen Börsen sind das Börsengesetz vom 22. Juni 1896 – zuletzt geändert durch das Gesetz zur Änderung des Börsengesetzes vom 28.

[5] ebenda, S. 393 f.

April 1975 – sowie die vom jeweiligen Börsenvorstand mit Genehmigung der zuständigen Landesregierung erlassene Börsenordnung mit den Geschäftsbedingungen (Usancen) und der Maklerordnung maßgeblich.

Der Wertpapierhandel vollzieht sich in vier Marktsegmenten:

1) Handel mit an der Börse amtlich zugelassenen Papieren,
2) Handel mit Papieren im geregelten Freiverkehr,
3) Handel mit Papieren im ungeregelten Freiverkehr,
4) Handel mit Papieren am geregelten Markt.

Während die drei ersten Formen traditionelle Segmente des Wertpapierhandels sind, ist die vierte Form erst seit 1. Mai 1987, gemäß Entwurf einer Börsenzulassungs-Verordnung des Bundesministers der Finanzen (Schreiben vom 4. 12. 1986), etabliert worden; geregelter und ungeregelter Freiverkehr sollen zusammengelegt werden.*

Die Börse hat nach Börsengesetz folgende Organe:

– Börsenvorstand
  - entscheidet über Zulassung zur Börse,
  - ist für die Aufrechterhaltung der Ordnung in den Börsenräumen verantwortlich,
  - überwacht die Kursfestsetzungen,
  - setzt die Geschäftsbedingungen fest,
  - erläßt die Gebührenordnung;
– Ehrenausschuß;
– Börsenschiedsgericht;
– Kursmaklerkammer als Berufsvertretung der amtlichen Kursmakler;
– Wertpapierzulassungsstelle;
– Freiverkehrsausschuß.

bb) Technik des Börsenverkehrs

Der Handel vollzieht sich durch den an der Börse zum Handel zugelassenen Personenkreis (§ 7 Abs. 2 BörsG):

– *Amtliche Kursmakler*
  Sie werden von der Landesregierung bestellt und bei Antritt vereidigt. Sie sind Makler nach §§ 652 ff. BGB, Handelsmakler nach §§ 93 ff. HGB und Vollkaufleute nach § 1 Abs. 2 Nr. 7 HGB. Sie stehen gleichzeitig in einem öffentlich-rechtlichen Rechtsverhältnis: sie sind berechtigt zur amtlichen Kursfestsetzung der zum amtlichen Börsenhandel zugelassenen Wertpapiere.

* Bei Abschluß des Manuskripts lagen die neuen Börsenbedingungen noch nicht vor

– *Freiverkehrsmakler*
sind vom Börsenvorstand zugelassene Handelsmakler ohne Vereidigung. Sie sind an der amtlichen Kursfeststellung nicht beteiligt.
– *Angestellte eines Unternehmens,*
das durch einen selbständigen Börsenbesucher vertreten ist (z. B. Bankenvertreter).
– *Personen ohne Berechtigung zur Teilnahme am Handel*
(§ 7 Abs. 3 BörsG) wie Hilfspersonal, Besucher, Vertreter der Medien.

Wesentliches Element des Handels ist die Kursfeststellung. Der amtliche Börsenkurs wird durch den Börsenvorstand festgesetzt; er bedient sich für diesen Zweck der Kursmakler, denen jeweils bestimmte, an der Börse gehandelte, Papiere zur Kursfeststellung zugeteilt sind. Die Notierung der Rentenwerte erfolgt in der Prozent-Notiz, diejenige der Aktien regelmäßig in der Stück-Notiz. Nennwertlose Aktien sind in der Bundesrepublik nicht zugelassen.

Grundsätzlich wird der Kurs als Einheitskurs (= Kasseeinheitskurs) festgelegt. Als Einheitskurs ist der Kurs definiert, zu dem die meisten Aufträge am Börsentag ausgeführt werden können. Er wird in der Regel in der Mitte der Börsenzeit festgestellt.

Beispiel:[6]

„Es wird angenommen, daß in einem Wertpapier folgende Aufträge zur Ausführung zum Einheitskurs laut Auftragsbuch des Maklers vorliegen:

Kaufaufträge:		**Verkaufsaufträge**	
25 000,– DM	billigst	15 000,– DM	zu 96 %
10 000,– DM	zu 95 %	6 000,– DM	zu 95 %
4 000,– DM	zu 93 %	8 000,– DM	zu 94 %
12 000,– DM	zu 92 %	18 000,– DM	zu 93 %
5 000,– DM	zu 90 %	8 000,– DM	bestens

Der zu errechnende Einheitskurs muß den größten Umsatz ermöglichen, d. h. den meisten Kaufmöglichkeiten müssen die meisten Verkaufsmöglichkeiten gegenüberstehen. Für diese Feststellung ergibt sich:

Bei einem Kurs von:	**ergeben sich Käufe:**	**Verkäufe:**	**Umsatz:**
90 %	56 000,– DM	8 000,– DM	8 000,– DM
92 %	51 000,– DM	8 000,– DM	8 000,– DM
93 %	39 000,– DM	26 000,– DM	26 000,– DM
94 %	35 000,– DM	34 000,– DM	34 000,– DM
95 %	35 000,– DM	40 000,– DM	35 000,– DM
96 %	25 000,– DM	55 000,– DM	25 000,– DM

Der höchstmögliche Umsatz ist 35 000,– DM. Der Einheitskurs wird also auf 95 % festgesetzt.“

[6] BuB, a. a. O., 7/102

Die Kursfeststellung in Papieren mit regelmäßg hohem Umsatz erfolgt in Form der variablen Notierung (Zulassung zum variablen Handel durch den Börsenvorstand); lediglich der Eröffnungskurs wird nach der Systematik der Einheitskurserrechnung ermittelt, als Schlußkurs gilt die letzte variable Notierung.

Als *börsenübliche Abkürzungen* bei der amtlichen Kursfeststellung kommen folgende Zusätze und Hinweise vor:[7]

Zusätze
Zu den festgestellten Kursen müssen bei Ziffer 1 bis 5 außer den unlimitierten Kauf- und Verkaufsaufträgen alle über dem festgestellten Kurs limitierten Kaufaufträge und alle unter dem festgestellten Kurs limitierten Verkaufsaufträge ausgeführt sein. Inwieweit die zum festgestellten Kurs limitierten Kauf- und Verkaufsaufträge ausgeführt werden konnten, ergeben die Kurszusätze

1. b oder Kurs ohne Zusatz	=	bezahlt: Alle Aufträge sind ausgeführt;
2. bG	=	bezahlt Geld: Die zum festgestellten Kurs limitierten Kaufaufträge müssen nicht vollständig ausgeführt sein; es bestand weitere Nachfrage;
3. bB	=	bezahlt Brief: Die zum festgestellten Kurs limitierten Verkaufsaufträge müssen nicht vollständig ausgeführt sein; es bestand weiteres Angebot;
4. ebG	=	etwas bezahlt Geld: Die zum festgestellten Kurs limitierten Kaufaufträge konnten nur zu einem geringen Teil ausgeführt werden;
5. ebB	=	etwas bezahlt Brief: Die zum festgestellten Kurs limitierten Verkaufsaufträge konnten nur zu einem geringen Teil ausgeführt werden;
6 ratG	=	rationiert Geld: Die zum Kurs und darüber limitierten sowie die unlimitierten Kaufaufträge konnten nur beschränkt ausgeführt werden;
7. ratB	=	rationiert Brief: Die zum Kurs und niedriger limitierten sowie die unlimitierten Verkaufsaufträge konnten nur beschränkt ausgeführt werden;
8.*	=	Sternchen: Kleine Beträge konnten nicht gehandelt werden.

Hinweise
Außerdem werden folgende Hinweise verwendet:

1. G	=	Geld: Zu diesem Preis bestand nur Nachfrage;
2. B	=	Brief: Zu diesem Preis bestand nur Angebot;
3. –	=	gestrichen: Ein Kurs konnte nicht festgestellt werden;
4. – G	=	gestrichen Geld: Ein Kurs konnte nicht festgestellt werden, da überwiegend Nachfrage bestand;
5. – B	=	gestrichen Brief: Ein Kurs konnte nicht festgestellt werden, da überwiegend Angebot bestand;

[7] § 30 der Börsenordnung für die Frankfurter Wertpapierbörse

6 – T	=	gestrichen Taxe: Ein Kurs konnte nicht festgestellt werden; der Preis ist geschätzt;
7. ex D	=	ohne Dividende: Erste Notiz unter Abschlag der Dividende;
8. ex BR	=	ohne Bezugsrecht: Erste Notiz unter Abschlag eines Bezugsrechts;
9. ex BA	=	ohne Berichtigungsaktien: Erste Notiz nach Umstellung des Kurses auf das aus Gesellschaftsmitteln berichtigte Aktienkapital;
10. – Z	=	gestrichen Ziehung: Die Notierung ist an den beiden dem Auslosungstag vorangehenden Börsentagen ausgesetzt;
11. ex Z	=	ausgenommen Ziehung: Der notierte Kurs versteht sich für die nicht ausgelosten Stücke. (Der Hinweis ist nur am Auslosungstag zu verwenden.)

Gespannte Kurse sind nicht zulässig.

cc) Die Abrechnung

Die Abrechnung der Order des Kunden enthält
- Preis des Wertpapiers,
- Börsenumsatzsteuer,
- Maklercourtage,
- Provision der Bank,
- Auslagen der Bank,

sofern eine Bruttoabrechnung vereinbart war.

Im Falle der Nettoabrechnung werden Provision, Maklercourtage und etwaige Spesen nicht berechnet, sondern im Kurs verrechnet. Börsenumsatzsteuer muß separat gezahlt werden.

Festverzinsliche Wertpapiere werden nach der allgemein gültigen Regelung – Usance – mit dem Kupon für die laufende Zinsperiode abgerechnet, daher muß die Abrechnung auch eine Stückzinsberechnung enthalten.

Bis zum 1. Juni 1986 galt die Usance nach den „Bedingungen für Geschäfte an den deutschen Wertpapierbörsen“, daß dem Verkäufer die Stückzinsen nur bis einschließlich des Abschlußtages zustehen, während ihm der Verkaufserlös erst am 2. Börsentag nach Abschlußtag (= Valutatag) zur Verfügung steht.

Analog geht nach der bisherigen Regelung der Zinsanspruch bereits auf den Käufer über, bevor dieser den Gegenwert der erworbenen Titel entrichtet hat. Diese unbefriedigende, historisch gewachsene Usance führt zu einer weiteren Verzerrung, wenn die Erfüllungsfrist auf ein Wochenende fällt. Im Extremfall (z. B. Ostern) verliert der Verkäufer fünf Zinstage, die dem Käufer ohne Kapitaleinsatz zur Verfügung stehen.

Zur Beseitigung der aus diesen unterschiedlichen Regelungen resultierenden Unzuträglichkeiten und in Anpassung an internationale Usancen wurden die „Bedingungen für Geschäfte an den deutschen Wertpapierbörsen“ mit Wirkung ab 1. Juli 1986 dahingehend geändert, daß dem Verkäufer die Stückzinsen bis einschließlich des Kalendertages vor der Valutierung zustehen. Der Zinsanspruch des Käufers beginnt demzufolge mit dem Valutatag, an dem der Kaufpreis zu entrichten ist. Die gleiche Usance (Zinsvaluta = ein Kalendertag vor jeweiliger Geldvaluta) gibt ab 1. 7. 1986 auch für das außerbörsliche und das Emissionsgeschäft, sofern nicht im Einzelfall eine abweichende Regelung getroffen wird.

dd) Die Eigentumsübertragung

Da die Bank in allen drei Formen des Handelsgeschäftes – einfache Kommission, Kommission mit Selbsteintritt, Eigenhandel – das Eigentum an den Wertpapieren erwirbt, muß sie nach § 384 Abs. 2 HGB das Eigentum auf den Kunden übertragen. Dies kann in zwei Formen geschehen:

1) Lieferung effektiver Stücke wiederum in zwei Gestaltungsmöglichkeiten
   - Streifbanddepot = gesonderte Verwahrung,
   - Tafelgeschäft = Übergabe der Wertpapiere.
2) Übersendung des Stückeverzeichnisses. Dieses Verzeichnis enthält
   - die Gattung,
   - den Nennbetrag,
   - die Wertpapierkennummer.

Nach §§ 18, 31 DepotG geht spätestens mit der Absendung des Stückeverzeichnisses das Eigentum über.

Hat die Bank nicht das Eigentum an den Wertpapieren, sondern das Miteigentum an den zum Sammelbestand einer Wertpapiersammelbank gehörenden Wertpapieren erworben, dann geht das Miteigentum an den Kunden durch Depotgutschrift (Girosammelgutschrift) über.

ee) Erwerb ausländischer Aktien[8]

Grundsätzlich besteht die Möglichkeit, die Eigentumsübertragung bei ausländischen Aktien wie bei inländischen Aktien zu gestalten: Lieferung effektiver Stücke oder durch Depotgutschrift in Form Miteigentumsübertragung am Sammelbestand eines Kassenvereins.

Diese Möglichkeit wird jedoch nur dann gewählt, wenn die Aktien

- Inhaberpapiere,
- ausreichend fälschungssicher,
- und in einer gängigen Fremdsprache ausgestellt

sind. Sind diese Voraussetzungen nicht gegeben, so erfolgt das Verfahren der Zertifizierung.

[8] vgl. BuB, a. a. O., 7/172-177

Die Namensaktien werden im Aktionärsregister der Aktiengesellschaften auf den Namen eines inländischen Kreditinstituts oder eines Kassenvereins eingetragen. Dieses Institut stellt sodann ein Zertifikat aus, das durch die Originalaktien gedeckt ist.

Die Zertifikate sind Inhaberpapiere, an den deutschen Börsen lieferbar und girosammelverwahrfähig. Der Inhaber eines Zertifikats hat das Recht, von dem Aussteller des Zertifikats jeder Zeit die Auslieferung entsprechender Stücke der ausländischen Aktien zu verlangen.

ff) Sonderform des Wertpapiergeschäftes: Optionsgeschäfte

Die Optionsgeschäfte sind die einzigen in der Bundesrepublik – seit 1978 – zugelassenen Börsentermingeschäfte in Wertpapieren; sie sind eine Sonderform des Prämiengeschäftes – Geschäfte mit bedingter Leistungspflicht –, insoweit, als die Option nicht effektiv ausgeübt werden muß, sondern daß es dem Käufer einer Option freigestellt ist, ob er die Option gegenüber dem Stillhalter ausüben oder verfallen lassen will.[9]

Definition mithin [10] „Vertraglicher Erwerb bzw. die vertragliche Veräußerung des Rechts, eine bestimmte Anzahl (Mindestschluß) von Wertpapieren einer bestimmten, zum Optionshandel zugelassenen Aktienart (Optionspapiere) innerhalb der Laufzeit einer Optionsfrist, die an einem von vier Fälligkeitstagen jeden Kalenderjahres endet (Optionsfrist) zu einem im voraus vereinbarten Preis (Basispreis) entweder zu fordern oder zu liefern. Für dieses Recht hat der Käufer bei Abschluß des Optionsgeschäftes den Optionspreis zu zahlen."

Da für diese Geschäfte der *Differenzeinwand* (§§ 764, 762 Abs. 1 Satz 2 BGB) möglich ist, tritt eine besondere Problematik für die Bank ein, wenn der Kunde nicht termingeschäftsfähig ist (§ 53 BörsG). Dies gilt sowohl für die Verkäufe von Optionen als auch – nach der jüngsten Rechtsprechung des Bundesgerichtshofes – für Optionskäufe;[11] daher sind Sicherungsmaßnahmen der Bank erforderlich.

Bei einer *Kaufoption* erwirbt der Käufer das Recht, innerhalb der Optionsfrist jederzeit vom Verkäufer der Kaufoption (= Stillhalter in Wertpapieren) zum Basispreis zu kaufen.

Bei einer *Verkaufsoption* erwirbt der Käufer das Recht, innerhalb der Optionsfrist an den Verkäufer der Verkaufsoption (= Stillhalter in Geld) zum Basispreis zu verkaufen.

In wirtschaftlicher Betrachtungsweise sind die charakteristischen Merkmale des Optionsgeschäftes[12]

9 vgl. BuB, a. a. O., 7/236
10 ebenda, 7/294
11 vgl. Kümpel, S.: Zur Termingeschäftsfähigkeit nach dem Börsengesetz, in: ZfgK 12/86, S. 6 ff.
12 vgl. BuB, a. a. O., 7/299

– Risikobeschränkung,
– begrenzter Kapitaleinsatz/vermiedener vorzeitiger Kapitaleinsatz,
– Ausnutzung von Kurschancen,
– Flexibilität in der Ausnutzung des Kauf-Verkaufsrechtes.

Die Erfolgssituation im Optionsgeschäft ist wie folgt zu charakterisieren[13]:

Kaufoption

Der Käufer hat die Erwartung steigender Kurse. Drei typische Situationen:

1) Der Tageskurs der Aktien gestattet bei Ausübung der Option mindestens die Deckung seiner Aufwendungen aus dem Optionsgeschäft zuzüglich der ihm in Rechnung gestellten Bankkosten für Bezug und Verkauf der Aktien.
2) Die Erwartungen haben sich teilweise erfüllt. Mit weiterem Kursanstieg ist nicht zu rechnen: Ausübung der Option gewährt Verlustminimierung.
3) Die Erwartungen haben sich nicht erfüllt. Er nimmt den Verlust aus den Optionskosten hin und verzichtet auf Ausübung der Option.

Verkaufsoption

Der Käufer hat die Erwartung sinkender Kurse. Spiegelbildlich ergeben sich ebenfalls drei typische Situationen:

1) Der Tageskurs der Aktie gestattet bei Ausübung der Option mindestens die Deckung der Aufwendungen aus Option und Optionsausübung.
2) Verlustminimierung bei teilweise erfüllten Erwartungen. Weiteres Sinken des Kurses wird nicht erwartet: Ausübung der Verkaufsoption.
3) Der Tageskurs der Aktie ist nicht unter den Basispreis gefallen: Verzicht auf Ausübung der Verkaufsoption.

Die Erfolgssituation des *Stillhalters* ist – neben seiner Position und deren Kurs – abhängig vom Verhalten des Optionsinhabers.

Für die Abwicklung bestehen „Besondere Bedingungen für Optionsgeschäfte an den deutschen Wertpapierbörsen“. An den Börsenplätzen Frankfurt, Düsseldorf, Hannover, Bremen, Stuttgart und Berlin garantiert und überwacht die Lombardkasse AG die Termingeschäfte, in Hamburg und München nehmen Liquidationskassen diese Funktion wahr. Diese Institute haben Regulative erlassen hinsichtlich (u. a.):

– Teilnehmerkreis am Optionshandel,
– Deckung bei Kaufoptionen,
– Sicherheiten bei Verkaufsoptionen,
– Schlußnoten und Meldepflichten,
– Gewährleistung der Kasse bei nicht rechtzeitiger Erfüllung.

[13] vgl. Süchting, J.: Finanzmanagement, a. a. O., S. 71 f.

Für die Kaufoption gilt z. B. die Bekanntmachung der Kasse zu § 3 vom 25.Februar 1983: „In Ausübung des § 3 Abs. 1 Satz 1 des Regulativs wird gemäß § 17 bestimmt: Verkauft ein Teilnehmer eine Kaufoption, so müssen die den Gegenstand des Geschäfts bildenden Wertpapiere (Optionspapiere) bei ihm mindestens in Höhe von 30% der das Geschäft bildenden Stückzahl zur Erfüllung des Geschäftes zur Verfügung stehen; für den nicht durch Optionspapiere gedeckten Teil des Geschäftes hat der Verkäufer Sicherheit zu leisten mit der Maßgabe, daß der Wert dieser Sicherheit mindestens 30 % über dem Wert liegt, der sich aus dem Basispreis der nicht durch Optionspapiere gedeckten Stückzahl des Geschäftes ergibt. Die Sicherheit kann in Geld, in bei der Deutschen Bundesbank lombardfähigen Wertpapieren, in sonstigen an deutschen Börsen amtlich notierten Wertpapieren oder in sonstiger der Kasse genehmer Art geleistet werden. Dabei können Rentenwerte bis zu 90 %, Aktienwerte bis zu 75 % ihres Kurswertes angerechnet werden. Diese Regelung tritt am 1. April 1983 in Kraft und gilt für alle ab diesem Tag geschlossenen Optionsgeschäfte.“

c) Erlös- und Kostenstrukturen

aa) Erlöse

Die Erlöse aus dem Wertpapierkommissionsgeschäft sind bei dem Bruttogeschäft die Provisionen (Maklercourtage ist ein durchlaufender Posten, Auslagenersatz stehen die effektiven Auslagen gegenüber): Usance =

Aktien:	1,00 % vom ausmachenden Betrag für Nichtbanken
	0,50 % vom ausmachenden Betrag für Banken
Renten:	0,50 % des Nominalwertes für Nichtbanken
	0,25 % des Nominalwertes für Banken.

Daneben gibt es institutsindividuell Mindestprovisionen.

Die Frage, inwieweit die Usance effektiv angewendet wird, hängt von der Verhandlungsmacht des Kunden ab. Insoweit sind die Provisionssätze Höchstsätze. Im Nettogeschäft fallen Kursgewinne an; sie sind Ergebnis der Marktpartner-Situation.

bb) Kosten

Diesen Erlösen stehen die direkten Kosten des Kommissionsgeschäftes gegenüber.

1977 hat die Dresdner Bank AG in einem „Werkstattgespräch“ mit Vertretern der Wirtschaftspresse am 7. November folgende Kosten genannt (pro Kauf/Verkauf):

	1969	**1976**
Wertpapierberatung	17,42 DM	57,31 DM
Depotbuchung	2,54 DM	4,75 DM
Nostrobuchung	3,05 DM	4,51 DM

Für die Jahre 1980/1985 ergibt sich folgendes ergänztes Bild:

	1980	**1985**
Wertpapierberatung	54,75 DM	50,06 DM
Wertpapierhandel	11,49 DM	12,00 DM
Wertpapierabrechnung	8,00 DM	6,67 DM
Depotbuchung	4,96 DM	4,71 DM
Depotübertrag maschinell	9,33 DM	7,44 DM

1969 betrug der kostendeckende Aktienumsatz pro Kauf/Verkauf zu Normalkonditionen 5000,– DM, 1976 entsprechend 18 000,– DM und hat sich seitdem nicht mehr nennenswert verändert. Allerdings ist für 1985 zu berücksichtigen, daß es ein exzeptionell umsatzstarkes Börsenjahr gewesen ist, so daß die Stückkostendegression der Fixkostenblöcke – in der Wertpapierberatung und im Wertpapierhandel etwa – markant waren.

In der Technik der Abwicklung haben sich technischer Fortschritt bzw. Preis-Leistungsverhältnis der Technik und Personalkostenanstieg ausgeglichen.

3. Das Emissionsgeschäft

Als Dienstleistungsgeschäft umfaßt das Emissionsgeschäft die Erstausgabe einer bestimmten Anzahl von Aktien oder Inhaber- und Orderschuldverschreibungen am Secondary-Market = Plazierungsgeschäft, das in drei Stufen abgewickelt wird:

1) Abschluß eines Effektenübernahmevertrages zwischen Kreditinstitut(en) und dem Emittenten mit Ausstellung der Wertpapiere,
2) kommissionsmäßige oder feste Übernahme der Wertpapiere durch das (die) Kreditinstitut(e) = Primary-Market,
3) Plazierung der Wertpapiere im Markt (= Secondary-Market).

Die Begebung eigener Effekten durch Kreditinstitute gehört zum Eigen-, nicht zum Dienstleistungsgeschäft, so daß in diesem Zusammenhang auf die Darstellung der Eigenemission verzichtet wird und lediglich die Fremdemission in ihrer charakteristischen Form der Abwicklung über ein Emissionskonsortium behandelt wird.

a) Arten der Emissionskonsortien

Der rechtliche Grundtyp des Konsortiums wird durch Außenvertrag – Vertrag zwischen dem Konsortium und dem Emissionsunternehmen – bestimmt: Dieser Außenvertrag kann sein

- Kauf- oder Kommissionsvertrag bei Emissionen,
- Kapitalbeteiligungs- oder Geschäftsbesorgungsvertrag bei Börseneinführungs- und Kurspflegekonsortien.

Im Konsortial-Emissionsgeschäft wird der *Außenvertrag* usancemäßig als Übernahmevertrag bezeichnet, „da durch ihn die Übernahme der Effekten mittels Kauf- oder Kommissionsgeschäft geregelt wird“[14].

Das *Innenverhältnis* wird durch den Konsortialvertrag geregelt, das Konsortium selbst ist eine Gesellschaft bürgerlichen Rechts (§§ 705 ff. BGB). Die in § 709 BGB vorgesehene gemeinschaftliche Geschäftsführung wird regelmäßig durch Übertragung auf ein Mitglied (Konsortialführerin) oder eine Führungsgruppe (Lead-Manager, Co-Lead-Manager und Co-Manager) ausgeschlossen.

Zu dem Innen- und Außenverhältnis kommt das Drittverhältnis zwischen dem Konsortium und den Abnehmern der Effekten.

Die Konsorten sind verpflichtet, alles zu tun, um den Konsortialzweck zu erreichen, insbesondere ihren Organisationsapparat zur Verfügung zu stellen und die vereinbarte Quote zu übernehmen. Ein Gesamthandvermögen nach §§ 718, 719 BGB kommt in der Regel vereinbarungsgemäß nicht zustande, vielmehr sieht der Konsortialvertrag vor, daß etwa erworbenes Vermögen unmittelbar auf die Konsorten als Alleineigentum übergehen soll. Die Quoten begrenzen gleichzeitig die Haftung der einzelnen Konsorten.

Zwei Grundtypen des Konsortiums sind zu unterscheiden:

1) Einzelkonsortium

Die Konsortialführerin schließt mit jedem Konsorten individuelle Konsortialverträge ab, ohne daß die Konsorten die individuellen Quoten der übrigen Konsortialmitglieder erfahren.

Das bedeutendste Konsortium dieser Art ist das Bundesanleihekonsortium, das in der Konsortialführung bei der Deutschen Bundesbank liegt.[15] Die Vertragsbedingungen werden in Beratung mit dem „engeren Ausschuß“ festgelegt und unter Bekanntgabe der Bedingungen an alle Konsorten versandt mit Einladung zu einer jeweils konsortenindividuellen Quote.

Die Bundesbank hat im Rahmen der „Rest-Liberalisierung“ des Kapitalmarktes im Juni 1986[16] 16 Auslandsbanken die Beteiligung am Bundesanleihekonsortium mit 20% angeboten.

2) Einheitsvertragskonsortien

Hier sind die Konsorten an einem einheitlichen Konsortium beteiligt, für alle Konsorten gilt derselbe Konsortialvertrag bei unterschiedlicher Regelung des Führungsverhältnisses im Konsortium und der zu übernehmenden Quoten.

[14] BuB, a. a. O., 10/6
[15] BuB, a. a. O., 10/25
[16] vgl. Handelsblatt Nr. 113 vom 18. 6. 1986, S. 31

Das Einheitskonsortium ist in der Bundesrepublik der Regelfall. Neben der Haftung der Konsorten für den Absatz, die Plazierung der Quoten, besteht als wesentliches Risiko die *Prospekthaftung* nach §§ 45 ff. BörsG, das in der Regel vertraglich den Prospektverfasser, dies ist in der Regel das Führungsinstitut, trifft. Ein bemerkenswerter Fall der Prospekthaftung ist der Rechtsstreit zwischen der Deutschen Schutzvereinigung für Wertpapierbesitz e. V. gegen die Westdeutsche Landesbank – Girozentrale über die Haftung aus dem Börsenzulassungsprospekt der Aktien der Beton- und Monierbau AG vom 7. November 1978, der bis zum Bundesgerichtshof führte.[17]

Folgende Grundtypen lassen sich bei den Emissionskonsortien unterscheiden:

1) Übernahmekonsortium
   Das Übernahmekonsortium übernimmt die gesamte Emission vom Emittenten zu einem festen Kurs gegen Zahlung des Kaufpreises. Diese Übernahme kann zeitlich begrenzt sein mit dem Ziel, die Papiere zu plazieren; sie kann auch dauerhaft sein. Im letzteren Falle wird bei Aktienemission im Poolvertrag die Anteilsbindung und die Stimmrechtsausübung geregelt.[18]
2) Begebungskonsortium
   Das Begebungskonsortium verkauft im eigenen Namen für fremde Rechnung die Emission als Kommissionär, Makler oder Geschäftsbesorger. Die Konsorten gehen kein Absatzrisiko ein, sondern stellen lediglich ihre Organisation und ihren Emissionskredit zur Verfügung. Sie erhalten dafür eine Vergütung in Form einer Bonifikation.
3) Garantiekonsortium
   Das Garantiekonsortium fängt das Risiko bei mangelnder Unterbringung auf. In der Bundesrepublik hat diese Form keine praktische Bedeutung.
4) Optionskonsortium
   Das Optionskonsortium übernimmt nur eine Teiltranche der Emission – wegen unsicherer Plazierungserwartung – mit dem Recht, weitere Tranchen später zu übernehmen.
5) Einheitskonsortium
   Das Einheitskonsortium als gebräuchlichste Form in der Bundesrepublik ist eine Kombination von Übernahme- und Begebungskonsortium. Das Übernahmerisiko wird von dem Konsortium durch feste Übernahme der Emission oder durch Übernahmeverpflichtung nicht plazierter Teile völlig übernommen. Da alle Konsorten mit einer festen Quote an der Plazierung beteiligt sind, wird die Begebungsfunktion ebenfalls völlig wahrgenommen. In der Regel wird eine Rückkaufsverpflichtung übernommen, falls innerhalb einer bestimmten Zeit Teile der Emission marktstörend angeboten werden.

[17] vgl. Entscheidung im BuM-Prozeß, in: Wertpapier 5/86, S. 305
[18] vgl. BuB, a. a. O., 10/71

6) Firm commitment underwriting[19]

Diese Konsortialform dominiert am Euro-Emissionsmarkt: Neben einer Führungsgruppe (Lead-Manager, Co-Lead-Manager, Co-Manager) wird ein Garantiekonsortium gebildet (Underwriting-Group), von dem weitere Institute als Plazierungsgruppe (Selling-Group) eingeladen werden. In Form eines Underwriting-Agreements wird die gesamte Anleihe von der Führungsgruppe gekauft und auf eigene Rechnung und in eigenem Namen plaziert. Durch ein Agreement among underwriters wird die Quote, die jeder Konsorte bei nicht voller Endplazierung übernimmt, festgelegt. Durch das Selling-Group-Agreement wird die Plazierungsquote vertraglich vereinbart.

b) Plazierungsgeschäft-Anleihen

Grundsätzlich gibt es zwei Formen der Plazierung:

1) Öffentliche Begebung

Die Auflegung einer Anleihe zur öffentlichen Zeichnung oder Subskription geschieht durch Veröffentlichung eines Zeichnungsprospektes und die darin enthaltene Aufforderung, die Anleihe zu zeichnen. Dieser Prospekt enthält eine genaue Beschreibung der Wertpapiere, der Ausstattung der Anleihe sowie die Zeichnungsbedingungen. Bei einer Überzeichnung erfolgt eine Zuteilung (Repartierung) an die Konsortialbanken im Verhältnis der ihnen vorliegenden Zeichnungen.

Neben der Aufforderung zur Zeichnung durch die Veröffentlichung eines Zeichnungsprospektes existiert die Form des Tendersystems, das die Bundesbank bei Offenmarktoperationen anzuwenden pflegt. Die Zeichnungsaufforderung enthält einen Mindestkurs, der von den Zeichnern bei ihrem Angebot nicht unterschritten werden darf, oder auch gar keine Kursangabe. Die Zuteilung erfolgt nach der Höhe der Kursgebote.

Freihändiger Verkauf

In einem Veräußerungsangebot, das Ähnlichkeit mit dem Zeichnungsprospekt hat, wird die Anleihe zu einem bestimmten Kurs „freibleibend“ zum Verkauf gestellt. Eine Zeichnungsfrist entfällt. Diese Form der Plazierung ist das meist angewandte Verfahren in der Bundesrepublik.

2) Private und halböffentliche Begebung

Im internationalen Geschäft ist die Form des Private Placement vorherrschend. Dabei gibt es weder Zeichnungsmodalitäten noch Zeichnungsfristen, sondern die Anleihe wird von Großgläubigern – etwa Kapitalsammelstellen – übernommen. Die Bildung von Konsortien aus einigen wenigen Banken ist üblich.

Die halböffentliche Plazierung von Euro-Emissionen benutzt einen Emissions-Prospekt mit begrenzter Publizität. Die Anleihen sind zur Börseneinführung vorgesehen, die Konsortien veröffentlichen eine Plazierungsmitteilung.

[19] vgl. Büschgen, H. E.: Internationales Finanzmanagement, a. a. O., S. 133 f.

c) Plazierungsgeschäft — Aktien

Das Plazierungsgeschäft in Aktien unterscheidet zwei Varianten:

1) Aktien-Emission bei Gründung einer Aktiengesellschaft,
2) Emission junger Aktien bei Kapitalerhöhung einer Aktiengesellschaft.

Bis Anfang der 80er Jahre hatte die Aktienemission bei Gründung einer Aktiengesellschaft nahezu keine Bedeutung. In dem Zeitraum 1983 bis 1985 haben mehr als 40 Unternehmen den Gang an die Börse gewählt. Dabei wurde ein Nennkapital von rund 720 Mio DM mit einem Kurswert von nahezu 6 Mrd DM plaziert.[20] Dazu gehören beispielsweise: Wella in 1983, Porsche und Nixdorf in 1984, Springer und Boss in 1985. In 1986 sind nochmals 17 Gesellschaften mit einem Plazierungsvolumen von 3,6 Mrd DM, darunter Feldmühle, Massa, Viag, Puma und Felten & Guilleaume an die Börse gegangen. Sechs dieser „neuen" Aktiengesellschaften sind in Konkurs gegangen: Kerkerbachbahn, SM Software, Tewidata, GFC, Treuwo und BCT, alle von PM Portfolio Management gemanagt. Für 1987 weist der Kalender 30 Gesellschaften aus.

Die Gründungsform war die Sachgründung (§ 27 AktG), d. h. die Umwandlung eines bestehenden Unternehmens in eine Aktiengesellschaft, wobei eine Bank oder ein Bankenkonsortium die technische Durchführung übernommen hat. Die zwei wesentlichen Problembereiche sind dabei in der Regel

- die Entscheidung über den Emissionskurs,
- die Gestaltung des Stimmrechts durch die Emission stimmrechtsloser Vorzugsaktien.
  15 der 41 Neuemissionen im Zeitraum 1983 bis 1985 waren Emissionen von stimmrechtslosen Vorzugsaktien.[21]

Von wesentlich stärkerer Bedeutung für die Kreditinstitute ist die Emission junger Aktien, die Durchführung von Kapitalerhöhungen. In der Regel übernimmt ein Konsortium die jungen Aktien en bloc, um sie den alten Aktionären zum Bezug anzubieten. Das gesetzliche *Bezugsrecht* (§§ 186, 187 AktG) wird durch einen entsprechenden Beschluß der Hauptversammlung (§ 186 AktG) ausgeschlossen und in ein vertragliches, indirektes Bezugsrecht umgewandelt. Dieser Weg ermöglicht eine beträchtliche Vereinfachung des Verfahrens, da die Durchführung einer Kapitalerhöhung erst nach Eintragung in das Handelsregister juristisch wirksam wird. Voraussetzung ist, daß sämtliche junge Aktien übernommen und mindestens 25 % zuzüglich Aufgeld eingezahlt worden sind (§§ 189 und 188 in Verbindung mit § 36 Abs. 2 AktG).

Die Ausübung des Bezugsrechts durch die Aktionäre geschieht durch das Bezugsrechtsangebot, das die wesentlichen Bestimmungen des Kapitalerhöhungsbeschlusses

[20] Piltz, K.: Variationen der Aktienfinanzierung, in: Innovationen auf Finanzmärkten, Schriftenreihe des Instituts für Kapitalmarktforschung an der J. W. Goethe-Universität Frankfurt am Main, Kolloquien-Beiträge, Bd. 28, Frankfurt 1986, S. 158
[21] ebenda, S. 162

und die *Bezugsfrist* enthält. Als *Bezugsstelle* treten die Konsortialbanken auf, die den Aktionären mindestens zwei Wochen lang (§ 186 Abs. 1 AktG) Gelegenheit zur Ausübung ihres Bezugsrechts geben.

Das Bezugsrecht repräsentiert einen Wert, der sich nach folgender Formel errechnet:

$$B = \frac{K_a - K_j}{\frac{a}{i} + 1}$$

B = Wert des Bezugsrechts
K_a = Kurs der alten Aktien
K_j = Kurs der jungen Aktien (Emissionskurs)
$\frac{a}{i}$ = Emissionsverhältnis alte zu junge Aktien

Der Wert des Bezugsrechts soll die Aktionäre für das Sinken des inneren Wertes ihrer alten Aktien durch die Kapitalerhöhung entschädigen, da die jungen Aktien künftig am Gesamtwert des Unternehmens partizipieren und dividendenberechtigt sind.

Ist ein Aktionär nicht in der Lage oder nicht gewillt, junge Aktien zu beziehen, kann er sein Bezugsrecht durch die Banken verkaufen lassen. Die Bezugsrechte börsengängiger Aktien werden seit dem 1. 1. 1965 an der Börse an 14 Tagen bis zu drei Wochen gehandelt, wobei die Kurswerte vom rechnerischen Kurs nicht unerheblich abweichen können. Die jungen Aktien können im allgemeinen nicht gleich nach Ausübung des Bezugsrechts effektiv geliefert werden. Sie werden den Beziehern vielmehr zunächst auf Sammeldepotkonto (Jungscheinkonto) aufgrund eines von der Emittentin beim Kassenverein hinterlegten Jungscheines gutgeschrieben. Dadurch können die jungen Aktien bereits im Freiverkehr gehandelt werden, bevor die effektiven Stücke ausgeliefert sind.

Mit der Plazierung einer Emission ist die Tätigkeit der Kreditinstitute normalerweise nicht abgeschlossen; *Börseneinführung* und Kurspflege sind weitere Aufgaben, die fast immer mit einer Emission verbunden sind.

Abgesehen von denjenigen Papieren, die kraft Gesetzes automatisch zum Börsenhandel zugelassen sind (Bundes- bzw. Länderanleihen sowie – mit bestimmten Nebenauflagen – bundes- bzw. landesverbürgte Anleihen), wird je nach den Interessen des Emittenten und der voraussichtlichen Streuung des Käuferkreises aus Kostengründen nur die Einführung an bestimmten Börsen erwogen. Da der Zulassungsantrag nur von Kreditinstituten gestellt werden kann, die an der betreffenden Börse vertreten sind (§§ 36 ff. BörsG), setzt sich das Börsenzulassungskonsortium jeweils nur aus denjenigen Mitgliedern des Emissionskonsortiums zusammen, die an der entsprechenden Börse zum Handel zugelassen sind. Mit dem Zulassungsantrag muß ein *Prospekt* eingereicht werden, der alle notwendigen Angaben für die Beurteilung der einzuführenden Papiere und der emittierenden Gesellschaft enthalten soll. Dieser Prospekt wird vom Emittenten und sämtlichen Mitgliedern des Emissionskonsortiums unterschrieben. Mit Stellung des Börsenzulassungsantrages übernehmen die Mitglieder des Emissionskonsortiums die *Prospekthaftung* (§ 45 BörsG). Sie sind danach zum Schadenersatz verpflichtet, wenn sie die Unrichtigkeit einzelner Angaben gekannt haben oder wegen groben Verschuldens nicht kannten. Der Börseneinführungsprospekt wird veröffentlicht, wobei meist in einem Nachsatz, der „Zulassungsklausel", auf erfolgte Börsenzulassung hingewiesen wird. Sollen neuemittierte Effekten nicht im amtlichen Börsenverkehr gehandelt werden, so erfolgt häufig die Einbeziehung in den geregelten Freiverkehr. Diese spricht der „Ausschuß für Geschäfte in amtlich nicht notierten Werten" des jeweiligen Börsenplatzes aufgrund bestimmter Unterlagen aus, die nicht zur Veröffentlichung bestimmt sind und keine Haftung begründen.

d) Kosten und Erlöse

Das Emissionsgeschäft gehört zu den personalkostenintensiven Sparten: Die Konsortialabteilungen sind mit hochqualifizierten, regelmäßig juristisch vorgebildeten, Fachleuten besetzt, Wertpapierhandel, Wertpapierberatung, Wertpapiertechnik, Depotbuchhaltung, Finanzbuchhaltung kommen hinzu.

Zu diesen Personalkostenblöcken kommen die wertbezogenen Kosten hinzu: Geldbeschaffungs-, Liquiditäts-, Risikokosten, auch in Form von Abschreibungen auf nicht plazierte Emissionsteile bei ungünstiger Zins- oder Kursentwicklung. Diese wertbezogenen Kosten können beträchtlich sein.

Bei der Darstellung der Erlöse aus dem Emissionsgeschäft wird die Ausgabe von Anleihen und Aktien zweckmäßig getrennt betrachtet.

Die Erlöse aus dem Anleihegeschäft richten sich danach, ob es sich u. a. um Emissionen von Industrieobligationen, öffentlichen Anleihen oder Auslandsanleihen handelt. Bei einer Emission von Industrieobligationen erhält das Emissionskonsortium als Gesamtvergütung in der Regel 2 % bis 3 % des Emissionswertes. Wie bei jeder freien Preisbildung ist für die jeweiligen Sätze die Marktstellung des Emissionshauses und des Konsortiums maßgebend. Die Vergütung besteht aus der Spanne zwischen dem Übernahmekurs des Konsortiums und dem Begebungskurs für das Publikum; erfolgt die Abgabe an das Publikum z. B. zu einem Kurs von 98 %, so erhält der Emittent vom Konsortium etwa 95½ %.

Die Gesamtvergütung wird normalerweise hälftig aufgeteilt in den Konsortialnutzen und die Schalterprovision. Der von der Konsortialquote abhängige Konsortialnutzen soll vor allem ein Entgelt für die Wertleistung sein; die von der tatsächlichen Unterbringung abhängige Schalter- oder Guichetprovision stellt eine Vergütung für die bei der Unterbringung erbrachte Betriebsleistung dar.

Bei einer angenommenen Gesamtvergütung von 2½ % entfallen 1¼ % auf den Konsortialnutzen und 1¼ % auf die Schalterprovision. Von dem Konsortialnutzen in Höhe von 1¼ % entfällt ⅛ % auf die Konsortialführerin als Führungsprovision, so daß die restlichen Konsorten insgesamt nur noch 1⅛ % Konsortialnutzen und 1¼ % Schalterprovision erhalten, während auf die Konsortialführerin $1\frac{1}{8}$ % (ihrer Quote) Konsortialnutzen sowie $\frac{1}{8}$ % (von der Gesamtemission) Führungsprovision und $1\frac{1}{4}$ % Schalterprovision entfallen. Von der Schalterprovision können an nicht am Konsortium beteiligte Kreditinstitute 1 % Bonifikation und an Versicherungen $\frac{3}{4}$ % weitergegeben werden.

Werden außerhalb des Konsortiums stehende Institute bei der Plazierung der Effekten eingeschaltet, so wird ihnen ein Teil der Schalterprovision – in obigem Beispiel 1 % – in Form der sogenannten Bankiersbonifikation weitergereicht.

Im Gegensatz zur Anleiheemission wird bei der Aktienemission wegen des gleich hohen Bezugs- und Übernahmekurses die Vergütung in Form einer Provision gewährt. Sie beträgt heute üblicherweise 4 % des Nennwertes, wobei der federführenden Bank intern 10 % der Gesamtvergütung überlassen werden. Auf eine Spaltung der Provision in Konsortialnutzen und Schalterprovision wird verzichtet, da das Bezugsrecht eine spezielle Plazierungsart darstellt, bei der die Kreditinstitute keinen direkten Einfluß auf die Unterbringung der jungen Aktien ausüben können. Die Verteilung der Provision auf die Konsorten erfolgt regelmäßig nach Maßgabe der Quoten.

Zeit	Pfandbriefe	Kommunal-obligationen	Schuldverschreibungen von Spezial-kreditinstituten	Industrieobligationen u. Wandel-schuldverschreibungen	Anleihen der öffentlichen Hand	Sonstige Schuld-verschreibungen	Anleihen ausländischer Emittenten**	Festverzinsliche Wert-papiere insgesamt	Aktien/Nominalwert inländischer Emittenten
1948 2. Halbj.	6	2	–	10	–	–	–	19	1
1949	201	33	20	96	420	–	–	770	41
1950	211	99	96	53	217	–	–	677	51
1960	2343	1119	501	28	1332	3	45	5372	1904
1970	2818	8766	1889	656	4348	2339	2503	23319	2374
1980	13836	51553	6997	19	27884	37168	12840	150297	3702
1985	24575	84610	19881	648	63222	68217	37162	298315	3769

Tabelle 2: **Bruttoabsatz von festverzinslichen Wertpapieren und Aktien in Mio DM Nominalwert***

* vgl. Statistische Beihefte zu den Monatsberichten der Deutschen Bundesbank, Reihe 2: Wertpapierstatistik

** Auf dem deutschen Kapitalmarkt begebene Anleihen ausländischer Emittenten, hier: von deutschen Konsortialbanken übernommene Anleihebeträge

4. Das Depotgeschäft

Gemäß § 1 Abs. 1 Nr. 5 KWG ist das Depotgeschäft definiert als „die Verwahrung und Verwaltung von Wertpapieren für andere“. Das Spezialgesetz für dieses Dienstleistungsgeschäft ist das „Gesetz über die Verwahrung und Anschaffung von Wertpapieren“ vom 4. 2. 1937 (Depotgesetz), zuletzt geändert mit der Novelle zum Depotgesetz vom 17. 7. 1985.

Die Legaldefinition dessen, was als „Wertpapier“ im Sinne des Depotgeschäftes zu verstehen ist, enthält § 1 Abs. 1 DepG:

> „Wertpapiere im Sinne dieses Gesetzes sind Aktien, Kuxe, Zwischenscheine, Reichsbankanteilscheine, Zins-, Gewinnanteil- und Erneuerungsscheine, auf den Inhaber lautende oder durch Indossament übertragbare Schuldverschreibungen, ferner andere Wertpapiere, wenn diese vertretbar sind mit Ausnahme von Banknoten und Papiergeld.“

Das Kriterium der Vertretbarkeit zur Bestimmung dessen, was unter „andere Wertpapiere“ zu verstehen ist, ergibt sich aus § 91 BGB: Danach sind vertretbare Sachen solche, die „im Verkehr nach Zahl, Maß oder Gewicht bestimmt zu werden pflegen“. Danach ist die Verpflichtung zur Leistung vertretbarer Sachen regelmäßig eine Gattungsschuld.

Im bankgeschäftlichen Sinne sind drei Depotarten zu unterscheiden:[22]

1) Das *offene Depot.* Der Verwahrer hat Zugang zu den verwahrten Papieren und muß dafür sorgen, daß das Eigentum des Hinterlegers erkennbar ist – nur diese Art ist Gegenstand dieses hier behandelten Depotgeschäftes –.
2) Das *verschlossene Depot.* Das Institut nimmt vom Inhalt des Depots keine Kenntnis.
3) Das *Schrankfach.* Das Institut hat Mitverschluß und regelmäßig keine Kenntnis vom Inhalt.

a) Das Verwahrungsgeschäft[23]

Die Grundform des offenen Depots ist die Sonderverwahrung. Nach § 2 DepG ist das Kreditinstitut verpflichtet, „die Wertpapiere unter äußerlich erkennbarer Bezeichnung jedes Hinterlegers gesondert von seinen eigenen Beständen und von denen Dritter aufzubewahren“, und zwar in Streifbändern, Mappen, Umschlägen oder anderen geeigneten Hüllen. Daher verwendet die Praxis für die Sonderverwahrung den Begriff *„Streifbandverwahrung“*.

Nach den Richtlinien für die Depotprüfung[24] sind aus Sicherheitsgründen Mäntel (= Stammrechtsurkunden) und Bögen (= Nebenrechtsurkunden wie Zins-, Dividenden-, Erneuerungs- und Bezugsrechte) getrennt voneinander zu verwahren. Auf den Streifbändern muß der Name des Hinterlegers vermerkt sein, dergestalt, daß er ohne Zuhilfenahme der Depotbuchhaltung jederzeit festgestellt werden kann. Bei Einlieferung der Effekten erhält der Hinterleger ein Nummernverzeichnis über die in das Streifband übernommenen Stücke. Wird ein Wertpapier in einer einzigen Urkunde hinterlegt, so

[22] Szagunn, V.:Wohlschieß, K., a. a. O., S. 106
[23] vgl. zum folgenden: Heinsius, Th./Horn, A./Than, J.: Depotgesetz, Berlin-New York 1975, S. 31 ff., BuB, a. a. O., Teil 8
[24] „Bekanntmachung über Art, Umfang und Zeitpunkt der Depotprüfung“ vom 16. Dezember 1970 (Bundesanzeiger Nr. 239 vom 23. 12. 1970) – „Depotrichtlinien“ –

muß dieses von zwei Sachbearbeitern des verwahrenden Instituts unter Doppelverschluß genommen werden.

Während die Sonderverwahrung früher den Regelfall darstellte, ist sie heute wegen der mit ihr verbundenen Mehrarbeit und relativ hoher Aufwendungen gegenüber der *Sammelverwahrung* in den Hintergrund getreten. Die Sonderverwahrung hat den Vorteil, daß sie sich für die Verwahrung sämtlicher Effektenarten eignet, während die Sammelverwahrfähigkeit für einige Papiere, z. B. nicht voll eingezahlte Aktien oder vinkulierte Namensaktien ausgeschlossen ist.

Bei der Sammelverwahrung (§ 5 DepG) verwahrt das Institut für einen Kunden Effekten ein und derselben Art „ungetrennt von seinen eigenen Beständen derselben Art und von solchen Dritter" oder kann die Effekten „einem Dritten zur Sammelverwahrung anvertrauen". Die zum Sammelbestand gehörenden Effekten stehen nach §§ 1008, 741 BGB im Miteigentum der beteiligten Hinterleger, die untereinander eine Gemeinschaft nach Bruchteilen bilden. Diese spezifische Bruchteilsgemeinschaft ist im Depotgesetz speziell geregelt, abgewandelt und teilweise neu geregelt gegenüber der BGB-Regelung. Zur Sammelverwahrung muß die Bank von dem Hinterleger ermächtigt werden. „Die Ermächtigung muß ausdrücklich und schriftlich erteilt werden; sie darf weder in Geschäftsbedingungen des Verwahrers enthalten sein, noch auf andere Urkunden verweisen" (§ 5 Abs. 1 Satz 2 DeptG).

Die Sammelverwahrung tritt in zwei Formen auf:

1) Haussammelverwahrung
   Hierzu ist die Ermächtigung des Hinterlegers für jedes Geschäft erforderlich (§ 5 Abs. 1 Satz 3 DepG). Diese Haussammelverwahrung kann auch Dritt-Haussammelverwahrung sein (§ 5 Abs. 3 DepG).
2) Girosammelverwahrung
   Hierzu genügt eine einmalige Ermächtigung. Dies ist die Sammelverwahrung bei einer Wertpapiersammelbank – Kassenverein –. Mit diesem Begriff wird deutlich, daß über diese Anteile – GS-Anteile – nach den Börsenusancen zur stückelosen Belieferung (Effekten-Giroverkehr) verfügt werden kann.

Voraussetzung für die Einbeziehung eines Wertpapiers in die Girosammelverwahrung ist seine Sammeldepotfähigkeit: die Vertretbarkeit. Sie besagt, daß das Wertpapier nach Stückzahl oder Nennbetrag bestimmbar ist und die Wertpapiere untereinander austauschbar sind. Vinkulierte und nicht voll eingezahlte Namensaktien, sofern sie nicht mit Blankoindossament versehen und in den Handel einbezogen sind, können nicht in die Sammelverwahrung übernommen werden.[25]

Sammelverwahrfähig sind hingegen Sammelurkunden, insbesondere Globalurkunden. Sie sind nach § 9a DepG auch nachträglich herstellbar, um die Rationalisierungseffekte zu erreichen, die in einer Globalverbriefung liegen.

[25] vgl. Heinsius, Th./Horn, A./Than, J.: Depotgesetz, a. a. O., zu § 5 DepG

Durch das Girosammeldepot ergibt sich die Möglichkeit des Effektengiroverkehrs. Darunter wird der stückelose Überweisungsverkehr von Effekten zwischen den Banken verstanden. Als Abwicklungsstellen fungieren die Wertpapiersammelbanken, indem sie das Miteigentum am Sammelbestand durch Belastung des Depotkontos einer Bank und Gutschrift auf dem Depotkonto der anderen Bank übertragen. Während beim Zahlungsverkehr durch Buchungen nur schuldrechtliche Ansprüche übertragen werden, bedeutet beim Effektengiroverkehr die Buchung eine Übertragung des Miteigentums am Sammelbestand. Die Kreditinstitute als Kunden der Wertpapiersammelbanken treffen ihre Kontoverfügung durch sogenannte Effektenschecks.

Drei Arten von Effektenschecks sind zu unterscheiden:

1) Die weißen Effektenschecks dienen der Aushändigung effektiver Stücke. Die Auslieferung erfolgt an jeden Überbringer und hat ein Ausscheiden der Stücke aus der Sammelverwahrung zur Folge.
2) Mit Hilfe der roten Effektenschecks wurde die Übertragung von Miteigentumsanteilen auf andere Sammelverwahrer derselben Wertpapiersammelbank bewirkt. Der Begünstigte erhält vom Kassenverein eine blaue Gutschriftsanzeige. An die Stelle des roten Effektenschecks ist die vom Börsen-Computer erstellte Lieferliste und Rechnung getreten.
3) Grüne Effektenschecks dienen ausschließlich der Verpfändung von Sammeldepotanteilen. Der Gläubiger erhält eine grüne Anzeige über die Gutschrift auf seinem Pfandkonto. Aus Ausübung von Rechten und Pflichten aus den verpfändeten Effekten müssen sich Verpfänder und Pfandgläubiger jeweils miteinander ins Benehmen setzen. Dem Pfandgläubiger steht es jederzeit frei, die Auslieferung der betreffenden Effekten aus dem Sammelbestand zu verlangen. Die Freigabe der verpfändeten Sammelbestandsanteile kann der Pfandgläubiger dadurch herbeiführen, daß er die grüne Gutschriftsanzeige an einer dafür vorgesehenen Stelle mit seiner Unterschrift versieht und an den Kassenverein übersendet, der dann die entsprechende Rückbuchung bewirkt.

Die Übertragung von Sammeldepotanteilen zwischen Konten verschiedener Kassenvereine erfolgt im Effektenferngiroverkehr. Zu diesem Zwecke unterhält jeder Kassenverein ein Girosammeldepot bei den übrigen Wertpapiersammelbanken. Zur Übertragung von Sammeldepotanteilen dient ein sogenannter Wertpapierfernscheck.

Exkurs 4: Entwicklungen im nationalen und grenzüberschreitenden Effektenverkehr

Die Fortentwicklung der Datenverarbeitungs- und Kommunikationstechniken einerseits und die Globalisierung der Wertpapiermärkte sowie die damit verbundenen Anstrengungen, den Finanzplatz Bundesrepublik attraktiv und konkurrenzfähig zu gestalten, haben zu bedeutenden Entwicklungen im nationalen und internationalen Effekten(giro)verkehr geführt:

– organisatorische Gestaltung des bundesrepublikanischen Kassenvereinswesen,
– Möglichkeiten des grenzüberschreitenden Girosammelverkehrs,
– Clearing-Verbund europäischer Kassenvereine/Verrechnungssysteme für den Euro-Bond-Handel.

Eine der wesentlichen Aufgaben der Arbeitsgemeinschaft der deutschen Wertpapierbörsen wird in der Entwicklung einer effizienten Kassenvereinsorganisation gesehen, insbesondere die Fusion der bisherigen Kassenvereinsinstitute zu einer deutschen Kassenvereins-Aktiengesellschaft. Eine Projektgesellschaft für die Börsentechnik (Deutsche Gesellschaft für Wertpapiersysteme) soll entsprechende Lösungswege erarbeiten. Dazu gehört auch die Regelung des problematischen Bestehens zweier selbständiger Börsendatenzentralen (BDZ = Börsendatenzentrale Frankfurt und BDW = Betriebsgesellschaft Datenverarbeitung Wertpapiergeschäfte, Düsseldorf).[26]

Neben einer rationelleren und effizienteren Gestaltung des nationalen Effektengiroverkehrs wurden die Möglichkeiten des grenzüberschreitenden Giroverkehrs entscheidend verbessert. In der ersten Stufe im internationalen Effektenverkehr wurde die Zertifizierung und damit die Verwahrung von Wertrechten entwickelt.

Grundlage sind die „Sonderbedingungen für Auslandsgeschäfte in Wertpapieren" der AGB.

„1) Ausländische Wertpapiere, die nicht zum amtlichen Handel im Inland zugelassen sind, schafft die Bank in der Regel im Ausland an. Im Inland zum amtlichen Handel zugelassene ausländische Wertpapiere schafft die Bank in der Regel im Inland an. Inländische Wertpapiere schafft die Bank nur auf Verlangen des Kunden im Ausland an.

2) Im Ausland angeschaffte ausländische oder inländische Wertpapiere werden im Ausland aufbewahrt, sofern die Bank dem Kunden nichts anderes mitteilt. Ausländische oder inländische Wertpapiere, die der Bank zur Verwahrung im Ausland anvertraut werden, wird sie im Ausland aufbewahren, wenn der Kunde ihr eine Aneignungsermächtigung nach Maßgabe des § 13 des Depotgesetzes erteilt hat. Die Bank wird sich nach bestem Ermessen unter Wahrung der Interessen des Kunden das Eigentum oder das Miteigentum an den Wertpapieren oder eine andere am Lagerort übliche, gleichwertige Rechtsstellung verschaffen. Das Recht des Kunden auf Verschaffung des Eigentums nach Maßgabe des § 22 Abs. 1 Satz 2 des Depotgesetzes bleibt unberührt."

Danach wird dem Kunden eine Gutschrift in Wertpapierrechnung erteilt, die sogenannte Treuhand-Wertpapierrechnungs-Gutschrift. Die Vermittlung des Treuhandgiroverkehrs liegt beim Deutschen Auslandskassenverein, Frankfurt am Main (AKV), einer Gründung der Kassenvereine.

[26] vgl. Röller, W.: Neuorganisation des deutschen Börsenwesens, a. a. O., S. 394 f.

Die Weiterentwicklung ist der grenzüberschreitende Giroverkehr mit ausländischen Girosammelverwahrstellen, der mit der Depotgesetz-Novellierung vom 17. 7. 1985 möglich geworden ist. Die deutschen Kassenvereine müssen in eigener Verantwortung prüfen, inwieweit ausländische Verwahrsysteme die gesetzlichen Anforderungen an die Internationalisierung des deutschen Kassenvereinswesens erfüllen. Der AKV wird diese Funktion übernehmen können,[27] er wird Bindeglied für den grenzüberschreitenden Effektenverkehr im Rahmen eines internationalen Clearingsystems.

Dem deutschen System vergleichbare Institute sind etwa in Frankreich SICOVAM (Caisse Interprofessionelle de Depôts et de Virements de Titres), in Österreich die Österreichische Kontrollbank, Wien, oder in Japan die Japan Securities Clearing Company.

Das deutschen Kassenvereinswesen unter Einschluß des AKV bietet im EG-Bereich herausragende Voraussetzungen für die Internationalisierung, die im Ansatz bereits auf dem Euro-Bond-Sektor gegeben sind.

Die EG-Kommission für das Bank- und Börsenwesen befaßt sich mit den notwendigen rechtlichen Homogenisierungen des Depot- und Wertpapierrechts, das Projekt „IDIS" (Interbourse Data Informations Systems) – europäischer Börsenverbund mit zentralisiertem Depotbanksystem, gestützt auf ein Kursinformationssystem – beginnt, erste Früchte zu tragen. Die erste Phase des Projekts in Form des Austauschs von Informationen über das Börsengeschehen der jeweiligen Vortage arbeitet bereits.[28]

Zunächst soll eine Zusammenarbeit der nationalen Wertpapiersammelbanken auf Basis bilateraler Vereinbarungen erfolgen. Dabei geht es nicht allein um die grenzüberschreitenden Wertpapiertransaktionen, sondern auch um die Zug-um-Zug-Belieferung gegen Zahlung des Gegenwertes über eine Bank, die für die betroffenen Partner Konten führt.

Vorbild für derartige Überlegungen sind die Verrechnungssysteme für den Euro-Bond-Handel, der bis 1968 durch effektive Stückelieferung gekennzeichnet war.[29] 1968 erfolgte die US-amerikanische Gründung eines Verwahrungs-Instituts: Euro-Clear (Morgan Guaranty, daneben inzwischen Deutsche Bank, Schweizerischer Bankverein) in Brüssel, 1970 gründeten europäische Banken ein eigenes Verrechnungssystem: Cedel, mit Sitz in Luxemburg. Über diese beiden Institute wird fast ausschließlich der Secondary-Markt in Euro-Bonds und in neuester Zeit auch in Aktien abgewikkelt.

[27] vgl. Röller, W.: ebenda, S. 395

[28] vgl. „Bald EG-Vorschläge für Finanzdienste" in der Börsen-Zeitung vom 15. 1. 87; Commission of the European Communities – Banking Advisory Committee: „The new strategy of the ec commission for the banking sector" XV/219/86-EN, October 1986

[29] vgl. Büschgen, H. E.: Internationales Finanzmanagement, a. a. O., S. 134 f.

Ein wesentliches Element des angelsächsischen Handelssystems ist das *„short-gehen"*. Im Gegensatz zur Bundesrepublik, wo Aufgabe-Makler (= Freiverkehrsmakler) leerverkaufte Aktien spätestens nach zwei Tagen eindecken müssen, können Makler in London längere Zeit „short-gehen". Die Marktführer (Market-Maker) müssen für die von ihnen betreuten Papiere stets einen Kauf- oder einen Verkaufskurs stellen. Ab 27. 10. 1986 dürfen Market-Maker ohne Einschaltung eines Brokers als „Broker-Dealer" auf eigene Rechnung handeln und müssen laufend verbindliche Geld- und Briefkurse in das neue Computersystem der Londoner Börse (Stock Exchange Automated Quotations = SEAQ) einspeisen.[30]

Das „Short-Gehen" ermöglicht es dem Market-maker, auch Kaufwünsche großer institutioneller Anleger zu befriedigen, auch wenn kein entsprechendes Material am Markt angeboten wird: der Market-Maker kann sich gegen eine Gebühr von einem Verleiher die Werte ausleihen. Derartige Leih-Geschäfte werden im Euro-Bond-Handel bereits vorgenommen; als Ausleiher treten Cedel in Luxemburg und Euro-Clear in Brüssel auf. Eine Übernahme auch des Ausleih-Geschäftes in Aktienwerten ist geplant. Damit könnten sich auch deutsche Kreditinstitute über ihre ausländischen Tochtergesellschaften auf diesem Markt betätigen.[31]

b) Die Drittverwahrung

Die Kreditinstitute sind berechtigt, die ihnen anvertrauten Effekten bei einem anderen Verwahrer zu hinterlegen. Bei dieser *Drittverwahrung* wird der erste Verwahrer als Zwischenverwahrer oder Lokalbankier, der andere – eigentlich zweite – Verwahrer als Drittverwahrer oder Zentralbankier bezeichnet. Die zur Drittverwahrung gegebenen Effekten werden aus Gründen des Kundenschutzes und der Aufwandssenkung unter dem Namen des Zwischenverwahrers geführt. Zur Drittverwahrung bedarf es weder einer Ermächtigung noch der Kenntnisnahme des Hinterlegers (§ 3 DepG). Im übrigen sichern sich die Banken das Recht der Drittverwahrung in ihren Allgemeinen Geschäftsbedingungen, wobei sie die gesetzliche Haftung gleichzeitig einschränken. Während das Depotgesetz bei Drittverwahrung die Haftung des Zwischenverwahrers für ein Verschulden des Drittverwahrers wie die Haftung für eigenes Verschulden vorsieht, garantieren die Banken lediglich eine Haftung für die sorgfältige Auswahl des Drittverwahrers.

aa) Formen

Die Drittverwahrung ist sowohl bei Sonder- als auch bei Sammelverwahrung möglich (§ 5 Abs. 2 DepG). Sie ist also keine originäre, sondern kann als eine derivative Ver-

[30] „Neue Strukturen an der Londoner Börse", in: Neue Züricher Zeitung vom 22. 10. 1986; Grün, K.: Finanzplatz London: Abschied von teuren Idealen, in: Börsenzeitung vom 26. 9. 1986
[31] vgl. Fehr, B.: Wie man Aktien verkaufen kann, ohne sie zu besitzen, in: FAZ 1987/5 vom 7. 1. 1987

wahrungsart bezeichnet werden. Für die Drittsammelverwahrung kommt nur die Girosammelverwahrung bei einer Wertpapiersammelbank in Frage. Da die Haussammelverwahrung keine Bedeutung hat, erfolgt die Einlieferung zur Sammelverwahrung durch einen Hinterleger praktisch nur zum Zwecke der anschließenden Drittsammelverwahrung. Dabei ist es möglich, daß bis zur endgültigen Verwahrung beim Kassenverein mehrere Banken als Verwahrer zwischengeschaltet sind. Zweigstellen der verwahrenden Kreditinstitute gelten „sowohl untereinander als auch in ihrem Verhältnis zur Hauptstelle als verschiedene Verwahrer" (§ 3 Abs. 1 Satz 2 DepG). Dadurch entsteht bisweilen eine Hinterlegerkette, in der für die einzelne Bank jeweils ein anderer Zwischen- und Drittverwahrer im Sinne des Depotgesetzes ist.

Eine Hinterlegerkette kommt insbesondere bei der Drittsonderverwahrung leicht zustande. Zahlreiche Lokalbankiers verfügen nicht über geeignete Tresorräume und sind deshalb darauf angewiesen, die ihnen anvertrauten Papiere bei befreundeten größeren Banken zu hinterlegen. Außerdem ist es üblich, daß Provinzbanken ihre Depotbestände zur Erleichterung des Effektenhandels bei solchen Banken drittverwahren lassen, die ihren Sitz an einem Börsenplatz haben. Bei der Drittsonderverwahrung werden die Effekten vom Drittverwahrer einheitlich in Streifbändern geordnet und von den übrigen Beständen getrennt für den Zwischenverwahrer im Depot gehalten. Die Zugehörigkeit zu den verschiedenen Depotkunden oder zum eigenen Bestand des Zwischenverwahrers ergibt sich aus der Depotbuchhaltung.

Die Rechte des Hinterlegers bleiben bei der Drittverwahrung stets gewahrt, da der Zwischenverwahrer keine weiter gehenden Ermächtigungen an den Drittverwahrer geben kann, als ihm selbst vom Hinterleger erteilt worden sind. Der Hinterleger ist allerdings nicht dagegen geschützt, daß der Zwischen- oder Drittverwahrer gegen die depotrechtlichen Bestimmungen verstößt. Diese Gefahr besteht jedoch bei jeder Verwahrung.

Der Hinterleger kann ein Kreditinstitut ermächtigen, „an Stelle ihm zur Verwahrung anvertrauter Wertpapiere, Wertpapiere derselben Art zurückzugewähren" (§ 10 Abs. 1 DepG) oder „hinterlegte Wertpapiere durch Wertpapiere derselben Art zu ersetzen" (§ 10 Abs. 2 DeptG). Beide Erklärungen begründen die *Tauschverwahrung*, die dadurch gekennzeichnet ist, daß der Hinterleger beim Tausch das Eigentum an den bisher verwahrten, genau gekennzeichneten Effekten verliert und sofort das Eigentum an den eingetauschten Papieren erwirbt. Da dieser Tausch nur für Effekten in Frage kommt, die im Streifbanddepot liegen, ist die Tauschverwahrung eigentlich keine besondere Verwahrungsart, sondern eine Ermächtigung innerhalb der Sonderverwahrung. Die Ermächtigung zur Tauschverwahrung kann nicht generell wie zur Girosammelverwahrung erteilt werden, sondern „muß für das einzelne Verwahrungsgeschäft ausdrücklich und schriftlich abgegeben werden" (§ 10 Abs. 1 DepG). Innerhalb eines einzelnen Verwahrungsgeschäftes kann also aufgrund ein und derselben Ermächtigung mehrmals getauscht werden. Mit der Ermächtigung, im Tausch Effekten derselben Art zurückzugewähren, ist die verwahrende Bank befugt, „die Wertpapiere schon vor der Rückgewährung durch Wertpapiere derselben Art zu ersetzen“ (§ 11 Satz 1 DepG).

Die Tauschverwahrung berechtigt das Kreditinstitut zu keinen weiteren Maßnahmen, insbesondere darf es sich die Effekten nicht ohne Ersatzleistung aneignen oder verpfänden. Die einzige Möglichkeit, bei der das Eigentum an eingelieferten Wertpapieren sofort auf die Bank übergeht, besteht bei der sogenannten unregelmäßigen Verwahrung, die jedoch keine Verwahrungsart im Sinne des Depotgesetzes darstellt, und beim Wertpapierdarlehen (vgl. § 11 Satz 2 DepG). Die Tauschverwahrung kommt in der Praxis sehr selten vor. Sie kann durch ministeriellen Erlaß für bestimmte Wertpapierarten untersagt, geändert und ergänzt werden (vgl. § 15 DepG).

bb) Verpfändung von Wertpapieren bei Drittverwahrung

Die Verpfändung von Wertpapieren spielt oft bei der Kreditsicherung eine Rolle. Dabei ist es gleichgültig, ob die Effekten vom Hinterleger in Sonder- oder Sammelverwahrung gegeben wurden. Die Verpfändung kann durch ausdrücklichen Vertrag geschehen; dann liegt eine sogenannte Pfandverwahrung vor (vgl. § 17 DepG). Sofern die Effekten im Streifbanddepot liegen, müssen sie in ein spezielles Pfanddepot überführt werden. Bei Sammelverwahrung kann die Verwahrungsart beibehalten werden. Außer durch vertragliche Verpfändung haften sämtliche Effekten eines Depotkunden bereits aufgrund der Pfandklausel in den Allgemeinen Geschäftsbedingungen; durch diese Klausel allein sind sie jedoch noch nicht verpfändet.

Werden die Effekten an einen Drittverwahrer weitergereicht, so erhebt sich die Frage, welche Pfand- und Zurückbehaltungsrechte dieser an den Papieren geltend machen kann. Das Depotgesetz schafft hierfür den Grundsatz der Fremdvermutung. Wenn eine Depotbank die ihr anvertrauten Effekten bei einem Drittverwahrer hinterlegt, „so gilt als dem Dritten bekannt, daß die Wertpapiere dem Verwahrer nicht gehören“ (§ 4 Abs. 1 Satz 1 DepG). Dieser Grundsatz kommt bei den Effekten nicht zum Tragen, die von einem Zwischenverwahrer, der keine Bank- oder Sparkassengeschäfte betreibt, in Drittverwahrung gegeben wurden. Erst durch eine sogenannte Fremdanzeige des Zwischenverwahrers wird das drittverwahrende Kreditinstitut von den Eigentumsverhältnissen der betreffenden Effekten unterrichtet (vgl. § 4 Abs. 3 DepG). Die Fremdvermutung ist nur dann entkräftet, „wenn der Verwahrer dem Dritten für das einzelne Geschäft ausdrücklich und schriftlich mitteilt, daß er Eigentümer der Wertpapiere sei“ (§ 4 Abs. 2 DepG). Diejenigen Effekten, für die eine solche „Eigenanzeige“ nicht vorliegt, gewähren dem Drittverwahrer ein Pfand- oder Zurückbehaltungsrecht nur wegen solcher Forderungen, „die mit Bezug auf diese Wertpapiere entstanden sind oder für die diese Wertpapiere nach dem einzelnen über sie zwischen dem Verwahrer und dem Dritten vorgenommenen Geschäfte haften sollen“ (§ 4 Abs. 1 Satz 2 DepG). Dadurch werden die Verpfändungsmöglichkeiten des Drittverwahrers also stark eingeschränkt.

Die Kreditinstitute sind häufig gezwungen, sich für Kredite, die den Kunden gegen Verpfändung ihrer im Depot befindlichen Effekten gewährt werden, bei Drittverwahrern durch Weiterverpfändung zu refinanzieren. Da dieser Weiterverpfändung einerseits die Fremdvermutung entgegensteht, andererseits aber die Aufnahme von Rückkredit oft unerläßlich ist, enthält das Depotgesetz eindeutige Bestimmungen über die Weiterverpfändung von Wertpapieren, die nicht zuletzt dem Schutz der Eigentumsrechte des Hinterlegers dienen sollen. Die Weiterverpfändung von Effekten – auch Drittverpfändung genannt – ist an verschiedene Voraussetzungen gebunden (vgl. § 12 Abs. 1 Satz 1 DepG). Sie darf grundsätzlich nur dann erfolgen, wenn vom Hinterleger eine Ermächtigung vorliegt. Außerdem muß der Weiterverpfändung stets eine Krediteinräumung an den Hinterleger zugrunde liegen. Schließlich darf die Weiterverpfändung nur zugunsten eines Verwahrers im Sinne des Depotgesetzes (vgl. § 1 Abs. 2 DepG) vorgenommen werden.

Je nach dem Grad der Ermächtigung können verschiedene Verpfändungsarten unterschieden werden. Die dem Zwischenverwahrer erteilten Ermächtigungen können von diesem so, wie sie ihm gegeben wurden, an den Drittverwahrer zur Weiterverpfändung übergeben werden (vgl. § 12 Abs. 5 DepG). Die *übliche* (regelmäßige, gewöhnliche) *Verpfändung* gestattet dem zwischenverwahrenden Kreditinstitut, auf die Wertpapiere oder Sammelbestandteile Rückkredite zu nehmen, die es für die Hinterleger eingeräumt hat (vgl. § 12 Abs. 2 DepG). Danach befinden sich sämtliche Hinterleger, welche die Bank zur Verpfändung ermächtigen, in einer Gefahrengemeinschaft, da jedes der drittverpfändeten Papiere für den ganzen Rückkredit haftet. „Der Wert der verpfändeten Wertpapiere oder Sammelbestandteile soll die Höhe des für den Hinterleger eingeräumten Kredits mindestens erreichen, soll diese jedoch nicht unangemessen übersteigen" (§ 12 Abs. 2 Satz 3 DepG). Zur Sicherung anderer Verbindlichkeiten des verpfändenden Kreditinstituts, die nicht aus der Refinanzierung der Kredite an die betreffenden Hinterleger resultieren, dürfen die gewöhnlich verpfändeten Effekten nicht weiterverpfändet werden. Zur regelmäßigen Verpfändung benötigt die zwischenverwahrende Bank für jedes Verwahrungsgeschäft eine ausdrückliche und schriftliche Ermächtigung des Hinterlegers, die weder in den Allgemeinen Geschäftsbedingungen enthalten sein noch auf andere Urkunden verweisen darf (vgl. § 12 Abs. 1 Satz 2 DepG).

Ermächtigt der Hinterleger das Kreditinstitut zur *beschränkten Verpfändung,* so darf es als Zwischenverwahrer die Effekten nur bis zur Höhe des Kreditbetrages, der dem betreffenden Hinterleger jeweils eingeräumt wurde, weiterverpfänden (vgl. § 12 Abs. 3 DepG). Die Ermächtigung des Hinterlegers ist an keine Form gebunden, d. h., sie kann durch Geschäftsbedingungen, schriftlich, mündlich oder durch schlüssige Handlungen erteilt werden. Diese Formerleichterung (vgl. § 12 Abs. 3 DepG) ist dadurch begründet, daß die beschränkte Verpfändung für den Hinterleger diejenige Verpfändungsart ist, die am wenigsten Gefahr in sich trägt. Allerdings bedingt sie einen erhöhten Arbeitsanfall, da der Drittverwahrer gezwungen ist, für jeden Kunden des Zwischenverwahrers ein Depotkonto zu führen. Sie ist deshalb in der Praxis wenig gebräuchlich.

Die *unbeschränkte Verpfändung* war nach früherem Recht die Regel, stellt aber heute die Ausnahme dar. Sie bringt für den Hinterleger das größte Risiko mit sich, denn durch sie wird das zwischenverwahrende Kreditinstitut ermächtigt, die ihm anvertrauten Wertpapiere ohne Rücksicht auf die Höhe der von ihm an die Hinterleger gewährten Kredite dem Drittverwahrer zur Sicherung aller seiner Verbindlichkeiten weiterzuverpfänden. Die unbeschränkte Verpfändung bedarf der gleichen strengen Form, wie sie bei der üblichen Verpfändung notwendig ist, jedoch „muß in der Ermächtigung zum Ausdruck kommen, daß der Verwahrer das Pfandrecht unbeschränkt, also für alle seine Verbindlichkeiten und ohne Rücksicht auf die Höhe des für den Hinterleger eingeräumten Kredits, bestellen kann" (§ 12 Abs. 4 DepG).

Das unterschiedliche Ausmaß, in dem drittverwahrte Effekten haften können, macht es notwendig, daß der Drittverwahrer für den Zwischenverwahrer verschiedene Depots führt. Dabei handelt es sich nicht um besondere Verwahrungsarten, sondern um eine rein buchhalterische Einrichtung, welche die Rechtsverhältnisse für die hinterlegten Wertpapiere klarstellen soll. Die effektiven Stücke können sowohl im Streifband- als auch im Sammeldepot verwahrt werden. Durch die unterschiedliche Verbuchungsart verschafft sich der Drittverwahrer eine Übersicht darüber, welche Effekten ihm als Pfand generell, speziell oder überhaupt nicht zur Verfügung stehen.

Das *Eigendepot* (Depot A) enthält einmal Wertpapiere und Sammeldepotanteile, die dem Zwischenverwahrer selbst gehören und für die die Fremdvermutung durch eine Eigenanzeige entkräftet ist. Außerdem werden in das Eigendepot diejenigen Kundenpapiere eingebucht, für die der Hinterleger ausdrücklich eine unbeschränkte Weiterverpfändung zugelassen hat. Die im Eigendepot verzeichneten Effekten haften dem Drittverwahrer für jegliche Forderung dem Zwischenverwahrer gegenüber.

Das *Anderdepot* (Depot B) umfaßt Wertpapiere und Sammeldepotanteile, die von der Kundschaft des Zwischenverwahrers ohne jede Verpfändungsermächtigung hinterlegt wurden. Die Werte wurden nicht wegen eines Rückkredits, sondern zur technischen Vereinfachung in Drittverwahrung gegeben. Dieser Buchungsvorgang bildet die Regel und wird automatisch durch die Fremdvermutung ausgelöst. Zwar ist eine Anzeige gesetzlich nicht erforderlich, doch gibt die zwischenverwahrende Bank normalerweise eine entsprechende Weisung an den Drittverwahrer. Ein Pfand- oder Zurückbehaltungsrecht steht dem drittverwahrenden Kreditinstitut nur für solche Forderungen zu, die in bezug auf diese Papiere entstanden sind (z. B. Depotgebühren).

Das *Pfanddepot* (Depot C) verzeichnet ausschließlich die nach der üblichen Verpfändung vom Zwischenverwahrer weiterverpfändeten Wertpapiere und Sammeldepotanteile seiner Depotkundschaft. Die betreffenden Werte haften dem Drittverwahrer solidarisch für jeden Rückkredit, den der Zwischenverwahrer zur Refinanzierung seiner Kundenkredite aufgenommen hat.

Das *Sonderpfanddepot* (Depot D) nimmt lediglich die nach der beschränkten Verpfändung weiterverpfändeten Wertpapiere und Sammeldepotanteile der Kundschaft des

Zwischenverwahrers auf. Dabei handelt es sich um kein gemeinschaftliches Pfanddepot wie bei Depot C, sondern jedem einzelnen Depotkunden der zwischenverwahrenden Bank, dessen hinterlegte Papiere zur Erlangung eines Rückkredits weiterverpfändet werden, wird ein besonderes Depotkonto eingerichtet (Depotkonto D 1, D 2, D3 usw.).

Die Aufzeichnung der von Kreditinstituten verwahrten Wertpapiere erfolgt in einer besonderen Depotbuchhaltung. Die Richtlinien für die Depotprüfung enthalten eingehende Bestimmungen über Führung und Prüfung von Depots und Depotbuchhaltung. Zur Kontrolle muß mindestens einmal jährlich eine Depotabstimmung in der Weise vorgenommen werden, daß die Kreditinstitute ihren Hinterlegern übersichtliche Depotauszüge mit der Bitte um Bestätigung übersenden.

c) Effektenverwaltungsgeschäft

Das Depotgesetz regelt nur das Verwahrungsgeschäft. Deshalb enthalten die Allgemeinen Geschäftsbedingungen eingehende Bestimmungen über das Effektenverwaltungsgeschäft. Vor allem wird klargestellt, bei welchen Verwaltungshandlungen die Bank in der Regel Weisungen des Depotkunden einholt oder darauf verzichten kann. Wenn auch die Allgemeinen Geschäftsbedingungen die Haftung der Banken aus der Effektenverwaltungstätigkeit teilweise einschränken, so sind die Kreditinstitute doch stets verpflichtet, die Interessen der Hinterleger zu wahren. Sie haften den Depotkunden für Nachteile, die durch ihr Verschulden entstehen. Dabei ist es unerheblich, ob die Papiere in Drittverwahrung weitergegeben wurden. Im folgenden werden die wichtigsten Arbeiten im Rahmen des Effektenverwaltungsgeschäftes behandelt.

aa) Abtrennung und Einlösung der Zins- und Gewinnanteilscheine und Erneuerung von Bogen

Eine laufende Aufgabe entsteht der Depotbank aus der Trennung, dem Einzug und der Gutschrift von Zins- und Gewinnanteilscheinen. Da die Zahlungsabwicklung einige Zeit in Anspruch nimmt, erfolgt die Trennung und der Versand der Zinsscheine bereits vor den angegebenen Fälligkeitsterminen. Der Gegenwert wird dem Kunden vorbehaltlich des Eingangs mit Wertstellung des Fälligkeitstages gutgeschrieben. Die Zahlungstermine für die Gewinnanteilscheine werden in den Wertpapiermitteilungen, dem Bundesanzeiger und den Börsenpflichtblättern bekanntgegeben. Der Gegenwert fälliger Gewinnanteilscheine wird in der Regel mit der Wertstellung zwei Werktage nach Beschluß der Hauptversammlung über die Gewinnverteilung dem Konto des Hinterlegers gutgeschrieben. Weiterhin übernimmt die Depotbank die Besorgung von neuen Zins- und Gewinnanteilscheinbogen. In der Regel werden die neuen Bogen gegen Einreichung des Erneuerungsscheines (Talons) als des letzten Bestandteils des ursprünglichen Bogens ausgeliefert.

Sowohl die Einlösung fälliger Zins- und Gewinnanteilscheine als auch der Bezug neuer Bogen werden ohne besonderen Auftrag des Depotkunden vorgenommen. Die Kreditinstitute bedienen sich hierbei bestimmter als Zahlstellen fungierender Banken, sofern sie es nicht selbst sind. Als Zahlstellen wirken im allgemeinen die Kreditinstitute, die bei der Emission der Papiere konsortial beteiligt waren. Diese rechnen mit den Emittenten ab bzw. erhalten von ihnen die neuen Bogen. Aus einem Verzeichnis über die an deutschen Börsen gehandelten Effekten sind die als Zahlstellen tätigen Kreditinstitute zu ersehen.

bb) Anmeldung zur Hauptversammlung und Ausübung des Stimmrechts

Eine weitere Aufgabe der Effektenverwaltung ist die Anmeldung von Anteilspapieren zu den Hauptversammlungen der betreffenden Gesellschaften und die Ausübung des Stimmrechts (Stimmrecht gem. § 134 Abs. 1 AktG). In der Regel handelt es sich um das Stimmrecht der im Depot einer Bank hinterlegten Aktien. Ein Kreditinstitut darf das Stimmrecht für Inhaberaktien, die ihm nicht gehören, nur ausüben oder ausüben lassen, wenn es schriftlich bevollmächtigt ist (vgl. § 135 Abs. 1 Satz 1 AktG). Die Vollmacht wird von einem großen Teil der Hinterleger, die an der Hauptversammlung nicht selbst teilnehmen können oder wollen, ausgefertigt, weil die Banken im allgemeinen das Vertrauen genießen, das Interesse der Aktionäre zu wahren. Um Mißbräuchen seitens der Banken vorzubeugen, schreibt das Aktiengesetz vor, daß die Ermächtigung einer bestimmten Bank erteilt werden muß, jederzeit widerruflich sein soll und längstens für 15 Monate Gültigkeit besitzt; außerdem muß die Depotstimmrechtsermächtigung vollständig ausgefüllt sein und darf mit keinen anderen Erklärungen verbunden sein (vgl. § 135 Abs. 2 Satz 1, 2 und 3 AktG).

Die Kreditinstitute sind verpflichtet (vgl. § 128 Abs. 1 AktG), wenn sie Aktien einer Gesellschaft für Aktionäre verwahren, diesen die Mitteilungen über die „Einberufung der Hauptversammlung, die Bekanntmachung der Tagesordnung und etwaige Anträge und Wahlvorschläge von Aktionären einschließlich des Namens des Aktionärs, der Begründung und einer etwaigen Stellungnahme der Verwaltung mitzuteilen (vgl. § 125 Abs. 1 AktG). Aufgrund der Vollmacht (Stimmrecht) kann dann „das Kreditinstitut das Stimmrecht unter Benennung des Aktionärs in dessen Namen“ oder, wenn es die Vollmacht vorschreibt, auch im „Namen dessen, den es angeht“, ausüben (vgl. § 135 Abs. 4 Satz 1 und 2 AktG). Im letzteren Falle müssen jedoch in der Hauptversammlung der Gesellschaft der Betrag und die Gattung der Aktien, für die dem Kreditinstitut Vollmacht zugesprochen worden ist, gesondert in der Präsenzliste angegeben werden. Die Namen der Aktionäre, welche die Vollmacht erteilt haben, brauchen in diesem Fall nicht genannt werden (vgl. § 129 Abs. 2 AktG).

Das Kreditinstitut ist verpflichtet, dem Aktionär eigene Vorschläge zu den einzelnen Punkten der Tagesordnung zu machen und den Aktionär um Erteilung eigener Vorschläge zu bitten, wenn es beabsichtigt, das Stimmrecht in der Hauptversammlung für

Aktionäre auszuüben oder ausüben zu lassen (vgl. § 128 Abs. 2, § 135 Abs. 5 AktG). Das bevollmächtigte Institut hat, wenn ihm keine Weisung für die Ausübung des Stimmrechts erteilt wurde, das Stimmrecht nach seinen eigenen Vorschlägen im Interesse des Aktionärs auszuüben (vgl. § 135 Abs. 5, § 128 Abs. 2 Satz 3 AktG). Das Kreditinstitut ist verpflichtet, die Weisungen des Aktionärs auszuführen, wenn es von diesem Aktien der Gesellschaft in Verwahrung hat und dem Aktionär die Ausübung des Stimmrechts in derselben Hauptversammlung angeboten hat (vgl. § 135 Abs. 10 Satz 1 AktG).

Bei Drittverwahrung darf die Stimmrechtsermächtigung, da sie auf den Namen der zwischenverwahrenden Bank lautet (vgl. § 135 Abs. 2 Satz 1 AktG), nicht an den Drittverwahrer weitergegeben werden, es sei denn, die Vollmacht gestattet ausdrücklich eine Unterbevollmächtigung und das Kreditinstitut besitzt am Ort der Hauptversammlung keine Niederlassung (vgl. § 135 Abs. 3 Satz 1 AktG). Die Aktionäre von Namensaktien, die auf den Eigentümer im Aktienbuch eingetragen sind, erhalten sämtliche Unterlagen für die Hauptversammlung von der Gesellschaft direkt übermittelt (vgl. § 125 Abs. 2 und 3 AktG). Wenn Namensaktien einem Kreditinstitut nicht gehören, dieses aber als Aktionär im Aktienbuch eingetragen ist, so darf es das Stimmrecht nur aufgrund einer schriftlichen Ermächtigung ausüben. Ist das Kreditinstitut nicht als Aktionär eingetragen, so darf es das Stimmrecht aufgrund einer schriftlichen Vollmacht „nur unter Benennung des Aktionärs in dessen Namen" ausüben (vgl. § 135 Abs. 7 Satz 1 AktG). Es steht jedem Aktionär frei, sich von seiner ermächtigten Bank für eine Hauptversammlung Eintritts- und Stimmkarte beschaffen zu lassen.

Sämtliche für eine Hauptversammlung von einem Kreditinstitut angemeldeten Anteilspapiere bleiben bis zum Ablauf der Hauptversammlung für den Effektenhandel gesperrt und dürfen dem Depot nicht entnommen werden.

cc) Sonstige Verwaltungsarbeiten

Die Effektenverwaltungstätigkeit der Kreditinstitute bedingt weiterhin eine ständige Überwachung der Depotbestände hinsichtlich Verlosungen, Kündigungen, Konvertierungen, Ausübung von Bezugsrechten u. a. Dabei sind die Kreditinstitute nach ihren Allgemeinen Geschäftsbedingungen in der Regel nur verpflichtet, die Wertpapierbestände wegen Wahrnehmung solcher Rechte und Pflichten an Hand der Wertpapier-Mitteilungen und des Bundesanzeigers zu überprüfen.

Werden Effekten zur Rückzahlung ausgelost oder gekündigt, so ist zwischen zwei Gruppen zu unterscheiden. Pfandbriefe und Schuldverschreibungen werden ohne besondere Weisung des Hinterlegers eingelöst (vgl. Ziff. 37 Abs. 2 der AGB). Für die übrigen Wertpapiere wird eine Weisung des Kunden erbeten. Erst wenn diese ausbleibt, ist die verwahrende Bank berechtigt, die Einlösung und Verwertung der fälligen Stücke nach eigenem Gutdünken vorzunehmen (vgl. ebenda). Da zwischen der Auslosung bzw. Kündigung und der Rückzahlung häufig mehrere Monate liegen, der Kunde aber vielfach sofort Zahlung wünscht, erklären sich die Kreditinstitute bereit, die entsprechenden Stücke gegen Abzug eines Zinses im Wege des sogenannten Effektendiskonts anzukaufen. Die Gutschrift erfolgt vorbehaltlich des Eingangs.

Bei Konvertierungen (von Konvertierung wird gesprochen, wenn der Nominalzins z. B. wegen veränderter Kapitalmarktlage gesenkt oder – seltener – erhöht werden soll. Letztere Alternative wird auch als Arrosierung bezeichnet.), Ausübung und Verwertung von Bezugsrechten, Aufforderungen zu Einzahlungen bei Fusionen, Sanierungen, Zusammenlegungen, Umstellungen und Umtauschangeboten unterrichten die verwahrenden Banken ihre Depotkunden regelmäßig von den bevorstehenden Maßnahmen (vgl. Ziff. 39 der AGB) und erwarten ihre Weisungen. Trifft die Antwort des Hinterlegers nicht rechtzeitig ein, so sind die Kreditinstitute gezwungen, nach eigenem Ermessen zu handeln. Diese Möglichkeit besitzt besondere Bedeutung, wenn der Hinterleger eines Anteilpapiers in den Genuß eines Bezugsrechts kommt. In diesem Falle erkundigt sich die verwahrende Bank beim Kunden, ob, gegebenenfalls unter Zu- oder Verkauf von Bezugsrechten, junge Aktien bezogen werden sollen oder ob die auf den Aktienbesitz entfallenden Bezugsrechte verkauft werden sollen. Bleibt die Bank bis zum vorletzten Börsentag, an dem das Bezugsrecht notiert wird, ohne Weisung des Kunden, so wird sie für den Kunden das Bezugsrecht bestens verkaufen.

Eine Kontrolle, ob die verwahrten Wertpapiere von Aufgeboten oder Zahlungssperren betroffen sind, übt die Bank nur einmal nach Einlieferung der Papiere aus (vgl. Ziff. 38 der AGB). Sie muß dann im eigenen Interesse die Tresorbestände überwachen, wenn die Effekten als Pfand herangezogen werden sollen.

Die aufgeführten Verwaltungsarbeiten erstrecken sich auf sämtliche im offenen Depot befindlichen Wertpapiere. Dabei ist es unerheblich, ob sie in Sonder- oder Sammelverwahrung liegen. Wurden die Effekten einer drittverwahrenden Bank weitergereicht, übernimmt diese die Verwaltungsarbeiten. In den Fällen, in denen eine Weisung des Hinterlegers einzuholen ist, wendet sich das drittverwahrende Institut an das zwischenverwahrende und dieses wiederum an seinen Kunden. Mit Ausnahme des Stimmrechts bleibt es jeweils einer zu treffenden Regelung vorbehalten, welches der Kreditinstitute die notwendigen Maßnahmen ergreift.

d) Erlöse und Kostenstrukturen

Die Erlöse aus dem Depotgeschäft ergeben sich aus den Belastungen der Depotgebühren mit der jährlich einmal erfolgenden Depotauszugsschreibung. Sie werden zu Jahresbeginn auf den Depotbestand für das laufende Jahr – im voraus also – berechnet. Daneben bestehen indirekte Erlöse aus dem Depotgeschäft: Verwaltungsgebühren, Provisionen aus Ausübung oder Veräußerung von Bezugsrechten, Bogenerneuerungen, Zahlstellenprovisionen, um die wesentlichen zu nennen.

Nach den Verlautbarungen der Institute decken die Erlöse im Depotgeschäft die Kosten nicht; das Depotgeschäft ist damit ein Hilfsgeschäft des Handels- und Emissionsgeschäftes und aus deren Erlösen zu alimentieren.

Typische Stückkosten im Depotgeschäft sind (Basis 1985):

– Eingänge effektiver Stücke für den Tresor	83,31 DM
– Umbänderungen im Tresor	37,43 DM
– Stückelose Eingänge für Kunden/Ausland	48,54 DM
– Depotüberträge manuell	21,75 DM
– Talon-Eingang aus Tresor	181,30 DM
– Gutschriften aus gelosten Wertpapieren aus Depot/Ausland	30,40 DM

Seit 1963 werden von der Deutschen Bundesbank Untersuchungen über das Depotgeschäft der Kreditinstitute durchgeführt. Eine relativ aktuelle Gegenüberstellung der Marktanteile der Institutsgruppen 1975/1985 (Abbildungen 1a und 1b) verdeutlicht, daß

1) in der Anzahl der Depots die Kreditgenossenschaften ihren Marktanteil deutlich steigern konnten, die Sparkassen bemerkenswert an Gewicht verloren haben; beide Gruppen zusammen sind von 46,1 % auf 43,9 % zurückgefallen.
2) die Marktanteilsentwicklung ein fast identisches Bild zeigt, bezogen auf die Bestandsvolumina in den Gruppen (Abbildung 2). Obwohl 1985 ein Jahr der steigenden Aktienkurse war und insoweit zu vermuten gewesen wäre, daß der Anteil der Kreditbanken aus ihrer Depotkundenstruktur heraus allein deswegen schon gewachsen sein müßte, findet diese Vermutung keine Bestätigung. Der Anteil der Kreditbanken hat sich marginal um 0,3 %-Punkte erhöht; dies bei einer Verdreifachung des Bestandsvolumens insgesamt.

II. Internationalisierung und Globalisierung: Innovationen

Die Fachsprache für diese Innovationen ist englisch. Daher wird in diesem Kapitel die Darstellung und die Definition auch in dieser Sprache erfolgen; soweit notwendig mit deutscher Übersetzung.

Innerhalb einer Analyse der neuen Finanzinnovationen kommt James C. van Horne zu folgender Auflistung:[32]

– *Interest rate and stock index futures*
  (Zins- und Aktienindex-Termin-Kontrakte);
– *Interest rate and stock options*
  (Zins- und Aktien-Optionen);

[32] Van Horne, J. C.: An inquiry into recent financial innovation, in: Kredit und Kapital, 19. Jg. (1986), S. 453-469, hier: S. 461 (bei den wesentlichen mit deutscher Übersetzung)

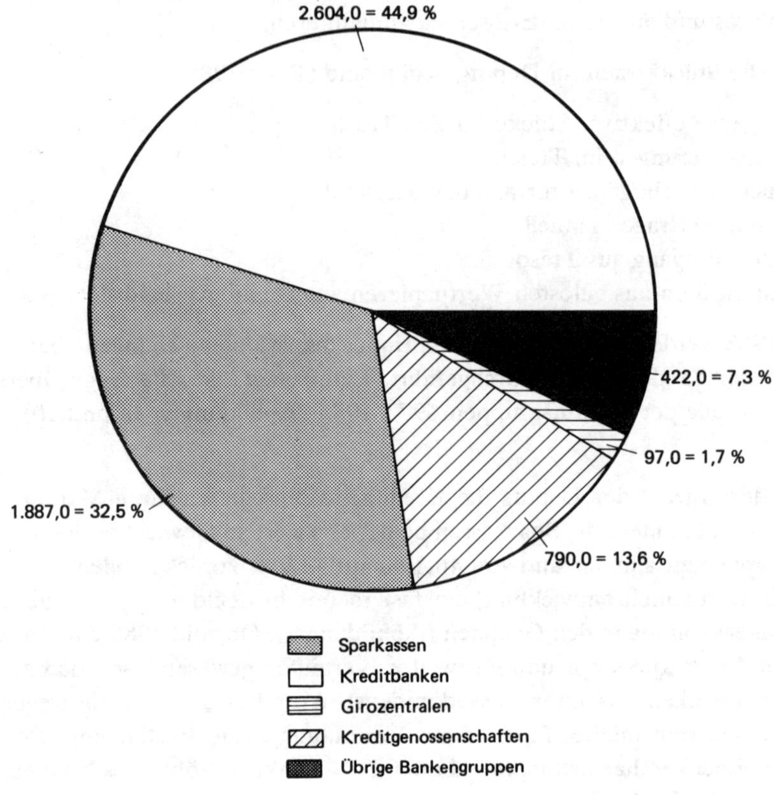

Abbildung 1a: Depot-Struktur der Kreditinstitute 1975 – Anzahl der Depots/Tsd Stück

- *Zero coupon bonds and coupon stripping* (Null-Kupon-Anleihe und abgezinste Zinsschein-Anleihen);
- *Adjustable rate and money market preferred stock* (Vorzugsaktien);
- *Securitisation of mortgages* (Hypothekenpfandbriefe sui generis: mit halbjährlicher Zinszahlung und periodischer oder Endlaufzeit-Tilgung – nur in den USA vorkommend);
- *Securitisation of other assets* (Verbriefung von Aktiva, insbesondere Krediten);
- *Interest rate and currency swaps* (Zins- und Währungs-Swaps – Kombination von Kasse- und Termingeschäft);

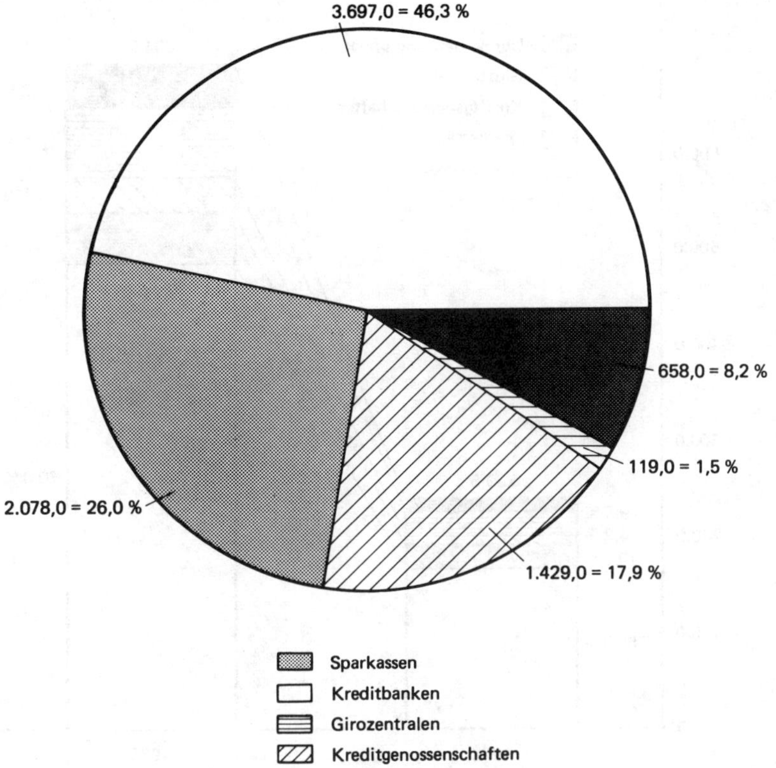

Quelle: Beilage zu Statistische Beihefte zu den Monatsberichten der Deutschen Bundesbank, Reihe 1, Bankenstatistik nach Bankengruppen, Juli 1986, Nr.7

Abbildung 1b: Depot-Struktur der Kreditinstitute 1985 – Anzahl der Depots/Tsd Stück

– *Loan contracts with caps and floors*
(Kreditvereinbarungen mit Eingrenzung des Zinsänderungsrisikos durch Zinskaufs- und -verkaufsoptionen.

Interest rate cap = eine Serie von Kaufoptionen. Beispiel: 5-Jahreskredit mit einem Höchstzins von 6,5 % für 6-Monats-DM. Wenn der LIBOR diesen Satz übersteigt, muß der Optionsverkäufer die Differenz übernehmen.

Interest rate floor = eine Serie von Verkaufsoptionen. Beispiel: 5-Jahreskredit mit einem Mindestpreis von 4% für 3-Monats-DM. Wenn der LIBOR diesen Satz unterschreitet, muß der Optionsverkäufer dem Käufer die Differenz ersetzen.);

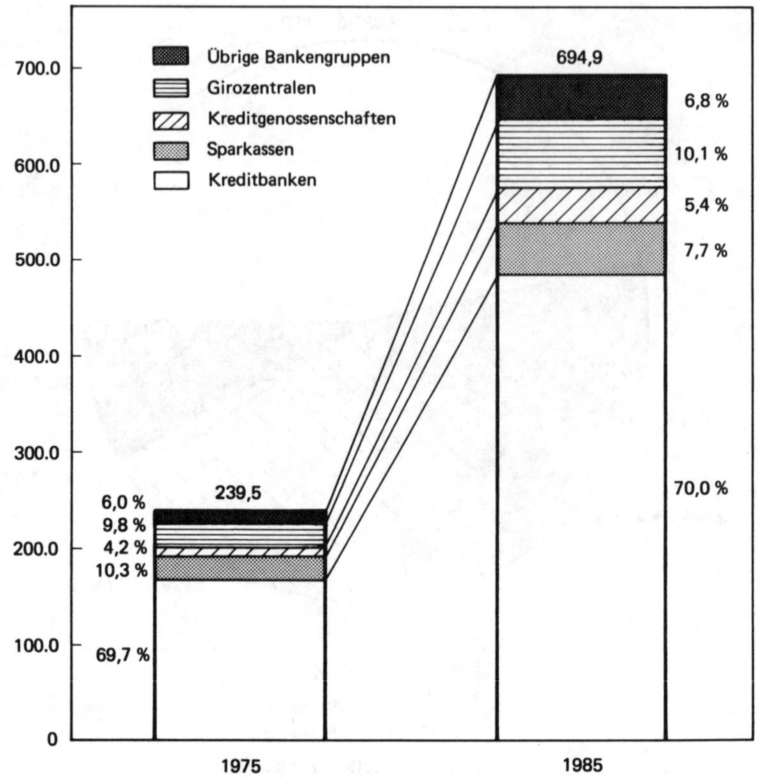

*) Nominalwerte, Investmentzertifikate jeweils bewertet mit Durchschnittswerten eines Anteils per Jahresende 1985

Quelle: Beilage zu Statistische Beihefte zu den Monatsberichten der Deutschen Bundesbank, Reihe 1, Bankenstatistik nach Bankengruppen, Juli 1979, Nr.7 / Juli 1986 Nr.7

Abbildung 2: **Depot-Struktur der Kreditinstitute – Bestandsvolumen der Depots/Mrd DM**

- *Universal life insurance policies;*
- *Municipal bond mutual funds;*
- *New variations of floating rate debt;*
- *Bonds with put options;*
  (Anleihen mit Verkaufsoptionen)
- *Currency option loans;*
  (Kredite mit Währungsoptionen)
- *Exchangeable debt instruments, often floating into fixed rate;*
- *Yield curve notes whose yield increases when interest rates decline and vice versa;*
- *New variations of note and bond issues in countries other than where the borrower is domiciled;*
  (Fremdwährungsanleihen)

– *Indexation of security portfolios;*
– *Issuance of an investment in high yield (junk) bonds;*
– *Bonds with detachable options;*
(Optionsanleihen).

Horne klassifiziert diese Auflistung als repräsentativ für die bedeutungsvolleren Innovationen, keinesfalls als vollständig.

Eine an der Praxis des Euro-Wertpapier-Marktes orientierte Systematisierung könnte zu folgender Auflistung führen:

1) *Instrumente mit fester Verzinsung*
   – Straight bonds – Festverzinsliche Anleihen,
   – Zero coupon bonds – Null-Kupon-Anleihen:
     - issued with discount – Emission weit unter pari
     - Capital growth bonds – Kapitalzuwachsanleihe
     - Stripped US-treasury zero bonds – Null-Kupon-Anleihe auf Basis einer langfristigen US-Staatsanleihe,
   – Deep discount bonds – Niedrigzinsanleihe,
   – Convertible bonds – Wandelanleihe,
   – Dual currency bonds – Doppelwährungsanleihe: Nennwert und Rückzahlung in Währung A, Zinszahlung in Währung B,
   – Certificates of deposit – Bankentitel im Interbankenhandel.
2) *Instrumente mit variabler Verzinsung*
   – Floating rate notes – Zinssatz wird viertel- und halbjährlich (LIBOR plus x) festgelegt,
   – Floating rate CDs – Bankentitel mit basissatzabhängiger Verzinsung.
3) *Underwriting facilities*
   – Revolving underwriting facilities (RUFs), } (vgl. S. 82 ff.)
   – Euronote issuance facilities (NIFs).
4) *Euro commercial paper facilities:* Erstklassige Anbieter stellen kurzfristige Geldmarktpapiere aus, Absatz über Banken, ohne Back up-Linie (non underwriting).
5) *Swaps bei Euroanleihen*
   – Currency swaps – Tausch von Währungs-Verpflichtungen gleicher Laufzeit,
   – Interest rate swaps – Tausch von Zinszahlungsverpflichtungen unterschiedlicher Laufzeit,
   – Cross currency interest rate swaps – Kombination der beiden obenstehenden swaps.

Auch diese Systematisierung erhebt keinen Anspruch auf Vollständigkeit. Die „neuen“ Finanzinnovationen können zusammenfassend in vier Kategorien gruppiert werden:[33]

[33] ebenda, S. 460

- interest rate *futures* and *options*
- interest rate and currency *swaps*
- the *securitisation* of assets
- interest cap and floor *loans*.

Nach den Funktionen ergeben sich fünf Segmente:[34]

1) *Price-risk-transferring innovations*
(Innovationen zur Begrenzung des Risikos aus Währungs-Kursänderungen oder Zinssatzänderungen bestehender Positionen der Bilanz),
2) *Credit-risk-transferring innovations*
(Innovationen zur Begrenzung oder zum Ausschluß der Risiken aus Bonitäts- (Kreditwürdigkeits-) Minderung),
3) *Liquidity-enhancing innovations*
(Innovationen zur Liquiditätserhöhung oder zur Liquidisierung bestehender Aktiva),
4) *Credit-generating innovations*
(Innovationen zur Verbreiterung der Kreditaufnahmemöglichkeiten, z. B. durch Begebung von Anleihen),
5) *Equity-generating innovations*
(Innovationen zur Verbreiterung der Möglichkeiten der Aktienemission durch Ausgabe von Vorzugsaktien oder spezifischen Optionsanleihen), die zu folgender Gruppierung führen (Tabelle 3).[35]

Im Zusammenhang mit dem Fragenkomplex der Globalisierung und Internationalisierung des Effektengeschäftes sind hier von Interesse:

1) *Price-risk-transferring innovations*
   - Futures,
   - Options,
   - Swaps.
2) *Credit-generating innovations*
   - Zero coupons,
   - „Junk" bonds,
   - Equity participation financing.
3) *Equity generating innovations*

Um diese Zusammenhänge verständlich werden zu lassen, muß zunächst das traditionelle Grundgeschäft, das Devisentermingeschäft kurz dargestellt werden.[36]

[34] Bank for International Settlements: Recent innovations in international banking, a. a. O., S. 171 ff. – Bank für Internationalen Zahlungsausgleich (BIZ), Basel 1986
[35] ebenda, S. 172
[36] vgl. Fischer-Erlach, P.: Handel und Kursbildung am Devisenmarkt, Stuttgart 1985, S. 62 ff.

Innovation	Function: Price-risk-tarnsferring	Credit-risk-transferring	Liquidity-enhancing	Credit-generating	Equity generating
A. On-balance sheet					
Adjustable rate mortgages	X				
Floating rate loans	X				
Back-to-back loans	X				
Asset sales without recourse		X			
Loan swaps		X			
Securitised assets		X	X		
Transferable loan contracts		X	X		
Sweep account and other cash management techniques			X		
Negotiable money-market instruments			X		
Money-market mutual funds			X		
Zero coupon bonds				X	
„Junk" bonds				X	
Equity participation financing				X	
Mandatory convertible debentures					X
B. Off-balance-sheet					
Futures	X				
Options and loan caps	X				
Swaps	X			X	
Forward rate agreements	X				
Letters of credit		X			
Note issuance facilities	X	X	X		
Credit-enhancing guarantees on securities		X	X		

Im Devisentermingeschäft müssen zwei Formen unterschieden werden:

1) Outright-Geschäft
2) Swap-Geschäft.

Da das Swap-Geschäft separat behandelt wird, muß hier das Outright-Geschäft, in dem eine Währung gegen Termin gehandelt wird, dargestellt werden; es ist das klassische Termingeschäft der Bankenkundschaft zur Absicherung ihrer Geschäfte gegen Kursschwankungen. Der Unterschied zum Kassa-Geschäft liegt in der späteren Valutierung der Transaktion. Wesentlich ist, daß der Kurs am Terminmarkt von den Zinsunterschieden der Währungen, nicht von Angebot und Nachfrage, bestimmt wird; dies ist ökonomisch nachvollziehbar, da zwischen Kasse und Termin eine Zeitdifferenz liegt, und Zeitdifferenzen sind regelmäßig zu verzinsen. Daher bestimmt die Zinsdifferenz den Terminpreis.

Wie am Kassamarkt existieren Brief- und Geldkurse. Liegt die Briefofferte über der Geldofferte, spricht man von einem Aufschlag oder *Report* der betreffenden Währung.

Liegt sie unter der Geldofferte, spricht man von einem Abschlag oder *Deport* der betreffenden Währung.

Beispiel:[37]
Kassanotiz US-$ gegen DM 2.7500 Geldkurs
DM 2.7510 Briefkurs
Bank quotiert: 1-Monats-Dollar 0.0145-0,0135
= – die Bank ist bereit, 1-Monats-Dollar mit einem Abschlag von 0,0145 DM vom Kassakurs zu kaufen,
– die Bank ist bereit, 1-Monats-Dollar mit einem Abschlag von 0,0135 vom Kassakurs zu verkaufen.

Terminkurs des US-$ per einen Monat Termin:
2,7355 DM Geldkurs
2,7375 DM Briefkurs.

Liegt der Terminkurs unter dem Kassakurs, spricht man von einem Deport, liegt der Kassakurs unter dem Terminkurs, spricht man von einem Report.

Auf dieser Basis können nun die darauf aufbauenden „neuen" Formen oder Innovationen behandelt werden.

1. Innovationen zur Verlagerung der Risiken aus Zins- und Kursänderungen

Die Price-risk-transferring-innovations sind Instrumente der Begrenzung oder des Ausschlusses von Zinsänderungsrisiken oder Währungskursrisiken gehaltener Bestände im Zinsgeschäft; also nicht der Begrenzung von Verlusten aus möglicher Geldwertminderung (= Inflation).

a) Financial futures

Unter „financial futures" versteht man an Börsen gehandelte Finanzterminkontrakte. „Die Kontrakte enthalten die Verpflichtung, eine bestimmte Menge des gehandelten Gegenstandes zu einem bestimmten Termin zu einem vereinbarten Preis zu kaufen bzw. zu verkaufen."[38]

Im Finanzbereich sind zu unterscheiden:

– *Currency futures* – Devisenterminkontrakte,
– *Interest-rate futures* – Zinsterminkontrakte,
– *Precious-metal futures* – Edelmetall-Terminkontrakte,
– *Stock-index futures* – Aktien-Index-Terminkontrakte.

[37] ebenda, S. 62 f.
[38] ebenda, S. 95

Die Institutionalisierung eines Financial future market erfolgte 1975 an der Chicago commodity exchanges für Teasury bonds, Treasury bills, Commercial papers und Certificates of deposit. 1981 wurde der Handel mit Euro-Dollar time deposit contracts aufgenommen.

Der Erfolg der Innovation an der Warenbörse in Chicago führte zur Etablierung des Financial Future-Market in London: the London International Financial Futures Exchange (LIFFE) im September 1982, 1984 folgte Singapore, 1985 Tokyo.

Der Markt entwickelte sich explosionsartig:[39] „Open interest and trading of Euro-dollar futures has grown explosively in recent years, while activity in other interest rate futures seems to have levelled off.Between mid-1983 and end-1985 outstanding positions in Euro-dollar contracts at the Chicago exchanges expanded by $ 93,8 billion, or by about 350 percent, whereas those on all other contracts taken together declined. Average monthly turnover during the same period climbed from less than 100 000 contracts to about 800 000. Euro-dollar contracts in London followed roughly similar trends: open positions rose by $ 16 billion from mid-1983 to end-1985".

Zinsterminkontrakte werden im wesentlichen verwendet[40]

- zur Absicherung von Zinsrisiken aus der Fristentransformation
- zur Absicherung von Gesamtzinspositionen über Macro-hedges und von Einzelpositionen über Micro-hedges.

Hinzu kommt, daß diese Geschäfte es einer Bank ermöglichen, ihre Interbank-Refinanzierung zu reduzieren und damit ihre kurzfristige Verschuldung am Interbankenmarkt bilanzoptisch zu verkleinern.[41]

Wesentlich ist, daß es sich – im Gegensatz zum kundenbezogenen Outright-Geschäft – um börsengebundene Geschäfte handelt: die Termingeschäfte werden nicht zwischen Käufern und Verkäufern verrechnet, sondern grundsätzlich ist Kontrahent des Käufers und des Verkäufers die Liquidationskasse der jeweiligen Börse. Diese hat regelmäßig ein hochqualifiziertes System der Sicherheitsleistungen und Nachschußpflichten zur Sicherung des jeweiligen Kontrahenten entwickelt.

Börsen für financial futures sind, wie bereits erwähnt, in London The London International Financial Futures Exchange (LIFFE) und in Chicago The International Monetary Market (IMM).

[39] Bank for International Settlements: Recent innovations in international banking, a. a. O., S. 145
[40] vgl. Carstensen, M.: Finanzinnovationen in der praktischen Anwendung einer Großbank, in: Die Bank 7/86, S. 355
[41] Bank for International Settlements: Recent innovations in international banking, a. a. O., S. 228

aa) Currency futures

Als Marktteilnehmer in Devisen-Termin-Geschäften über die Börse treten drei Gruppen auf:[42]

- *Hedger*
  Sie gehen an den Börsen zu bestehenden Kassepositionen Terminpositionen ein (= Kurssicherungsgeschäfte).
- *Spekulanten*
  Sie gehen an der Börse Terminpositionen ein, ohne Kassapositionen zu besitzen, allein zum Zweck der Erzielung von Kursgewinnen.
- *Arbitrageure*
  Sie werden sowohl auf dem börsengebundenen, wie auf dem Interbankenmarkt tätig und arbitrieren in den unterschiedlichen Kursen.

Ein typisches Beispiel für ein Hedge-Geschäft bietet Fischer-Erlach[43]: Ein Importeur hat am Jahresanfang Baumwolle im Wert von 5 Mio US-$ gekauft und den Dollarbetrag zum Kurs von 2,22 DM angekauft. Der Absatz der Ware verzögert sich, und der Importeur befürchtet einen Rückgang des US-Dollar-Kurses.

Das Hedge-Geschäft:
Mindestschluß 125 000,– DM,
Fälligkeit April,
Kurs April sei 2,22 DM = 89 Kontrakte = 11,125 Mio DM zu 2,22 DM = 5 011 261,25 US-$.
(entspricht also dem Grund-Devisen-Kauf).

Mitte März wird der April-Termin mit 2,15 DM gehandelt. Der Importeur stellt glatt:

Kauf	89 Kontrakte zu 2,22 DM = Verkauf	5 011 261,26 US-$
Verkauf	89 Kontrakte zu 2,15 DM = Kauf	5 174 418,60 US-$
Gewinn		163 157,34 US-$

Den Gewinn verkauft der Importeur am Bankenmarkt zu DM 2,15 und ermittelt einen neuen Einstandspreis der Baumwolle:

5 000 000,00 US-$ zu 2,22 DM =	11 100 000,00 DM
– 163 157,34 US-$ zu 2,15 DM =	350 788,28 DM
	10 749 211,72 DM
= neuer Einstandskurs für 5 000 000,– US-$ =	2,1498 DM.

[42] Fischer-Erlach, P.: Handel und Kursbildung am Devisenmarkt, a. a. O., S. 97
[43] ebenda, S. 97

bb) Interest-rate futures

Gegenstand der Zinsterminkontrakte sind Wertpapiere: Treasury Bills, CDs, etc. Die Kontrakte beziehen sich auf Abnahme (Kauf) oder Lieferung (Verkauf) per Termin, um Zinsrisiken auszuschließen.

Beispiel:[44]

Eine Bank hat am 13. März einem Kunden einen Dreimonatskredit über 1 Mio US-$ zu 8 % p. a. mit Inanspruchnahme 15. Juni bis 15. September zugesagt. Gleichzeitig verkauft die Bank einen Euro-Dollar-Kontrakt per Juni. Mitte Juni stellt sie diesen Kontrakt durch Kassekauf glatt und nimmt die Euro-Dollar für den Kundenkredit auf. Der Euro-Dollar-Zins soll Mitte Juni auf 9 % angestiegen sein:

„Das Kreditinstitut hat somit folgende Transaktionen vorgenommen:

für Kreditgeschäft:	**für Zinssicherung:**
13. März	13. März
Kreditzusage an Kunde über 1 Mio US-$ zu 8 % p. a. für die Zeit 15. 6. – 15. 9.	Verkauf Euro-Dollar-Kontrakt über 1 Mio US-$ per 18. 6. (Fälligkeitstag des Juni-Kontraktes) auf der Basis eines Jahreszinssatzes von 8 % p. a.
13. Juni	13. Juni
Aufnahme von 1 Mio US-$ am Euromarkt zu 9 % p. a. vom 15. Juni (Handel am Euromarkt erfolgt mit zweitägiger Valutierung!) bis 15. September Kreditgewährung an Kunde.	Kauf Euro-Dollar-Kontrakt über 1 Mio US-$ per 18. 6. auf der Basis eines Zinssatzes von 9 % p. a. (Da der Zinssatz gestiegen ist, hat sich der Kontraktwert entsprechend verringert). Mit dem Gewinn von 1 %-Punkt wird die Eurodollar-Aufnahme zu 9 % p. a. auf den zugesagten Zins von 8 % p. a. gebracht."

In derselben Form werden Edelmetall-Terminkontrakte und Aktien-Index-Terminkontrakte abgewickelt.

V. Horne macht dies an einer graphischen Darstellung (Abbildung 3) deutlich:

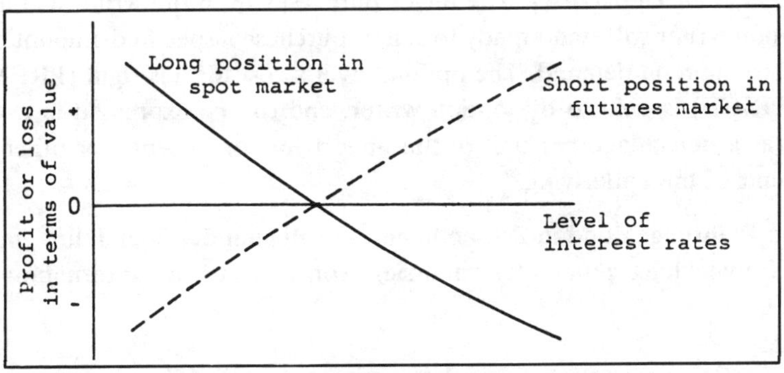

Abbildung 3: Hedge-Geschäfte mit Zinsterminkontrakten

[44] ebenda, S. 100 f.

„Hedging involves taking a futures contract position opposit to the position taken in the spot market. As a result, risk is largely neutralized throughout all interest rate movements. This is shown in the [upper panel] of Figure for a party that has a long position in the spot market (owning it outright) and a short position in the futures markets. Interest rate movements have offsetting effects on the values of these two positions, regardless of the direction of the interest rate change.“[45]

b) Options

„Devisenoptionen räumen dem Optionsinhaber das Recht ein, einen bestimmten Währungsbetrag zu einem im voraus vereinbarten Preis (Basispreis oder exercise price) bis bzw. zu einem festgelegten Auslauftag (expiration date) zu kaufen (Call-Optionen) bzw. zu verkaufen (Put-Optionen)“.[46]

Der Optionsinhaber hat dem Stillhalter eine Prämie zu zahlen. Deren Höhe wird bestimmt von:[47]

a) der Lage des gewählten Basispreises zu dem Kurs, zu dem am Devisenmarkt ein Gegengeschäft zu der Optionsposition abgeschlossen werden kann,
b) der Laufzeit der Option,
c) der Volatilität (= Kursvariabilität) der betreffenden Währung,
d) der Markttiefe,
e) der Höhe des Zinssatzes der Währung, in der die Prämie gezahlt wird.

The Bank for International Settlement definiert:[48]

„An Option is a contract conveying the right, but not the obligation, to buy (CALL) or sell (PUT) a specified financial instrument (the UNDERLYING) at a fixed price (EXERCISE or STRIKE PRICE) before or at a certain future date. There are two parties to an option contract: the option seller (WRITER or GRANTOR) and the option purchaser (BUYER or HOLDER). The buyer purchases from the writer a commitment that the option writer will stand ready to sell or purchase a specified amount of the underlying instrument on demand. The option buyer's cost for this right (PREMIUM or OPTION PRICE) is paid to the option writer, and can be expressed in a variety of ways, e. g. as a percentage per unit of the underlying, or in cents (or other currency units) per unit of the underlying.“

Optionen in Währungen und in Zinsen haben seit Beginn der 80er Jahre eine bemerkenswerte Entwicklung genommen, induziert von den aus der Internationalisierung

[45] Van Horne, J. C.: An inquiry into financial innovation, a. a. O., S. 461
[46] Fischer-Erlach, P.: Handel und Kursbildung am Devisenmarkt, a. a. O., S. 101
[47] ebenda, S. 103
[48] Bank for International Settlements: Recent innovations in international banking, a. a. O., S. 61

und Globalisierung resultierenden Schwierigkeiten von Unternehmen und Kreditinstituten, das Währungs- und Zinsänderungsrisiko effizienter zu managen, die ungewöhnlich hohen Zinsen international und die stärkeren Kursschwankungen der Währungen haben diese Bemühungen intensiviert und zu Finanzinnovationen geführt.

Die Unternehmen waren bereit, eine Prämie für eine Zinssicherung (Versicherung gegen die Effekte steigender Zinsen auf Kalkulation und Finanzierung) zu zahlen, ebenso waren Unternehmen bereit, gegen eine Versicherungsprämie sich gegen die Auswirkungen von Wechselkursschwankungen im Im- und Exportgeschäft zu sichern.

Büschgen gibt folgendes Beispiel:[49]

„An der Philadelphia Exchange wurden am 31. 12. 1984 für DM-Optionen bei einem Kassawechselkurs von 31,67 US-Cents/DM (≙ 3,1576 DM/$) folgende Basispreise und Prämien quotiert (Angaben in US-Cents per DMark).

Basispreis	**Prämien**					
	Kauf-(call-)Option per			**Verkaufs-(put-)Option per**		
	März	Juni	Sept.	März	Juni	Sept.
31	1,30	r	r	0,36	0,68	r
32	0,70	1,28	r	0,79	r	r
33	0,36	0,87	r	1,47	r	r
34	0,18	0,57	r	r	r	r
35	0,09	0,38	s	r	r	s
36	0,05	r	s	r	r	s

r: nicht gehandelt; s: kein Angebot

Der Erwerb einer Kauf-(call-)Option zum Basispreis von 32 US-Cents (3,125 DM/US-$) per März 1985 kostete somit am 31. 12. 84 0,70 US-Cents pro DMark und damit 437,50 US-$ (1381,45 DM) pro Kontrakt (62 500 DM × 0,007 US-$/DM).

Angenommen, ein deutscher Exporteur will für eine in drei Monaten fällige Forderung von 200 000 US-$ Devisenoptionen auf DMark kaufen. Um die Forderung voll abzusichern, müßte er 10 DMark-Optionen kaufen. Er hatte zum 31. 12. 84 gemäß Tabelle die Wahl zwischen den Basispreisen 31 bis 36 Cents, die einer Dollar-DM-Relation von 3,226 bis 2,778 DM/US-$ entsprechen. Dabei hätte er zwischen 8125 und 312,50 US-$ zu bezahlen. Je niedriger der festgelegte Basispreis bei Call-Optionen in US-$ (je höher in der Dollar-DM-Relation), desto höher ist die Optionsprämie. Bei Put-Optionen verhält sich diese Relation umgekehrt. Außerdem ist aus der Tabelle ersichtlich, daß die Optionsprämie wegen des zunehmenden Risikos einer Wechselkursänderung mit zunehmender Laufzeit steigt.

Angenommen, der Exporteur entscheidet sich für den Basispreis von 33 US-Cents (was einen Dollarwechselkurs von 3,030 DM/US-$ entspricht). Er hat für 10 DMark-Kaufoptionen dann US-$ 2250 (= 7000 DM) – plus Maklercourtage – zu bezahlen. Die Optionen geben ihm das Recht, während der Laufzeit (hier: bis März 1985)

[49] Büschgen, H. E.: Internationales Finanzmanagement, a. a. O., S. 82-83

625 000 DM zum Preis von 0,33 US-$/DM (206 520 US-$) zu kaufen. Liegt der Dollar-DMark-Wechselkurs in drei Monaten über 3,03 DM/US-$, z. B. 3,20 DM/US-$, ist es für den Exporteur günstiger, die DMark am Markt zu kaufen. Für seine 200 000 US-$ erhält er dann 640 000 DM. Fällt der Dollar-DMark-Wechselkurs unter 3,03 DM/US-$ wird der Exporteur seine Option ausüben."

Die Bank for International Settlements hat ihrer Darstellung einen umfangreichen Apparat der Arten der Optionen, der Marktsituationen, der Berechnung des Zeitpunktes der Ausnutzung der Option und des Abschlusses von Sicherungsgeschäften für den Stillhalter angefügt (a.a.O., S. 85 bis 120) mit Zitat der entsprechenden Fachaufsätze.

In einer vereinfachten, aber sehr instruktiven Form gibt Fischer-Erlach in einer graphischen Darstellung (Abbildung 4) den Zusammenhang wieder (a.a.O., S. 105): „Gemeinsam ist den Formeln, daß sie für die Lage des jeweiligen Marktkurses zum Basispreis der Option (bzw. zu den Basispreisen der Gesamtheit der ausstehenden Optionen) unter Berücksichtigung der jeweils unterstellten Volatilität bestimmte Hedgerelationen (‚Hedge Ratios') vorgeben. Bei graphischer Darstellung kann die Hedging-Anweisung für den Stillhalter einer Call-option also etwa wie folgt aussehen:

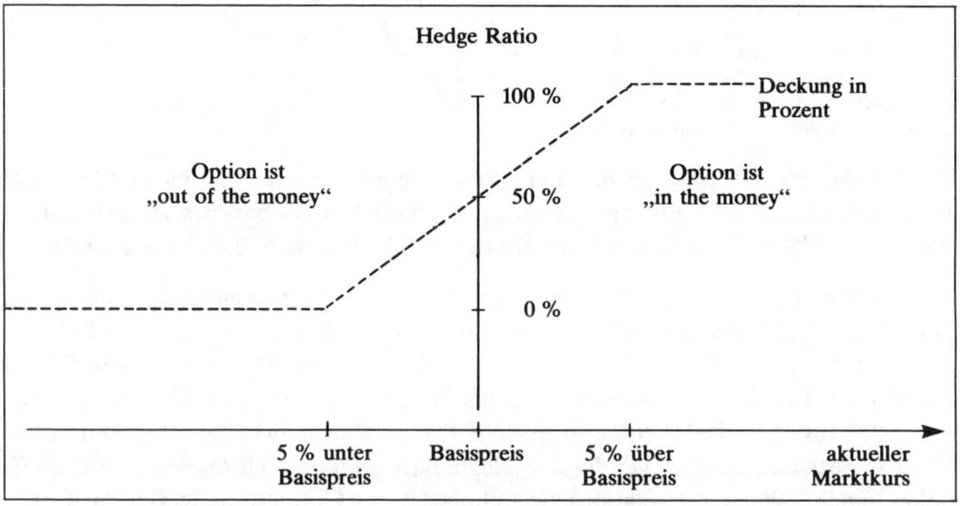

Abbildung 4: Hedging-Anweisung für den Stillhalter einer Call-Option

Alle zur Absicherung von Optionen entwickelten Modelle können jedoch nur dann Verluste ausschließen, wenn der Kurs der Optionswährung nicht ständig um den Basispreis herum pendelt. Andernfalls laufen aus dem ständigen Eingehen und Auflösen von Hedging-Positionen Kosten auf, die bald die erhaltene Prämie übersteigen."

Der Optionshandel mit Over the Counter-Papieren (OTC) institutionalisierte sich 1978 an der Optionsbörse in Amsterdam und London, 1982 in Montreal, Philadelphia und Chicago.

Hinsichtlich der Risiken dieser Instrumente kommt die Studie der Bank for International Settlements zu folgender Aussage (S. 192):

Credit risk	Writer for premium amount until paid, buyer for cost of replacement until exercised.
Market risk	Limited for buyer, unlimited for writer.
*Settlement risk**	Premium amount on payment date, principal amount for both parties if exercised. (One party pays currency A, one pays currency B.)
*Market liquidity risk***	Exchange and OTC options new, liquidity of markets untested under stress. Liquidity of exchanges superior to OTC markets, also partially dependent on liquidity of market for underlying.

* The possibility that operational difficulties interrupt delivery of funds even where the counterparty is able to perform.
** The possibility that a financial instrument cannot be sold quickly and at full market value.

c) Swaps

„A swap is a financial transaction in which two counterparties agree to exchange streams of payments over time“.[50]

Ein Swap-Geschäft ist dementsprechend die Kombination eines Kassageschäftes mit einem gegenläufigen Termingeschäft:[51] „Belaufen sich z. B. der US-$-Zins auf 15 % p. a. und der DM-Zins auf 9% p. a., so scheint es für jemanden, der über Guthaben in DM verfügt, gewinnbringender, diese in US-$ zu konvertieren und am US-$-Markt anzulegen, da er dort eine um 6 % p. a. höhere Verzinsung erzielt. Hierbei läuft er jedoch Gefahr, daß sich der Devisenkurs des US-Dollar bis zur Rückkonvertierung der Gelder nachteilig entwickelt, so daß der Zinsvorteil durch einen Kursverlust ausgeglichen, wenn nicht gar überkompensiert wird. Dieses Kursrisiko kann er aber dadurch beseitigen, daß er zugleich mit dem Kauf der US-$ per Kasse . . . ein gegenläufiges Termingeschäft abschließt.“

Für die Banken heißt die Differenz zwischen Kassa- und Terminkurs „*Swapsatz*“. Dieser Satz ist entweder ein Zuschlag (Report) oder Abschlag (Deport) zum Kassakurs und wird in Dezimal-Stellen (Pips) dargestellt.

US-$-Kassakurs	DM 2,7500	
US-$-Terminkurs	DM 2,7355	
Swap-Satz	DM 0,0145	= 145 Dezimalstellen (Pips).

Die Frage ist, wie die Bank erkennt, ob ihr ein Swap-Geschäft Gewinn bringt oder nicht, wie sie also den Swap-Satz quotiert.

50 Bank for International Settlements: Recent innovations in international banking, a. a. O., S. 37
51 Fischer-Erlach, P.: Handel und Kursbildung am Devisenmarkt, a. a. O., S. 63

Sie ermittelt dies mit einer Swap-Formel, die auch den Terminverkauf des Währungszinsertrages mit einschließt („erweiterte Swapsatzformel"):[52]

$$\text{Swapsatz} = \text{KAB} \cdot \frac{\text{ZB} \cdot \frac{n}{100 \cdot \text{Basis B}} - \text{ZA} \cdot \frac{n}{100 \cdot \text{Basis A}}}{1 + \text{ZB} \cdot \frac{n}{100 \cdot \text{Basis B}}}$$

KAB	=	Kassakurs der Währung A gegen Währung B
ZB	=	Zinssatz der Währung B
ZA	=	Zinssatz der Währung A
Basis A	=	Ansatz des Jahres in der Zinsberechnung der Währung A (360/365 Tage)
Basis B	=	Ansatz des Jahres in der Zinsberechnung der Währung B (360/365 Tage)
n	=	Laufzeit des Geldgeschäftes

Beispiel:

Kassakurs US-$–DM	2,80
Zinssatz US-$	12 1/8 %
Zinssatz DM	7 1/2 %
Laufzeit	3 Monate
Basis A/B	360 Tage
= Swapsatz	0,0314 = 314 Stellen.

Die Ermittlung des Zinssatzes, der einem Swapsatz von 314 Stellen entspricht, folgt der umgewandelten Formel:

$$\text{Zinssatz} = \frac{\text{Swapsatz} \cdot \left(1 + \text{ZB} \cdot \frac{n}{100 \cdot 360}\right)}{\frac{\text{KAB}}{100} \cdot \frac{n}{360}}$$

und führt zu einem Zinssatz von 4,625% p. a.

Das bedeutet:

Zinsertrag aus US-$-Anlage	12 1/8 %
./. Zinsaufwand DM	7 1/2 %
./. Kosten des Swaps	4,625%
Gewinn/Verlust	0,000%

Ein Gewinn tritt also nur bei einem deutlich unter 314 Stellen liegenden Abschluß auf, den die Bank zu erreichen versuchen muß.

Swaps treten in drei Formen auf:

1) Interest-rate swap,
2) Currency swap,
3) Cross-currency interest rate swap.

[52] ebenda, S. 80

aa) Interest-rate swaps

Ein Zinsswap ist ein Austausch der Zinsbelastung aus Kapitalaufnahmen an zwei verschiedenen Märkten zwischen zwei Partnern:[53]
„Bei Zinsswaps nehmen die beiden Schuldner Kredite in derselben Währung, jedoch im einen Fall zu einem Festzinssatz und im anderen Fall zu einem variablen Zinssatz auf. Merkmal ist, daß derjenige, der den Kredit zu dem Festzinssatz aufnimmt, tatsächlich einen Kredit zu einem variablen Zinssatz benötigt und sein Partner, obwohl er den variabel verzinslichen Kredit kontrahiert, einen Festzinssatzkredit sucht. Die Addition der Zinsbelastungen aus den beiden vertauschten Kreditgeschäften ist jedoch geringer als in dem Fall, in dem die beiden Kreditsuchenden die von ihnen gewünschte Kreditart unmittelbar aufgenommen hätten. Die beiden Kreditnehmer wählen daher diesen Umweg und vereinbaren untereinander, ihre jeweiligen Zinsverpflichtungen auszutauschen, zu ‚swappen'."

Zwei Schaubilder (Abbildung 5 und 6) sollen den Zusammenhang verdeutlichen:

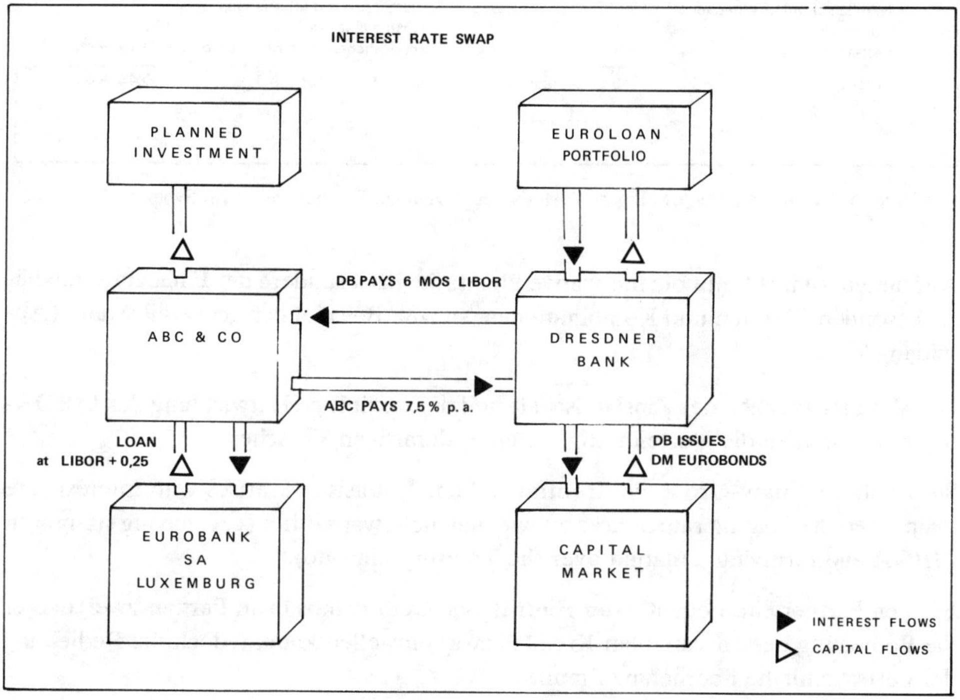

Abbildung 5: Ablauf des Zinsswap mit Kapital- und Zinsflußdiagramm

[53] ebenda, S. 109

ZAHLER DES FESTSATZES:
die AG

erhaltene variable Zinszahlungen von Dresdner Bank	**+ Libor**
variable Zinszahlungen für den Kredit an Euro-Bank:	**– (Libor + 0,25 %)**
	– 0,25 %
Festsatzzahlungen an Dresdner Bank	**– 7,50 %**
= Gesamtkosten der Festsatzfinanzierung	**7,75 %**
(verglichen mit alternativen Kosten eines Festsatzkredites)	8,25 %
Vorteil:	**0,50 %** p.a.

ZAHLER DES VARIABLEN SATZES:
DRESDNER BANK

erhaltene Festsatzzahlungen von der AG	**+ 7,50 %**
annualisierte Anleihekosten	**– 7,25 %**
	+ 0,25 %
variable Zinszahlungen an die AG	**– Libor**
= Gesamtkosten der variablen Finanzierung	**Libor – 0,25 %**
(verglichen mit alternativen Kosten einer variabel verzinslichen Anleihe)	Libor + 0,18 %
Vorteil:	**0,43 %** p.a.

Abbildung 6: Ermittlung des jeweiligen Vorteils des jeweiligen Partners aus dem Swap

Auf diesem Markt treibt die innovative Phantasie, insbesondere der Finanzintermediäre, besondere Formen und Kombinationen, so zum Beispiel der „cocktail swap“ (Abbildung 7).

Die Voraussetzungen der Zinslandschaft und die zukünftige Entwicklung des LIBOR-Satzes bestimmen die Vorteilhaftigkeit eines derartigen Tausches.

So urteilt die Study-Group der Zentralbanken:[54] „Basis risk arises with interest rate swap when the floating rate indices on two matched swaps differ (e. g. paying six-month LIBOR and receiving a margin over the Treasury bill rate).“

Für den Partner eins bedeutet der Eintritt des Kreditrisikos beim Partner zwei, daß er die Bedienung dessen variablen Kredites zwar einstellen kann, jedoch die Bedienung der Festsatzanleihe übernehmen muß.

[54] Bank for International Settlements: Recent innovations in international banking, a. a. O., S. 191

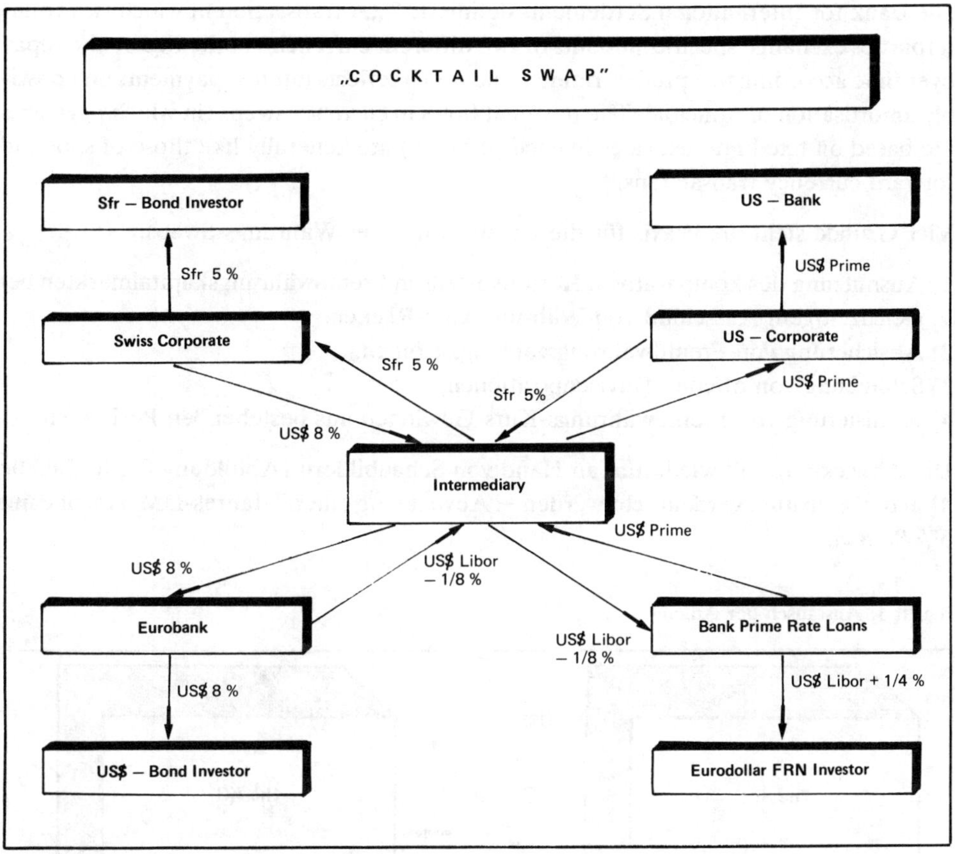

Abbildung 7: Der sogenannte cocktail swap

bb) Currency swaps

Ein Währungs-Swap ist der Austausch von Währungsbeträgen und Zinszahlungen aus Anleihen in verschiedenen Währungen zwischen den Partnern:[55] „Im Falle von Währungsswaps nehmen zwei Kreditsuchende Kredite in der jeweils von ihrem Partner gesuchten Währung auf und tauschen anschließend die Währungen in einem Swapgeschäft untereinander aus. Der Vorteil dieses Umweges liegt darin, daß einer der beiden (oder auch beide) auf dem jeweils anderen Markt bessere Konditionen erzielen kann als auf dem Markt der von ihm gesuchten Währung. Meist liegt dies daran, daß er diesen Markt noch nicht so stark als Kreditnehmer in Anspruch genommen hat wie den anderen Markt und daher günstigere Konditionen erzielen kann.
Neben dem Swap der Währung, der per Kasse und – mit umgekehrten Vorzeichen – per Termin erfolgt, werden zwischen den beiden Partnern in regelmäßigen Abständen die Zinszahlungen ausgetauscht."

[55] Fischer-Erlach, P.: Handel und Kursbildung am Devisenmarkt, a. a. O., S. 110

Die Bank for International Settlements definiert:[56] „A transaction in which two counterparties exchange specific amounts of two different currencies at the outset and repay over time according to a predetermined rule which reflects interest payments and possibly amortisation of principal. The payment flows in currency swaps (in which payments are based on fixed interest rates in each currency) are generally like those of spot and forward currency transactions."

Vier Gründe sieht die Praxis für die Darstellung eines Währungs-Swaps:

1) Ausnutzung des komparativen Kostenvorteils in Fremdwährungskapitalmärkten bei gleichzeitigem Ausschluß von Währungskurs-Risiken,
2) Absicherung von Fremdwährungszahlungsströmen,
3) Schließung von offenen Devisenpositionen,
4) Realisierung von Fremdwährungs-Kurs-Gewinnen aus bestehenden Positionen.

Die Abwicklung soll wiederum an Hand von Schaubildern (Abbildung 8 und Tabelle 4) in drei Schritten verdeutlicht werden – Abwicklung einer 7-Jahres-DM-Anleihe mit 5¾ % p. a. –:

Schritt 1: Austausch der Anleihe

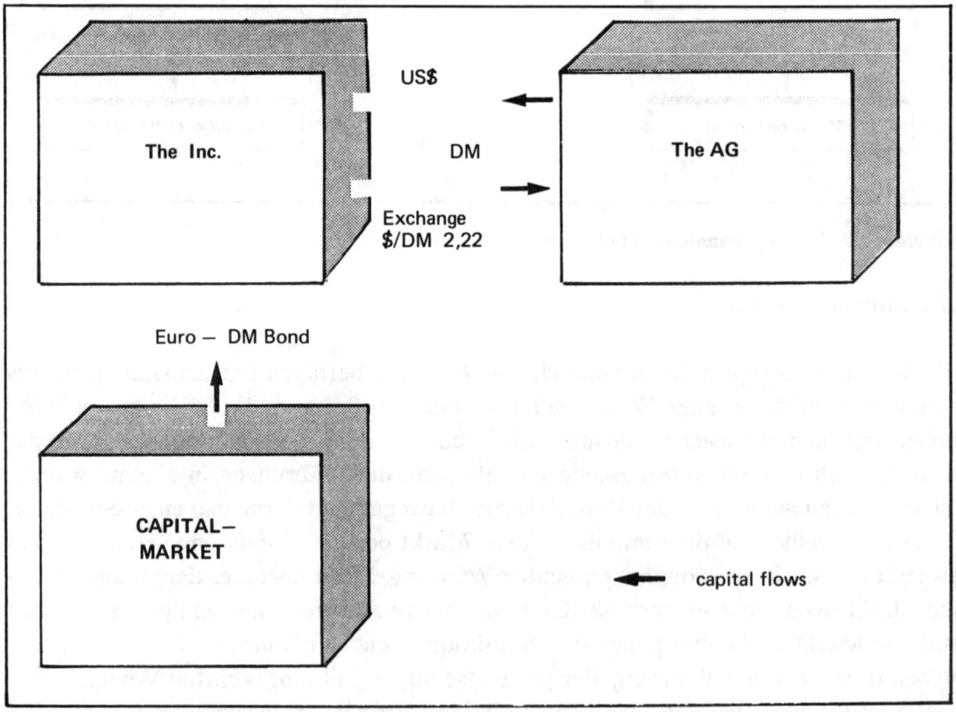

Abbildung 8: Die Abwicklung eines Währungs-Swaps

56 Bank for International Settlements: Recent innovations in international banking, a. a. O., S. 257

Schritt 2: Austausch der Zinszahlungen

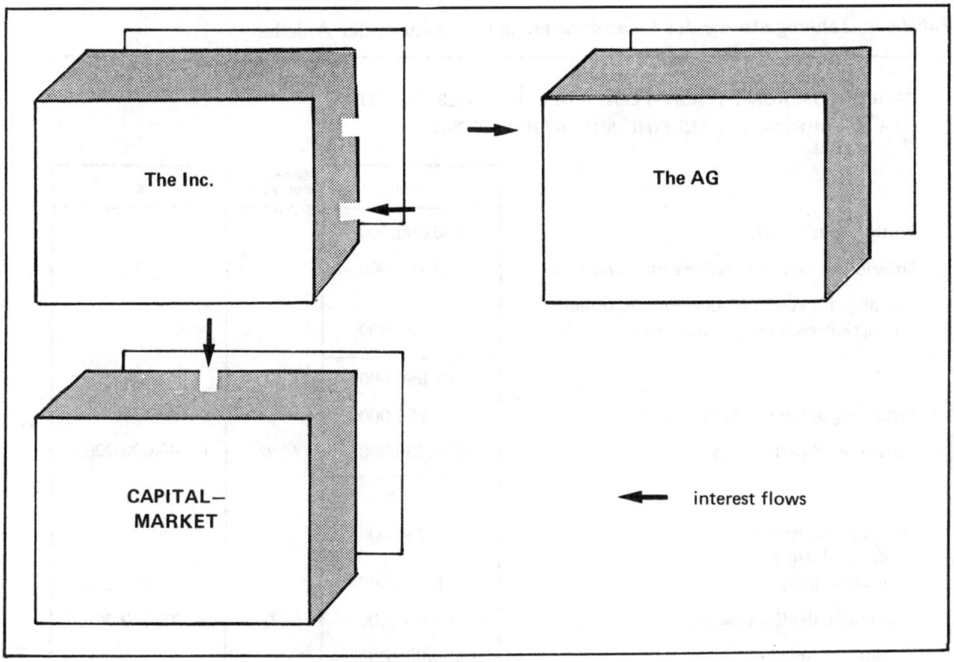

Schritt 3: Rücktausch der Anleihe bei Fälligkeit

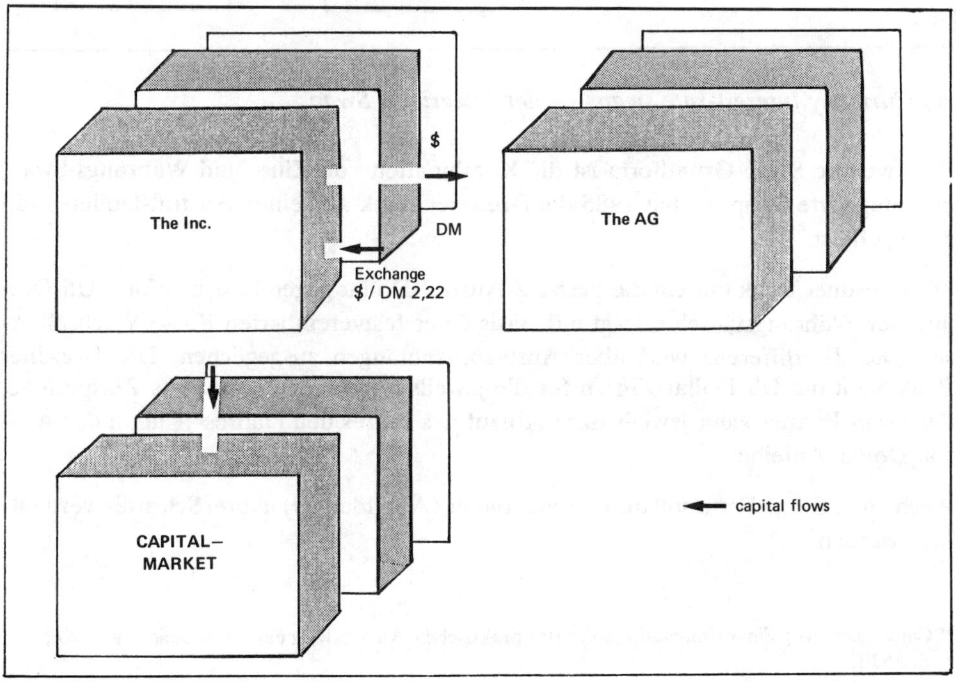

Konklusion:

Tabelle 4: Zahlungsströme des Finanzintermediärs (Emittent der Anleihe)

ZAHLUNGSSTRÖME (CASH–FLOWS) DER INC. ALS EMITTENT
DER 7–JAHRES–DM–ANLEIHE MIT WÄHRUNGSSWAP

	DM	Konversionskurs $/DM 2,22	$
Brutto-Emissionserlös	+ 100.000.000,–		
Emissionskosten incl. Börseneinführung 2,75%	– 2.750.000,–		
einmalige Fixkosten (Druck- und Veröffentlichungskosten, sonstige Gebühren) 0,2 %	– 200.000,–		
	+ 97.050.000,–		
Erstattung durch den Swappartner	+ 2.950.000,–		
Tausch des Swapbetrages	– 100.000.000,–	/ 2,22	+ 45.000.000,–
	– 0 –		
jährliche Zinszahlungen Kupon 5 3/4 %	– 5.750.000,–		
aus dem Swap	+ 5.750.000,–		– 3.757.500,–
Rücktausch des Swapbetrages	+ 100.000.000,–	/ 2,22	– 45.000.000,–
Tilgung der Anleihe	– 100.000.000,–		
	– 0 –	eff. Zinskosten für 7-Jahres-$	8,35 % p.a.

cc) Currency interest-rate swaps — der integrierte Swap

Eine weitere Swap-Grundform ist die Kombination von Zins- und Währungs-Swap, der integrierte Swap. So hat 1985 die Dresdner Bank AG einen Austral-Dollar-Swap durchgeführt.[57]

Die Dresdner Bank tauscht die Festsatz-Austral-Dollar gegen Floating-Rate-US-Dollar. Der Währungstausch erfolgt auf Basis eines festvereinbarten Kasse-Wechselkurses. Die Zinsdifferenz wird über Austauschzahlungen ausgeglichen: Die Dresdner Bank zahlt die US-Dollar-Zinsen für die jeweils abgelaufene 6-Monats-Zinsperiode, der Swap-Partner zahlt jeweils nach Ablauf des Jahres den (Jahres-)Kupon der Austral-Dollar-Anleihe.

Auch diese Swap-Form soll durch Schaubilder (Abbildung 9) in drei Schritten verdeutlicht werden:

[57] Carstensen, M.: Finanzinnovationen in der praktischen Anwendung einer Großbank, a. a. O., S. 353 f.

Schaubild 1: Der Währungstausch

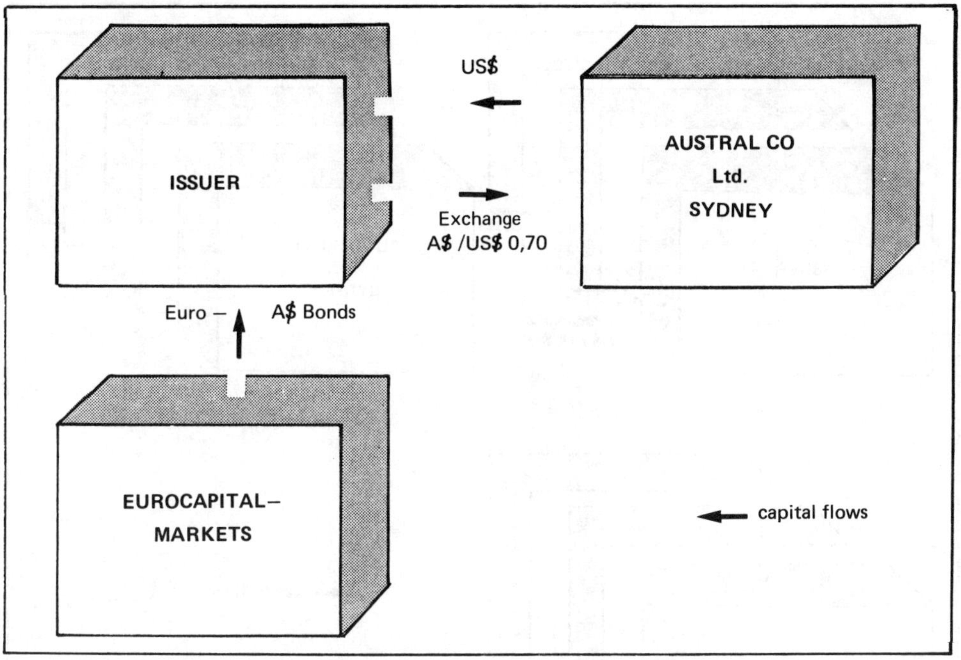

Schaubild 2: Die Zinstauschzahlungen

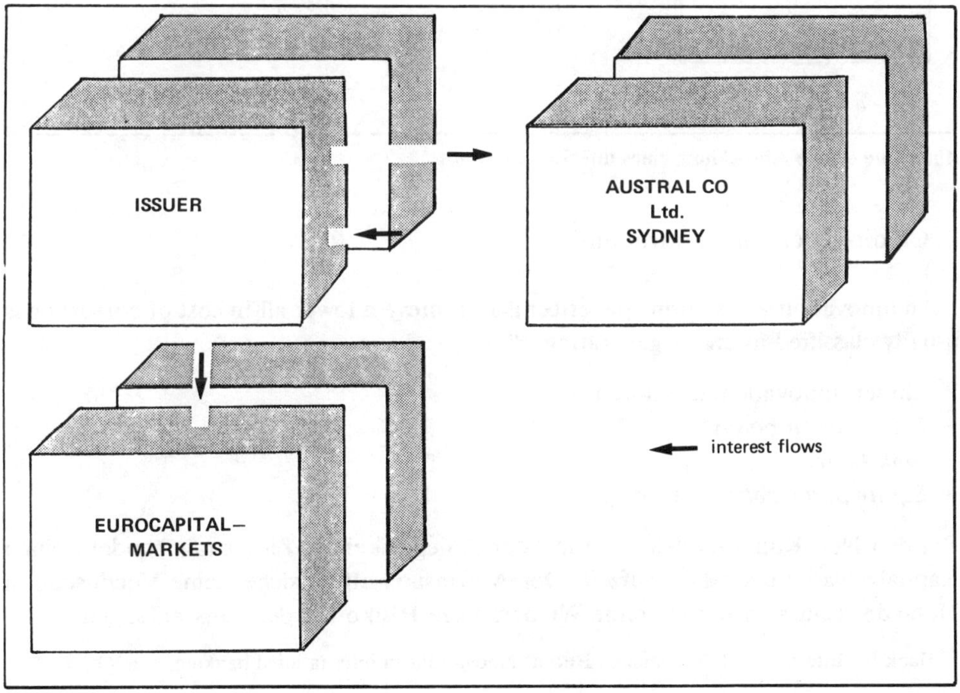

Schaubild 3: Kapital-Rücktausch bei Fälligkeit

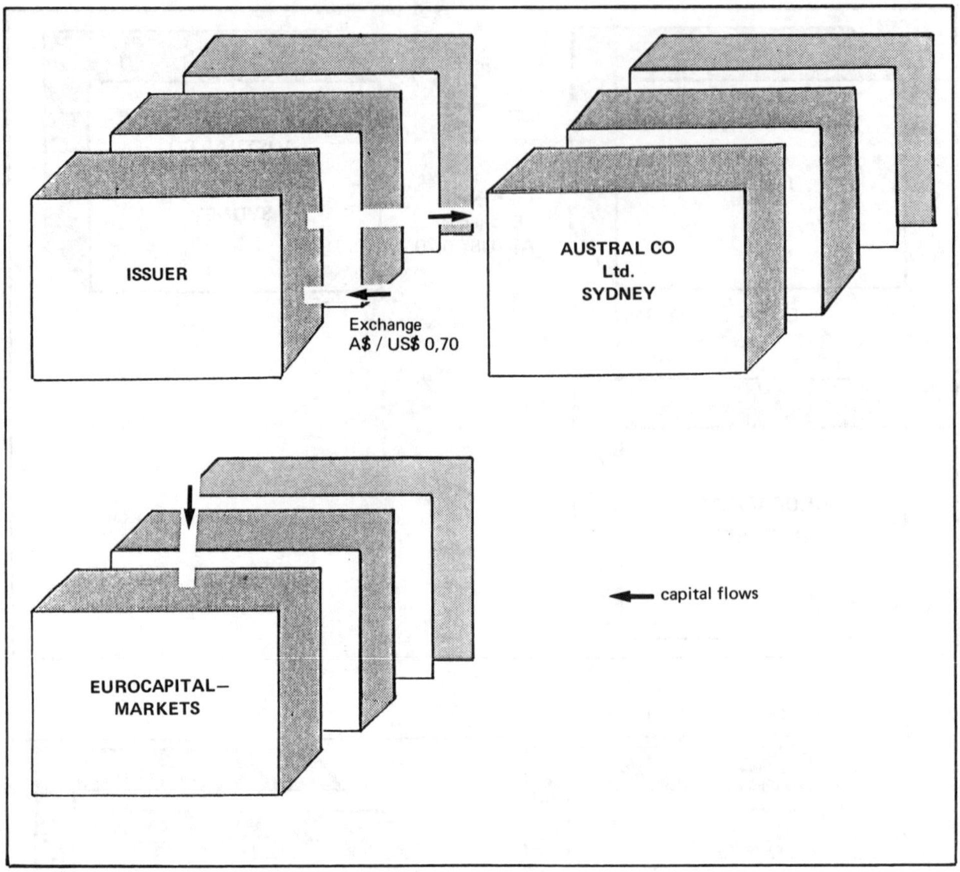

Abbildung 9: Die Abwicklung eines integrierten Swaps

2. Credit-generating innovations

„ An innovation whose principal effect is to achieve a lower all-in cost of borrowing is usually classified as credit-generating."[58]

Zu diesen Innovationen gehören
- *Zero coupon bonds,*
- *Junk bonds,*
- *Equity participation financing.*

Bei den Null-Kupon-Anleihen erhält der Anleger keinen Zinsertrag, sondern einen Kapitalzuwachs über die Laufzeit. Der Aufzinsungseffekt sichert eine Verzinsung in Höhe der Emissionsrendite ohne Wiederanlage-Risiko aus den Zinszahlungen.

[58] Bank for International Settlements: Recent innovations in international banking, a. a. O., S. 173

Die Anleihen treten in zwei Formen auf:

- *issued with discount* (Emissionskurs weit unter pari)
  Beispiel: Exxon-Anleihe von 1984/2004
  Ausgabekurs 11,65%
  Emissionsrendite: 11,35%;
- *Capital growth bonds* (Kapitalzuwachsanleihe)
  Beispiel: Republik Österreich,
  Schuldverschreibungen 1985/1995
  Ausgabe 100 Mio DM
  Rückzahlung 200 Mio DM
  Emissionsrendite 7,18%.

Bekanntgeworden sind die Stripped US-Treasury Zero bonds, Null-Kupon-Anleihen auf Basis von Anleihen des US-Schatzamtes: Ein Investmenthaus deponiert eine langfristige US-Staatsanleihe. Die Zinsscheine werden vom Mantel getrennt („Coupon stripping") und bei einem Treuhänder deponiert. Dieser emittiert separat handel- und lieferbare US-Treasury Zero bonds. Aus einer 20jährigen US-Staatsanleihe mit Halbjahres-Kupon werden so 40 „Coupon issues" und eine „Principal issue", jeweils als abgezinstes Null-Kupon-Papier.

Begonnen hat die Firma Salomon Brothers mit dieser Form der Umwandlung einer US-Treasury-Anleihe in eine Null-Kupon-Anleihe und entsprechend abgezinste Zinsschein-Anteile. Damit wird ein höherer Gesamtpreis erzielt, als für die Anleihe bezahlt werden mußte: „Never have so few people made so much money with one pair of scissors". [59] „Die Firma Salomon Brothers und ihre Mitbewerber haben das schnell erkannt und Null-Kupon-Anleihen in ‚Quittungsform' herausgegeben. Um sie besser verkaufen zu können . . .wurde dazu ein Markenname kreiert: ‚CATs'. Merill Lynch folgte mit ‚TIGERs', Lehmann mit LIONs'. Daher der Sammelname ‚ZOO' für diese synthetischen Null-Kupon-Anleihen".[60]

Der Ursprung für diese Papiere: neue Kapitalquellen durch Ansprache neuer Käuferschichten zu erschließen.

Die Steuergesetzgebung hat hier einen bedeutsamen Einfluß: „Demand for zeros has also been driven by liberal tax rules in some countries, notably Japan, which allow the accretions in value over time in the instrument to be taxed at capital gains rates."[61]

[59] Dufey, G.: Finanzinnovationen in den USA – Entwicklung und Bedeutung für das internationale Bankgeschäft, in: Innovationen auf Finanzmärkten, a. a. O., S. 195
[60] ebenda
[61] Bank for International Settlements: Recent innovations in international banking, a. a. O., S. 173; für die steuerlichen Auswirkungen auf das Anlageverhalten am deutschen Markt vgl. Scheidl, K./Scholz, R.: Zur Rendite von Zerobonds nach Steuern, in: Die Bank, 11/86, S. 572-575

Spezielle Kapitalbeschaffungsformen auf dem US-Finanzmarkt sind Junk bonds (insbesondere zur Finanzierung von Corporate take-overs und Corporate buy-outs) = spekulative Anleihen mit hohem Risiko, begeben von Emittenten mit niedriger Bonität, sowie Participation Certificats (PCs), garantiert von der Federal Home Loan Mortgage Corporation.

3. Equity generating innovations

Als Innovationen im Bereich der Finanzierungsinstrumente ist auf zwei Formen hinzuweisen:

- *Variable rate preferred stock.* Die Dividendenzahlung ist abhängig in der Höhe vom Kapitalmarktzinsniveau (nur in den USA vorkommend).
- *Perpetual floating rate note* als Innovation am Euro-Kapitalmarkt. Sie werden von Banken in Großbritannien emittiert als Anleihe ohne feste Endlaufzeit und treten in zwei Formen auf:

  Perpetual floating rate note in engerem Sinne als nicht rückzahlbare Anleihe. Der Erlös dieser „ewigen" Anleihen dient den britischen Großbanken mit Zustimmung der Bank of England als Kapitalaufstockung bzw. als Kapitalmittel zur Deckung etwaiger Verluste.[62]

  Putable perpetual floating rate note. Der Erwerber kann, nach einer vereinbarten Stillhalte-Zeit eine Verkaufsoption ausüben (put-able) und die Anleihe zu pari zurückgeben.[63]

Das Bemühen, neue Kapitalquellen zu erschließen, und neue Käuferschichten zu mobilisieren, sowie die Unterbringung von Emissionen weltweit (Secondary market) führt zu einem Boom an Finanzinnovationen, was zwar den Markt farbiger gestaltet, aber auch das Risiko der Endplazierung erhöht. Darüber wird im Rahmen des Risk managements zu handeln sein.

Bei Abschluß des Manuskriptes (Februar 1987) erschien eine zusammenfassende Übersicht der internationalen Finanzinnovationen – Stand 31. 12. 1986 – mit kritischer Würdigung: „Financial Innovations – made to measure." A Supplement to Euromoney and corporate finance January 1987, edited by Garry Evans.

[62] vgl. Frowen, St. F.: Neuere Entwicklungen auf dem Londoner Euromarkt, in: Innovationen auf Finanzmärkten, a. a. O., S. 96
[63] vgl. Büschgen, H. E.: Internationales Finanzmanagement, a. a. O., S. 138

B. Der nationale Zahlungsverkehr

I. Definitionen/Abgrenzungen

Die intermediäre Funktion der Banken im (nationalen) Zahlungsverkehr liegt in der Ermöglichung und/oder Durchführung der baren und unbaren, beleggebundenen und beleglosen Zahlungen zwischen den Transaktionskassen als Girokonten der privaten Haushalte und der Unternehmen sowie der Öffentlichen Hand.

Auf der ersten Stufe ist zwischen Bargeld, Buchgeld und Geldsurrogaten zu unterscheiden:

- Das *Bargeld* besteht aus Banknoten und Münzen und ist gesetzliches Zahlungsmittel mit Annahmezwang für Banknoten in unbegrenzter Höhe und für Münzgeld bis 20,– DM, auf Pfennig lautende Münzen bis 5,– DM für Personen des privaten Rechts (§ 5 Abs. 1, § 3 Abs. 1 Gesetz über die Ausprägung von Scheidemünzen vom 8. 7. 1950, BGBl I S. 323). Banknoten darf gemäß § 14 BBkG nur die Deutsche Bundesbank ausgeben, das Recht zur Münzprägung steht der Bundesregierung zu (Art. 73 Ziff. 4 GG), sie bedarf dazu der Zustimmung des Zentralbankrates.
- Das *Buchgeld* besteht aus dem Sichtguthaben auf den Girokonten bzw. aus dem Kreditspielraum, der dem Inhaber der Transaktionskasse eingeräumt ist, sowie dem Guthaben auf Postscheckkonten (einschl. Überziehungsspielraum). Das Buchgeld ist kein gesetzliches Zahlungsmittel, birgt aber den Anspruch auf Umwandlung in gesetzliche Zahlungsmittel in sich: der Umwandlungsprozeß ist die Kassenauszahlung.
- Die *Geldsurrogate* erfüllen Funktionen von Bar- oder Buchgeld, ohne selbst „Geld" der Form nach zu sein: Scheck und Wechsel. Schecks dienen der Verfügung über Girogeld (originär) oder der Girogeldumwandlung in gesetzliche Zahlungsmittel (derivativ: Barscheck), Wechsel ersetzen während der Laufzeit Giralgeld oder Bargeld.

Während im Bargeldverkehr nur eine Hilfsfunktion und kein originäres bankbetriebliches Produkt gesehen wird, sind die Durchführung des bargeldlosen Zahlungsverkehrs und die Abwicklung von Geldsurrogaten originäre Bankleistungen.

So definiert § 1 Satz 2 Ziff. 9 KWG als Bankgeschäft: „die Durchführung des bargeldlosen Zahlungsverkehrs und des Abrechnungsverkehrs (Girogeschäft)."

Das Girogeschäft besteht demgemäß in zwei Formen:

- ***Bargeldloser Zahlungsverkehr***
  als die Verrechnung von Buchgeld zwischen Transaktionskassenkonten
  - **Überweisungsverkehr,**
  - **Scheckeinzug,**

- Lastschrifteneinzug,
- sonstige Inkassogeschäfte, z. B. in Wechseln, Dokumenten, Zins- und Dividendenscheinen, Sparbüchern.

- *Abrechnungsverkehr*
im engeren Sinne als Abrechnungsverkehr bei den Zweiganstalten der Landeszentralbanken, im weiteren Sinne „wenn Stellen eingerichtet sind, die zum Ausgleich von Forderungen und Verpflichtungen zwischen den Mitgliedern eines abgegrenzten Teilnehmerkreises dienen, und zwar in der Weise, daß eine Vielzahl gegenseitiger Ansprüche und Verbindlichkeiten nach Summierung oder Saldierung der auf die einzelnen Mitglieder anfallenden Posten beglichen oder verrechnet wird."[64]

Erfaßt von dieser Definition des Bankgeschäftes ist damit der Abrechnungsverkehr zwischen Banken und der Abrechnungsverkehr innerhalb der Gironetze.

Nicht als Abrechnungsverkehr im Sinne eines Bankgeschäftes nach § 1 Satz 2 Ziff. 9 KWG zu verstehen sind hingegen[65] das
- Kreditkartengeschäft,
- Inkassogeschäft,
- Reisescheckgeschäft.

Sie sind jedoch Bestandteile des bargeldlosen Zahlungsverkehrs im weiteren Sinne.

In der traditionellen Betrachtungsweise sind zwei Grundarten des Zahlungsverkehrs zu unterscheiden:
- Barverkehr,
- Giroverkehr.

II. Der Barverkehr

1. Formen

Der *direkte Barverkehr* – als Bank-(Hilfs)Leistung umfaßt alle Transaktionen die für und/oder von Kunden der Bank unter Einschaltung der Kasse (als Schalter der Bank) in Noten und Münzen in Form von Einzahlungen auf Konten oder von Auszahlungen zu Lasten von Konten vorgenommen werden:

- Einzahlungen
- Auszahlungen

für eigene oder fremde Rechnung.

[64] Definition des Bundesaufsichtsamtes für das Kreditwesen, zitiert in: Szagunn, V./Wohlschieß, K.: a. a. O., S. 110f.
[65] ebenda

Der *indirekte Barverkehr* umfaßt alle Transaktionen von Kunden und Nichtkunden der Bank in Noten und Münzen zu Gunsten oder zu Lasten der Bank als Regulierung von Käufen und Verkäufen von (Bank)produkten, etwa

- Wertpapiere
  Over the counter-Handel, Einlösung von Zins- und Dividendenscheinen,
- Edelmetalle in Barren- und Münzenform,
- Reisezahlungsmittel,
- bepreiste Werbemittel (Spardosen etc.).

Einzahlungen sind (immer noch) nur in traditioneller Form am Kassenschalter möglich, jedoch in der technischen Abwicklung durch die Bank entweder off line – Buchungsmaschine – oder on line – direkter Zugriff auf das angesprochene Konto durch Kassenterminals –.

Auszahlungen können auf traditioneller Basis am Kassenschalter off/on line abgewikkelt werden oder, sofern sie zu Lasten eines Kontokorrentkontos gehen, in Form der Kundenselbstbedienung und mit Hilfe von mono- oder multifunktionalen Geldausgabeautomaten.

2. Die Automation im Barverkehr

Die Automation im Barverkehr findet vor und hinter dem (Kassen)Schalter statt.

Vor dem Schalter:	Geldausgabeautomaten,
hinter dem Schalter:	Automatische Kassentresore (AKT) und Geldbearbeitungsautomaten.

Die automatischen Kassentresore ermöglichen eine räumlich dezentrale Kassenfunktion in der Kundenbetreuung und -beratung für Einzahlungen und Auszahlungen, während die Geldbearbeitungsautomaten die Funktion der Barverkehrs-Aufbereitung erfüllen:

- Notenzählmaschinen,
- Sortier-, Zähl- und Verpackungsautomaten für Münzen.

Die Verwendungsfähigkeit der Automaten wird durch die Deutsche Bundesbank gefördert: Die Bundesbanknoten werden mit maschinell lesbaren Echtheits- und Zustandsmerkmalen ausgestattet. Die Geldausgabeautomaten sind in der Verwendungsfähigkeit durch den Kunden an den Besitz einer eurocheque-Karte mit Magnetstreifen in der Bundesrepublik gebunden.

Voraussetzung für eine institutsübergreifende Nutzung der Geldausgabeautomaten ist die „Vereinbarung für das institutsübergreifende Geldausgabe-Automaten-System", mit Geltung vom 1. Mai 1979, geschlossen zwischen:

„Bundesverband der Deutschen Volksbanken und Raiffeisenbanken e. V., Bonn, Bundesverband deutscher Banken e. V., Köln, Deutscher Sparkassen und Giroverband e. V., Bonn, Verband der Gemeinwirtschaftlichen Geschäftsbanken (VGG), Bonn sowie die Deutsche Bundespost, vertreten durch den Bundesminister für das Post- und Fernmeldewesen."

Von besonderer Bedeutung ist Abs. 4 dieser Verlautbarung:

„Die angeschlossenen Institute sind berechtigt, an ihre Kunden eurocheque-Karten mit Magnetstreifen auszugeben, die eine Benutzung der institutsübergreifenden Geldausgabeautomaten ermöglichen. Mit den Kunden, denen entsprechend ausgerüstete eurocheque-Karten zur Verfügung gestellt werden, sind die einheitlichen ‚Bedingungen für die Benutzung von ec-Geldautomaten' zu vereinbaren. Die Vertragspartner stellen durch Vereinbarungen mit den Herstellern von eurocheque-Karten sicher, daß diese eurocheque-Karte mit Magnetstreifen nur an angeschlossene Institute liefern."

In diesen Bedingungen heißt es u. a.:

„2. Der Inhaber einer eurocheque-Karte mit Magnetstreifen ist zur Benutzung jedes ec-Geldautomaten berechtigt. Die eurocheque-Karte mit Magnetstreifen ermöglicht im Rahmen des institutsübergreifenden Geldausgabeautomaten-Systems eine tägliche Auszahlung, und zwar in der Stückelung, die auf dem jeweiligen Automaten angegeben ist, bis zum Betrag von 400,– DM. Die ec-Geldautomaten können jedoch nur innerhalb der auf dem jeweiligen Gerät angegebenen Zeiten benutzt werden.

Bei der Ausgabe einer eurocheque-Karte mit Magnetstreifen wird dem Karteninhaber eine persönliche Geheimzahl bekanntgegeben, die als weiteres Berechtigungsmerkmal bei der Benutzung des ec-Geldautomaten einzugeben ist. Diese Zahl ist geheimzuhalten; sie darf insbesondere nicht auf der eurocheque-Karte vermerkt und Dritten nicht mitgeteilt werden, denn jede Person, die im Besitz der eurocheque-Karte mit Magnetstreifen ist und die persönliche Geheimzahl kennt, kann über ec-Geldautomaten Bargeldauszahlungen zu Lasten des Kontos erlangen, für das die eurocheque-Karte ausgegeben wurde."

„6. Der Kontoinhaber trägt, vorbehaltlich der in Nummer 7 getroffenen Bestimmungen gegenüber dem kontoführenden Kreditinstitut sowie gegenüber allen sonstigen Kreditinstituten und der Deutschen Bundespost, die einen ec-Geldautomaten betreiben, alle Schäden, die durch eine unsachgemäße oder mißbräuchliche Verwendung oder durch Verfälschung einer auf sein Konto ausgegebenen eurocheque-Karte mit Magnetstreifen entstehen. Das gleiche gilt für Schäden, die durch eine mißbräuchliche Verwendung der persönlichen Geheimzahl entstehen. Die Kreditinstitute bzw. die Deutsche Bundespost haften im Rahmen des von ihnen zu vertretenden Verschuldens nur in dem Maße, als sie im Verhältnis zu anderen Ursachen an der Entstehung des Schadens mitgewirkt haben.

7. Bei einem Verlust der eurocheque-Karte mit Magnetstreifen ist das ausgebende Kreditinstitut unverzüglich zu benachrichtigen. Das gleiche gilt, wenn ein Unbefugter Kenntnis von der persönlichen Geheimzahl erlangt hat oder zumindest der begründete Verdacht einer derartigen Kenntnisnahme besteht. Soweit Schäden durch die Benutzung von ec-Geldausgabeautomaten nach einer derartigen Benachrichtigung des ausgebenden Kreditinstituts eingetreten sind, haftet der Kontoinhaber für eine mißbräuchliche Verwendung der eurocheque-Karte im Sinne der Nummer 6 nur bis zu einem Betrag von 600,– DM."

Aus dem Geschäftsbericht 1985 der GZS ist zu entnehmen, daß Ende 1985 2490 institutsübergreifende Automaten eingesetzt waren, davon

61,6 % im Sparkassen-Sektor,
21,9 % im Genossenschaftsbanken-Sektor,
15,9 % im Privatbanken-Sektor,
0,6 % im Sektor der Deutschen Bundespost.

Die Dichte in der Europäischen Gemeinschaft ermittelte in einer Analyse Jeremy Mitchell vom britischen nationalen Verbraucherrat in Verbindung mit der Battelle Bank Research Unit London (gem. einer VWD-Meldung vom 12. 11. 1986, Tabelle 5):

Tabelle 5: Anzahl und Verteilung von Geldautomaten in der EG

	Zahl	je Millionen Einwohner
EG-Länder		
Belgien	663	67
Dänemark	253	49
Frankreich	7172	132
Deutschland	2000	32
Griechenland	28	3
Irland	178	51
Italien	1798	32
Luxemburg	23	62
Niederlande	24	2
Portugal		
Spanien	2772	73
Großbritannien	6886	122
EG	**21797**	**68**

Um die Sicherheit des Systems ist eine heftige Diskussion entbrannt, nachdem zahlreiche Mißbrauchs- und Betrugsfälle bekanntgeworden sind. Die Verbraucherzentralen raten den Bankkunden, die eurocheque-Karte mit Magnetstreifen gegen solche ohne Magnetstreifen zu tauschen und mithin auf die Benutzung des Bargeld-Automaten zu verzichten.[66] Die Sparkassen treten für eine Risikobegrenzung für den Kunden analog der Kreditkarte von 100,– DM ein.[67]

66 „Die Sicherheit der Geldausgabe-Automaten kann verbessert werden", in: FAZ 13. 12. 1986
67 „Sparkassen für Haftungsbeschränkung", in: FAZ 30. 1. 1987

Die Einführung der Chipkarte, die der Magnetstreifenkarte an Sicherheit deutlich überlegen ist, soll Anfang der 90er Jahre erfolgen.[68]

Exkurs 5
Plasticisation im Barverkehr: eurocheque-, Kreditkarten- und POS-Banking-Systeme

Eurocheque-System

In dem Geschäftsbericht 1985 schreibt die GZS Gesellschaft für Zahlungssysteme mbH (S. 6): „Der eurocheque ist heute das größte Zahlungssystem Europas. Er ist gleichsam eine „europäische Banknote' und verschafft dem privaten Kunden ein gutes Stück an zusätzlicher Entscheidungs- und Dispositionsfreiheit. 9000 Banken und Sparkassen aus 19 europäischen Ländern haben rund 29 Millionen einheitliche eurocheque-Karten ausgegeben. Die Kunden können damit in 5 Millionen Einzelhandelsgeschäften, Hotels und Dienstleistungsbetrieben bezahlen und zusätzlich bei rund 200 000 Geschäftsstellen von Banken und Sparkassen in 39 Ländern Bargeld beziehen. Darüber hinaus geben Bankengruppen in Frankreich und Italien 6 Millionen national einheitliche Karten aus, die im Rahmen des eurocheque-Systems zur Bargeldbeschaffung bei den 200 000 auszahlenden Geschäftsstellen der Kreditinstitute genutzt werden können."

2 Schaubilder (Tabelle 6 und Abbildung 10) zur Illustration:

Tabelle 6: Anzahl der ausgegebenen eurocheque-Karten in Europa (31. 12. 1985)

Andorra	5 931
Belgien	2 700 344
Bundesrepublik Deutschland	19 000 000
Frankreich und Monaco	305 000
Großbritannien	850 037
Irland	63 922
Jugoslawien	12 139
Luxemburg	106 700
Niederlande	2 536 905
Österreich	1 880 000
Portugal	70 000
Schweiz und Liechtenstein	1 037 199
Skandinavien (Dänemark, Finnland, Norwegen, Schweden)	210 730
Spanien	12 000
Gesamt	**28 790 907**

[68] „Kreditgewerbe vor Änderung der Kartenstrategie", in: Börsenzeitung 4. 2. 1987

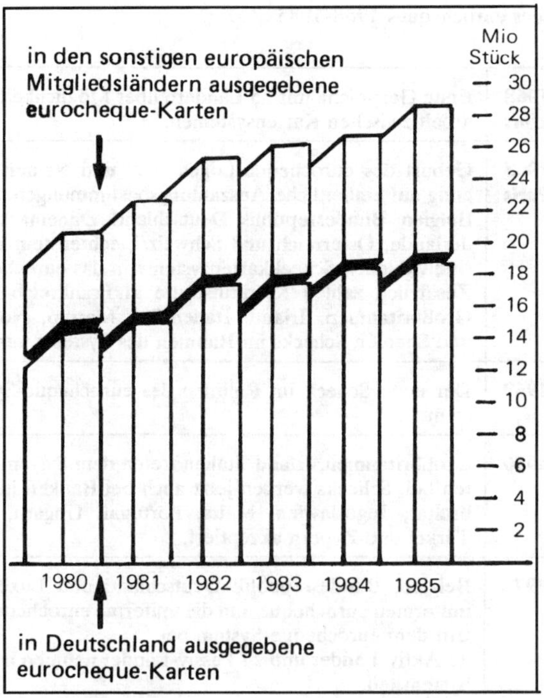

Abbildung 10: Vergleich der ausgegebenen eurocheque-Karten Bundesrepublik – übriges Europa

Die „historische" Entwicklung zeichnet eine Veröffentlichung der eurocheque International „15 Jahre eurocheque" (1983) nach (Tabelle 7).

Die internationale Verrechnung von eurocheques, die von deutschen Benutzern im Ausland in der jeweiligen Landeswährung oder von ausländischen Besuchern in Deutschland in DM ausgestellt werden, übernimmt die im Jahr 1982 gegründete GZS, deren Gesellschafter zu je 40 % private Banken und Sparkassen und zu 20 % die Genossenschaftsbanken sind.

Trotz dieses „Siegeszuges" scheint der Erfolgszenit des eurocheque überschritten. Nach einer im Auftrag von MasterCard erstellten Studie[69] geht die Entwicklung in Richtung einer Multifunktionskarte, was die Abwendung vom Papier und die Hinwendung zum Plastic bedeutet, der Übergang zum elektronischen Geld oder zum „Computergeld".[70]

Die Kreditkarten sind als Instrumente des Zahlungsverkehrs insoweit Surrogate des Bargeldverkehrs, nicht Instrumente des unbaren Zahlungsverkehrs.

[69] Lafferty Business Research: Bankers Payments, London 1986
[70] vgl. Köhler, C.: Geldwirtschaft, a. a. O., S. 50

Tabelle 7: Geschichte des eurocheques 1968-1985

10. Mai 1968 Frankfurt	Erste Gespräche mit 15 Ländern über Möglichkeiten der Zusammenarbeit zwischen Kartensystemen.
17./18. Oktober 1968 Paris	Geburt des eurocheque-Logos „ec" und Namen eurocheque; Einigung auf einheitliche Auszahlungsbestimmungen. Belgien, Bundesrepublik Deutschland, Dänemark, Luxemburg, Niederlande, Österreich und Schweiz/Liechtenstein bringen ihre länderindividuellen Scheckkartensysteme in das eurocheque-System ein. Zusätzlich zahlen Kreditinstitute in Frankreich/Monaco, Finnland, Großbritannien, Irland, Italien/San Marino, Norwegen, Schweden und Spanien Schecks im Rahmen des Systems aus.
1. Mai 1969	Der erste Scheck im Rahmen des eurocheque-Systems wird ausgestellt.
1970	Großbritannien, Irland, Italien treten dem System als Kartenemittenten bei. Schecks werden jetzt auch bei Banken in Griechenland, Gibraltar, Jugoslawien, Malta, Portugal, Ungarn, Tschechoslowakei, Türkei und Zypern akzeptiert.
1972	Belgien, Bundesrepublik Deutschland und Luxemburg führen den uniformen eurocheque und die uniforme eurocheque-Karte ein. Island tritt dem eurocheque-System bei. 12 Aktiv-Länder und 21 Passiv-Länder nehmen jetzt am eurocheque-System teil.
1973	Die Niederlande werden uniformes eurocheque-Land; Israel löst eurocheques ein.
1974	Spanien wird uniformes eurocheque-Land; Polen, Libanon und die UdSSR werden einlösende Mitglieder des eurocheque-Systems.
1975	Dänemark und Finnland werden uniforme eurocheque-Länder; Ägypten löst eurocheques ein. 39 Aktiv- und Passivländer in Europa, Nordafrika und im Nahen Osten nehmen am eurocheque-System teil.
1976	Frankreich wird neuer Emittent der einheitlichen eurocheque-Medien. Die französischen eurocheque-Karten sind von Anfang an auch in Geldautomaten verwendbar. Albanien wird einlösendes Mitglied des eurocheque-Systems. 10 Millionen einheitliche eurocheque-Karten und 21,6 Millionen zusätzliche Karten zur Bargeldbeschaffung sind im eurocheque-System verwendbar.
1977	Andorra gibt den einheitlichen eurocheque und die einheitliche eurocheque-Karte aus.
1978	eurocheque-Kongreß für alle Aktiv- und Passivländer in München. Die Schweiz wird uniformes eurocheque-Land.
1979	Erste Ansätze zur vereinfachten eurocheque-Verrechnung.
1980	20 Millionen einheitliche eurocheque-Karten sind im Umlauf.

1981	Das Package-Deal Agreement tritt in Kraft. Einzelhändler in allen Aktiv-Ländern sowie ausgewählten Reiseländern akzeptieren eurocheques. Eine übersichtlichere Gebührenregelung und ein vereinfachtes internationales Verrechnungsverfahren wird eingeführt. Die im „eurocheque-System geltenden Richtlinien“ und das „Statut der eurocheque-Gemeinschaft“ werden verabschiedet. Jugoslawien, Österreich und Norwegen beginnen mit der Ausgabe des einheitlichen eurocheque und der einheitlichen eurocheque-Karte.
1982	25 Millionen einheitliche eurocheque-Karten und 20 Millionen zusätzliche Karten zur Bargeldbeschaffung wurden von 20 europäischen Ländern ausgegeben.
1983	eurocheque-Kongreß für alle Aktiv- und Passivländer in Lissabon. Großbritannien, Portugal und Schweden beginnen mit der Ausgabe der einheitlichen eurocheque-Medien. Irland beschließt die Ausgabe des einheitlichen eurocheque ab 1984. Einheitliche Standards für die grenzüberschreitende Geldautomaten-Benutzung werden beschlossen.

Kreditkartensysteme

Auf dem deutschen Kreditkartenmarkt konkurrieren vier internationale Karten:

- Eurocard
- Amexco
- Diners Club
- Visa

mit folgenden Marktanteilen (Tabelle 8):[71]

Tabelle 8: Marktanteile von vier internationalen Kreditkarten

	Karteninhaber			**Vertragsunternehmen**			**Länder**
	Deutschland	Europa	weltweit	Deutschland	Europa	weltweit	
Eurocard	472 Tsd	11 Mio	115 Mio	61 Tsd	950 Tsd	5,0 Mio	165
Amexco	470 Tsd	4 Mio	22 Mio	55 Tsd	450 Tsd	1,5 Mio	150
Diners Club	250 Tsd	3 Mio	7 Mio	50 Tsd	250 Tsd	0,8 Mio	156
Visa	130 Tsd	17 Mio	130 Mio	32 Tsd	900 Tsd	4,5 Mio	160

1986 wurde der Eurocard- und der ec-Scheck-Service auch in der DDR aufgenommen mit etwa 350 Vertragsunternehmen.

Emissionsinstitut für die Eurocard ist die GZS, sie ist eine Kreditkarte im internationalen Verbund mit MasterCard/Access. Eine Zusammenarbeit zwischen Eurocard und Visa auf dem deutschen Markt („Duality-Konzept“) erscheint möglich.[72]

[71] Stand Oktober 1986, Quelle: Presseveröffentlichungen und Werbematerial der Gesellschaften, Eurocard – Deutschland Jahresende 1986

[72] „Kreditgewerbe vor Änderung der Kartenstrategie“, Börsenzeitung 4. 2. 1987

POS-Banking-System

Im Gegensatz zu Frankreich, wo die Plastic-Karte mit integriertem Chip („Chip-Karte“[73]) realisiert ist – Kartenumlauf knapp 10 Mio Stück –, befindet sich in der Bundesrepublik Deutschland das POS-Banking-System noch in der Versuchsphase: Pilotprojekte bestehen in Berlin und München.[74]

Das Berliner Projekt, initiiert von der Berliner Bank 1984, läuft wie folgt ab:[74]

- Der Kassierer ermittelt den Rechnungsbetrag,
- der Kunde führt seine ec-Karte in den Magnetstreifenleser ein,
- der Kunde tippt die Geheimzahl ein,
- der Kassierer erhält eine Rückmeldung von der Autorisierungszentrale, daß der Betrag ordnungsgemäß dem Kunden belastet wird,
- Bonausgabe.

Die gesamte weitere Verrechnung erfolgt über die bestehenden Clearing-Wege beleglos.

Das Problem einer weiteren Einführung ist nicht die technische Realisierungsfähigkeit, die gegeben ist, auch nicht die Kundenakzeptanz, die unterstellt werden kann, sondern die Kostenregelung.

So legt die Rahmenvereinbarung zwischen GZS und Handel in den Pilotprojekten fest: „Die Kosten der Anschaffung und des Betriebes von ec-Kassen sowie die Leitungskosten von der ec-Kasse zur Autorisierungszentrale bzw. zum Konzentrator trägt das Unternehmen. Die Gebühren für die Autorisierung und für das Clearing der Umsätze in Höhe von 0,07 DM pro Kassenvorgang und 0,2 % des Kassenumsatzes an der ec-Kasse werden dem Unternehmen vierteljährlich in Rechnung gestellt.“

Gegen diese Regelung wendet sich der Handel, insbesondere gegen die GZS-Gebühren und die Höhe der Kommunikationskosten. Die Diskussion ist streitig.[75] Gerke/Oehler kommen in einer breit angelegten Untersuchung zu dem Ergebnis, daß die Kostentragung abhängig ist von der unterstellten POS-Banking-Kassezeit und dem Abwicklungsgrad im POS-System sowie dem Scheckanteil. Sie halten eine je hälftige Kostentragung zwischen Handel und Banken für angemessen. Solange die Pilotprojekte nicht abgeschlossen und völlig ausgewertet sind, ist eine eindeutige Aussage über Kosten und Kostenausgleich zwischen den Beteiligten nicht möglich.

Ende 1985 waren in der Europäischen Gemeinschaft insgesamt 71 860 POS-Terminals installiert. In einer VWD-Meldung vom 12. 11. 1986 heißt es:

[73] vgl. Förster, G.: Die Chipkarte als Bargeld der Zukunft, Ffm 1985

[74] Bekanntmachung Nr. 98/84 über die Anmeldung eines Point-of-Sale-Pilot-Projektes Berliner und Münchener Kreditinstitute (bargeldlose ec-Kassen-Systeme) vom 12. 11. 1984, Bundesanzeiger, Nr. 217/1984

[75] vgl. dazu Gerke, W./Oehler, A.: Quantifizierbare Wirkungen von Point-of-Sale-Systemen in der Kreditwirtschaft, in: bank und markt 10/86, S. 7 ff. dies.: Die Kosten eines POS-Banking-Systems für Einzelhandel und Kreditwirtschaft und ihre Verteilung, in: bank und markt 11/86, S. 14 ff.

„Auf dem EG-Symposium über Europa und die Zukunft der Finanzdienstleistungen in Brüssel hat Jeremy Mitchell vom britischen nationalen Verbraucherrat folgende von ihm in Verbindung mit der Battelle Bank Research Unit London erstellte Übersicht über Zahl und Dichte der Geldautomaten (ATM) und der elektronischen Zahlterminals in Verkaufspunkten (EFTPOS) in der EG im Jahre 1985 vorgestellt" (Tabelle 9):

Tabelle 9: Elektronische Zahlterminals in Verkaufspunkten (EFT-POS) in der EG

	Zahl	je Millionen Einwohner
EG-Länder		
Belgien	5 000	505
Dänemark	900	174
Frankreich	65 000	1196
Deutschland	20	—
Griechenland	—	—
Irland	—	—
Italien	60	1
Luxemburg	—	—
Niederlande	80	7
Portugal	—	—
Spanien	200	5
Großbritannien	600	11
EG	**71 860**	**225**

III. Der bargeldlose Zahlungsverkehr

Die Durchführung des bargeldlosen Zahlungsverkehrs als Bankgeschäft muß unter zwei Gesichtspunkten erfolgen.[76]

- der *technisch-organisatorische* Aspekt
  = Erledigung der Zahlungsverfügungen der Transaktionskassen-Inhaber durch die Zahlungsverkehrs-Vermittler,
- der *geschäftspolitisch-strategische* Aspekt
  = Zahlungsverkehrsabwicklung als Dienstleistungsgeschäft und Instrument des Wettbewerbs.

1. Die technisch-organisatorische Abwicklung

Der bargeldlose Zahlungsverkehr wird mit Hilfe dreier Instrumente durchgeführt und unterscheidet daher drei Sektoren

[76] vgl. Deppe, H.-D.: Betriebswirtschaftliche Grundlagen der Geldwirtschaft, Band 1: Einführung und Zahlungsverkehr, Stuttgart 1973, S. 361

– Überweisungsverkehr,
– Scheckverkehr,
– Lastschriftverkehr.

Die Intermediäre im bargeldlosen Zahlungsverkehr sind:

– die Deutsche Bundesbank,
– die Kreditinstitute,
– die Deutsche Bundespost.

Die Abwicklung erfolgt über die Zahlungsverkehrsnetze = Gironetze:

1) der Deutschen Bundesbank,
2) das Spargironetz der Sparkassenorganisation,
3) den Deutschen Genossenschaftsring, das Gironetz der Genossenschaftsbanken,
4) das Gironetz der drei Großbanken
   – Deutsche Bank AG,
   – Dresdner Bank AG,
   – Commerzbank AG,
5) das Postgironetz der Postgiroämter der Deutschen Bundespost.

Diese Gironetze sind untereinander verbunden.

a) Abwicklungsformen

Grundsätzlich sind die beleggebundene und die beleglose Abwicklung zu unterscheiden.

Die beleggebundene Abwicklung tritt in zwei Formen auf:

– konventionelle Abwicklung
  Belegbearbeitung erfolgt manuell oder maschinell-mechanisch,
– automatische Abwicklung
  Belegbearbeitung erfolgt maschinell-optisch.

Die beleglose Abwicklung ist die bislang rationellste Entwicklungsstufe der automatischen Abwicklung und unterscheidet zwei Formen:

– belegloser Datenträgeraustausch (DTA),
– Datenfernverarbeitung im on-line-Betrieb.

Die technisch-rechtlichen Voraussetzungen für die Automatisierung des Zahlungsverkehrs sind:

1) Richtlinien für einheitliche Zahlungsverkehrsvordrucke – Vereinbarung der Spitzenverbände des Kreditgewerbes – vom Juli 1970, letzte Fassung Dezember 1978,

2) Richtlinien für neutrale Zahlungsverkehrsvordrucke vom Mai 1973 (Bundesanzeiger Nr. 1 vom 3. 1. 1979),
3) Vereinbarung über Richtlinien für eine einheitliche Codierung von zwischenbetrieblich weiterzuleitenden Zahlungsverkehrsbelegen (Codierrichtlinien) vom April 1976,
4) Vereinbarung über Richtlinien für den beleglosen Datenträgeraustausch (Magnetband-Clearing-Verfahren) vom 2. 1. 1976,
5) Abkommen über den zwischenbetrieblichen belegbegleitenden Datenträgeraustausch vom 1. April 1983 (Magnetband-Clearing-Verfahren),
6) Bedingungen für die Beteiligung von Kunden am automatisierten Zahlungsverkehr durch beleglosen Datenträgeraustausch (Magnetband-Clearing-Verfahren) – Fassung April 1983,
7) Bedingungen für die Beteiligung von Kunden am automatisierten Zahlungsverkehr durch beleglosen Datenträgeraustausch mittels Disketten (Disketten-Clearing-Verfahren) – Fassung April 1983 –,
8) besondere Bedingungen der Deutschen Bundesbank für den beleglosen Datenträgeraustausch (Deutsche Bundesbank, Vordruck 4006, 02. 81 – 654321),
9) Anwendung des Einheitsdatensatzes im Postscheckdienst (Schreiben des Bundespostministeriums vom 23. 2. 1976): Ergänzende Regelungen für den Datenträgeraustausch zwischen Postscheckämtern und Kreditinstituten im Magnetband-Clearing-Verfahren,
10) Empfehlung über die Verwendung eines einheitlichen Sicherungsstempels im zwischenbetrieblichen Überweisungsverkehr (Juni 1970),
11) Abkommen über ein System einheitlicher Bankleitzahlen vom 1. Oktober 1970,
12) Abkommen der Spitzenverbände des Kreditwesens, der Bundespost und der Bundesbank über die Umwandlung beleghaft erteilter Überweisungsaufträge in Datensätzen und deren Bearbeitung (EZÜ-Abkommen),[77] (1985, Anwendung ab 1986), EZÜ = *E*lektronischer *Z*ahlungsverkehr für Individual*ü*berweisungen,
13) Abkommen der Spitzenverbände des Kreditwesens, der Bundespost und der Bundesbank über das beleglose Scheckeinzugsverfahren (BSE-Abkommen),[77] (1985, Anwendung ab Juli 1985) – Scheck-Truncation, im ec-Bereich seit 1974 international angewendet –.

Aus den angeführten Richtlinien und Abkommen ist für die technisch-organisatorische Abwicklung des Zahlungsverkehrs von besonderer Bedeutung: Die Gestaltung der Zahlungsverkehrsvordrucke ist einheitlich, sowohl in den Formaten (Maßblattvorgaben) als auch in den Vordruckköpfen – neutrale Überweisungen, neutrale Schecks und neutrale Lastschriften (4, 5 und 7 Schreibzeilen) –. Die Codierzeile ist einheitlich vorgegeben und muß mit der maschinell-optisch lesbaren Schrift OCR-A 1 beschriftet werden.

[77] teilweise abgedruckt in: Stand und weitere Entwicklung der Automation des unbaren Zahlungsverkehrs bei der Deutschen Bundesbank; Monatsberichte der Deutschen Bundesbank 37. Jg. Nr. 8, August 1985, S. 47 ff.

Für die automatisierte Durchführung des Zahlungsverkehrs wurde als wesentliche Voraussetzung das *Bankleitzahlen-System* geschaffen, vgl. Abbildung 11.

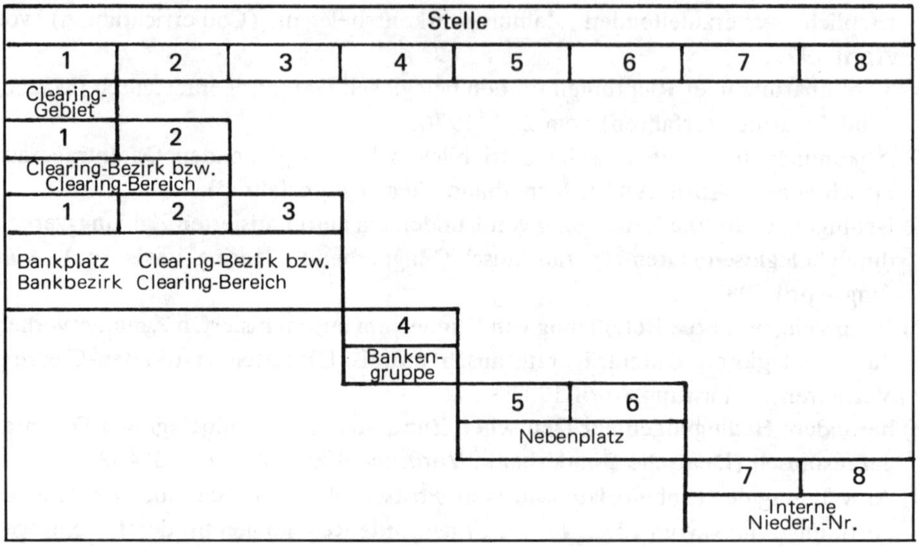

Abbildung 11: Aufbau des Bankleitzahlen-Systems

So bedeutet zum Beispiel: 500 800 00

5 = Hessen, Rheinland-Pfalz, Saarland

50 = Hessen

500 = Frankfurt

8 = Dresdner Bank

800 = Frankfurt

800 00 = Frankfurt, Hauptstelle.

Die Banken erleichtern und rationalisieren den Zahlungsverkehr ihrer Kunden im Rahmen des beleglosen Datenträgeraustausches durch:

1) belegbegleitendes Magnetband/Diskette für Unternehmen, die noch beleghaft verarbeiten
   - Überweisungen, Verrechnungsschecks,
2) Teilnahme am Magnet-Clearing-Verfahren
   - Magnetbänder
   - Disketten
   - Kassetten

   für Überweisungs- und Lastschriftenverkehr,
3) Austausch von Datenträgern an die Kunden im Magnet-Clearing-Verfahren für die maschinell-automatische Endbearbeitung in der Buchhaltung der Kunden,
4) Ausgabe von Datenträgern aus der maschinellen Belegbearbeitung an die Kunden (belegbegleitende Magnetbänder/Disketten),

5) Ausführung von Zahlungs- und Inkassoaufträgen im variablen Dauerauftragsverfahren als Alternative zum Magnetband-Clearing-Verfahren: Speicherung der Stammdaten im Rechenzentrum der Bank mit aktualisierten Rechnungsbeträgen vor Ausführung.

Als besondere Serviceleistung im Eigeninteresse einer ordnungsgemäßen Abwicklung im Zahlungsverkehrsnetz stellen die Banken den Kunden Datenträger oder Nachweislisten geänderter Bankleitzahlen zur Verfügung.

Der bisher jüngste Schritt sind die EZÜ- und BSE-Abkommen, die in den Bereich des elektronischen Zahlungsverkehrs gehören. Die wichtigsten Bestimmungen des EZÜ-Abkommens:

„Nummer 1

1) Im EZÜ (Umwandlung beleghaft erteilter Überweisungsaufträge in Datensätzen) werden Überweisungen, die in Belegform eingereicht werden, auf EDV-Medien erfaßt und im Verrechnungsverkehr zwischen Kreditinstituten beleglos abgewickelt.
2) Für diese Verfahren kommen nicht in Betracht:
   - Überweisungen mit im Mehrzweckfeld der Codierzeile oder in einer Lesezone des Mittelfeldes vorcodierten Verwendungszweckdaten.
   - Lotterie-Überweisungs-/Zahlscheinbelege, die als Lose dienen.
3) In dieses Verfahren sollen nicht übernommen werden:
   - Aufträge mit mehr als 27stelligen Angaben zum Überweisungsempfänger und/ oder Auftraggeber.
   - Aufträge mit mehr als 54stelligen Angaben zum Verwendungszweck.
4) Bei der Weiterleitung und Bearbeitung der Aufträge gelten für die beteiligten Institute die für das jeweilige Verfahren (Datenträgeraustausch oder Datenfernübertragung) gültigen Richtlinien, soweit im folgenden nichts Abweichendes bestimmt ist.

Nummer 2

1) Für den EZÜ sind folgende Daten zu erfassen:
   - Bankleitzahl des endbegünstigten Kreditinstituts
   - Kontonummer des Überweisungsempfängers
   - Name des Überweisungsempfängers, wobei der Zuname oder Firmenname am Anfang stehen soll
   - Betrag
   - Verwendungszweck, soweit vom Auftraggeber angegeben
   - Kontonummer des Auftraggebers (bei Zahlscheinen internes Konto der erstbeauftragten Stelle)
   - Name des Auftraggebers
   - Bankleitzahl des erstbeauftragten Kreditinstituts
   - Textschlüssel . . .

2) Das erstbeteiligte (in den EZÜ überführende) Kreditinstitut hat die richtige Erfassung der unter Nummer 2 Abs. 1 aufgeführten Daten durch geeignete Kontrollen sicherzustellen und die erfaßten Daten durch eine maximal 11stellige Referenznummer zu ergänzen. Der Aufbau der Referenznummer ist freigestellt. Das erstbeteiligte Kreditinstitut hat zusätzlich seine Bankleitzahl in Feld C 3 des Datensatzes einzustellen, sofern es nicht selbst erstbeauftragtes Kreditinstitut ist."

Die wichtigsten Bestimmungen des BSE-Abkommens:

„Abschnitt I

Nummer 1

1) Gegenstand dieses Abkommens sind in DM ausgestellte Inhaber- und Orderschecks sowie Zahlungsanweisungen zur Verrechnung (Textschlüssel 01, 02, 11, 12), die auf Kreditinstitute im Inland gezogen und auf Beträge bis einschließlich 1000 DM ausgestellt sind (nachfolgend „Schecks" genannt) und deren Daten (Scheck-Nr., Konto-Nr., Betrag, Bankleitzahl und Textschlüssel) von dem in das beleglose Scheckeinzugsverfahren überleitenden Kreditinstitut auf EDV-Medien erfaßt worden sind. Das überleitende Kreditinstitut ist berechtigt, die Datenerfassung anhand der codierten Daten in der Codierzeile der Schecks und der Summenbelege vorzunehmen. Es ist sowohl für die vollständige und unveränderte Erfassung der Scheckdaten als auch für die Lagerung der Schecks verantwortlich.

3) Das überleitende Kreditinstitut ist ermächtigt, die Scheckgegenwerte von den bezogenen Kreditinstituten beleglos einzuziehen.

Nummer 2

Die Institute verpflichten sich, die mit dem beleglosen Scheckeinzugsverfahren verbundenen Aufträge im Einzugs-, Anforderungs- und Rückrechnungsverfahren unverzüglich auszuführen.

Nummer 3

1) Die erste Inkassostelle prüft die nach Nummer 1 Abs. 1 in das beleglose Scheckeinzugsverfahren einbeziehbaren Papiere auf ihre formelle Ordnungsmäßigkeit im Sinne von Art. 1 und 2 SchG. Als formell ordnungsgemäß gelten auch kartengarantierte Schecks, auf denen Ausstellungsort und/oder -datum fehlen, sowie Abschnitte mit faksimilierten Ausstellerunterschriften."

„Abschnitt II

Nummer 1

Für die zwischenbetriebliche Weiterleitung sind die Daten in Satz- und Dateiaufbau nach den Spezifikationen der ‚Richtlinien für den beleglosen Datenträgeraustausch' zu formatieren. Zahlungsvorgänge aus dem beleglosen Scheckeinzug können mit beleglosen Lastschriften in einer logischen Datei zusammengefaßt werden."

„Nummer 3
Das überleitende Kreditinstitut verwahrt die Originalschecks oder davon erstellte Mikrokopien der Vorder- und Rückseite entsprechend den handels- und steuerrechtlichen Vorschriften. Die Originalschecks sind auch dann für einen Zeitraum von mindestens zwei Monaten aufzubewahren, wenn Mikrokopien erstellt wurden."

Schematisch laufen die beiden Verfahren wie folgt ab (Abbildung 12):[78]

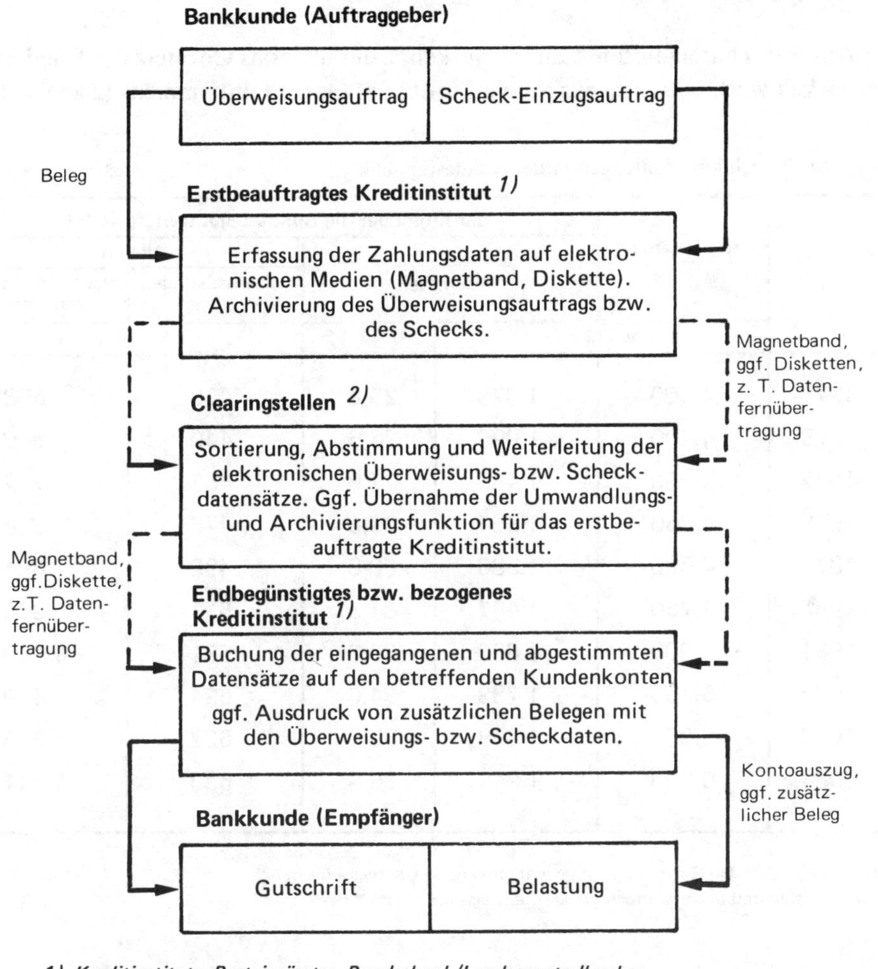

1) Kreditinstitute, Postgiroämter, Bundesbank/Landeszentralbanken

2) Zentralinstitute des Sparkassen- und Genossenschaftssektors, Kopffilialen der übrigen Geschäftsbanken, Postgiroämter, Rechenzentren der Bundesbank/Landeszentralbanken

Abbildung 12: Überleitung der beleghaften Zahlungsaufträge in den beleglosen Zahlungsverkehr

[78] Stand und Entwicklung der Automation, a. a. O., S. 49

Die Bundesbank, die ihre wichtige ordnungspolitische Aufgabe in der Bereitstellung eines wettbewerbsneutralen Gironetzes als Bindeglied zwischen den im Zahlungsverkehr tätigen Intermediären sieht, nimmt an beiden Verfahren nicht nur passiv – Öffnung des Gironetzes für die Zahlungen –, sondern auch aktiv teil: die Rechenzentren der Bundesbank wandeln seit Anfang 1986 eingereichte Schecks bis zum Betrag von 1000,– DM in BSE-Zahlungsvorgänge um und ziehen sie im beleglosen Datenträgeraustausch ein. Die Bundesbank ist bereit, die Umwandlungs- und Archivierungsfunktion für diese Schecks zu übernehmen; sie erhebt dafür eine Gebühr von z. Zt. 2 Pfennige pro Scheck.[79]

Der Anteil des bargeldlosen Zahlungsverkehrs, der über das Gironetz der Bundesbank abgewickelt wird, beträgt mehr als ein Drittel des Gesamtaufkommens (Tabelle 10).[80]

Tabelle 10: Bargeldlose Zahlungen in der Bundesrepublik

Jahr	insgesamt	darunter über die Bundesbank weitergeleitet			
		zusammen		davon: Überweisungen	davon: Schecks u. Lastschriften
	Mio Stück 1)	Mio Stück 1)	Anteil in %	Mio Stück	Mio Stück
1975	4.000	1.023	25,6	420	603
1976	4.100	1.090	26,6	440	650
1977	4.250	1.185	27,9	453	732
1978	4.350	1.304	30,0	476	828
1979	4.500	1.386	30,8	492	894
1980	4.750	1.487	31,3	511	976
1981	5.000	1.650	33,0	531	1.119
1982	5.150	1.783	34,6	594	1.189
1983	5.300	1.868	35,2	622	1.246
1984	5.500	1.949	35,4	638	1.311

1) Belastungen auf den Girokonten von Nichtbanken aus Überweisungen, Lastschriften und Scheckverrechnungen (teilweise geschätzt)

[79] ebenda, S. 44/49
[80] ebenda, S. 48

b) Risiken in der technisch-organisatorischen Abwicklung

Die Automatisierung und letzthin die Elektronisierung des bargeldlosen Zahlungsverkehrs haben spezifische Risiken entstehen lassen und Maßnahmen der Risikobegrenzung hervorgerufen. Dies gilt für folgende Tatbestände:

- Risiken aus der Verkürzung der Laufzeit von Überweisungen,
- Risiken aus dem Verlust scheckrechtlicher Regreßansprüche bei Anwendung des BSE-Verfahrens,
- Risiken aus der Bonität von Teilnehmern im Lastschriftenverkehr (Einreicher-Risiko),
- Risiken aus der Verwendung neutraler Vordrucke durch Kunden und von Falschcodierungen.

Mit der beginnenden Automation, bereits 1970, waren Überlegungen für Sicherungsmaßnahmen gegen Manipulationen im Überweisungsverkehr angestellt worden, die zum Institut des Sicherungskontrollstempels geführt haben, den es in zwei Versionen bei identischer Größe (15 × 33 mm) gibt:

Stempel-Version A:
- Bankleitzahl der erstbearbeitenden Bank,
- Tages-(Bearbeitungs)Datum.

Stempel-Version B:
- zusätzlich mit Kurzbezeichnung der erstbearbeitenden Bank.

Dieser Stempel ermöglicht dem Empfänger, die Laufzeit festzustellen. Von einem bestimmten Betrag an müssen die Banken das Vorhandensein des Sicherungskontrollstempel-Abdrucks überprüfen.

aa) Risiken aus Laufzeitenverkürzung

Die Gutschrift einer Überweisung auf dem Konto des Empfängers führt unmittelbar zur Entstehung des Zahlungsanspruches des Überweisungsbegünstigten gegen die Empfängerbank und mithin zur Schuldtilgung. Der Schuldner verliert die Widerspruchsmöglichkeit mit der Erteilung des Überweisungsauftrages.[81] Daraus ergeben sich Konsequenzen sowohl für den automatisierten, belegbegleitenden Überweisungsverkehr, wie auch für das Magnetband-Clearing-Verfahren.

Im Falle des belegbegleitenden Überweisungsverkehrs führt die nach der Nachkontrolle erfolgende Versendung des Kontoauszuges zur Entstehung des unwiderruflichen Zahlungsanspruches des Begünstigten gegen die Empfängerbank.[82]

[81] BuB, a. a. O., 6/12
[82] ebenda, 6/17

Im Falle des Magnetband-Clearing-Verfahrens entfällt die Möglichkeit der Nachkontrolle, hier entsteht der Zahlungsanspruch bereits mit Eingabe des Magnetbandes/der Diskette/der Kassette in die Datenverarbeitungsanlage.[83]

Insoweit müssen drei Sicherungsbereiche gegen Risiken aus Manipulationen abgedeckt werden:

- Sicherungsmaßnahmen zwischen den Teilnehmern am Magnetband-Clearing-Verfahren: Sicherungsabkommen der Verbände des Kreditgewerbes, der Bundespost und der Bundesbank,
- Sicherungsmaßnahmen zwischen der einzelnen Bank und ihren Kunden, die am Magnetband-Clearing-Verfahren teilnehmen,
- interne Sicherungsmaßnahmen der jeweils einzelnen Bank.

In allen Abkommen zum belegbegleitenden oder beleglosen Zahlungsverkehr sind die Haftungsfragen daher umfassend geregelt. So stellt Ziffer 5.1 der Codierrichtlinien fest, daß alle an dem Abkommen beteiligten Kreditinstitute für etwaige Schäden und Nachteile haften, die dadurch eintreten, daß die von ihnen vorgenommenen Codierungen fehlerhaft sind.

In der Richtlinie zum Magnet-Clearing-Verfahren ist unter Ziffer III. 1 festgelegt, daß die Kreditinstitute untereinander für alle Schäden und Nachteile haften, die dadurch entstehen, daß die von ihnen oder ihren Kunden angegebenen Daten unrichtig oder unvollständig sind. Sie haften ferner dafür, daß die Daten nach Verarbeitung eines Magnetbandes vollständig und unverändert weitergegeben werden.

Ein instruktiver Fall sind die Sicherungsvorkehrungen gegen den Ausfall eines Abrechnungsteilnehmers in der Abrechnung in Frankfurt.[84]

„– Die Bundesbank ist berechtigt, zu jeder Zeit Kreditinstitute aus der Abrechnung herauszunehmen (fristlose Kündigung des Abrechnungsverhältnisses; erforderlich ist Schriftform).
– Zahlungen, die während des Abrechnungszeitraums ausgeliefert werden, gelten bis zum Ausgleich der Abrechnung als unverbindlich. Die Abrechnungsteilnehmer sind bis zum Ausgleich der Abrechnung nur Verwahrer der Belege, Magnetbänder oder anderer Datenträger.
– Nach dem Abrechnungstermin werden zunächst die Debetsalden auf den Zentralbankkonten der betreffenden Abrechnungsteilnehmer belastet. Erst wenn alle Debetsalden durch Guthaben oder Aufnahme eines Giroüberzugslombarddarlehens gedeckt sind, werden die Kreditsalden gutgeschrieben. Damit ist die Abrechnung ausgeglichen, die über sie geleisteten Zahlungen sind endgültig.
– Kann ein Abrechnungsteilnehmer – noch innerhalb der von der Bundesbank am Abrechnungstag gesetzten Nachfrist – nicht seinen Debetsaldo abdecken, wird er als

[83] ebenda, 6/18
[84] Hartmann, W.: Die Deutsche Bundesbank und die Risiken im unbaren Zahlungsverkehr in der Bundesrepublik Deutschland, in: bank und markt 7/85, S. 5 ff., hier: S. 10 f.

zahlungsunfähig ausgeschlossen. Die Abrechnung wird ohne dieses Institut neu durchgeführt. Die bereits ausgelieferten Zahlungen von diesem Kreditinstitut beispielsweise für dieses Kreditinstitut sind an die Abrechnungsstelle der Bundesbank zurückzuliefern, die sie an die Einlieferer weiterleitet.

Die Kreditinstitute gehen also insoweit Risiken ein, wenn sie Überweisungen aus der Abrechnung vor Abschluß der Abrechnung ihren Kunden endgültig gutschreiben. *Wer dies dennoch tut, weiß, daß er einen zeitweiligen Kredit gewährt und sich entsprechend absichern muß.* Abrechnungsteilnehmer, die bei Großüberweisungen ein solches Risiko nicht eingehen wollen, können den Platzüberweisungsverkehr unmittelbar von Konto zu Konto der Bundesbank benutzen. Der Auftraggeber wird dabei allerdings sofort belastet, der Empfänger erhält eine definitive Gutschrift.

Die Kreditinstitute wollen daher bei einer künftigen elektronischen Abrechnung eine frühere Endgültigkeit der ausgelieferten Überweisungen gegebenenfalls durch mehrere Abrechnungstermine und Buchungen auf ihren Konten am Tage erreichen."

Die Dauer und die Struktur des Risikozeitraumes gibt Abbildung 13 wieder:[85]

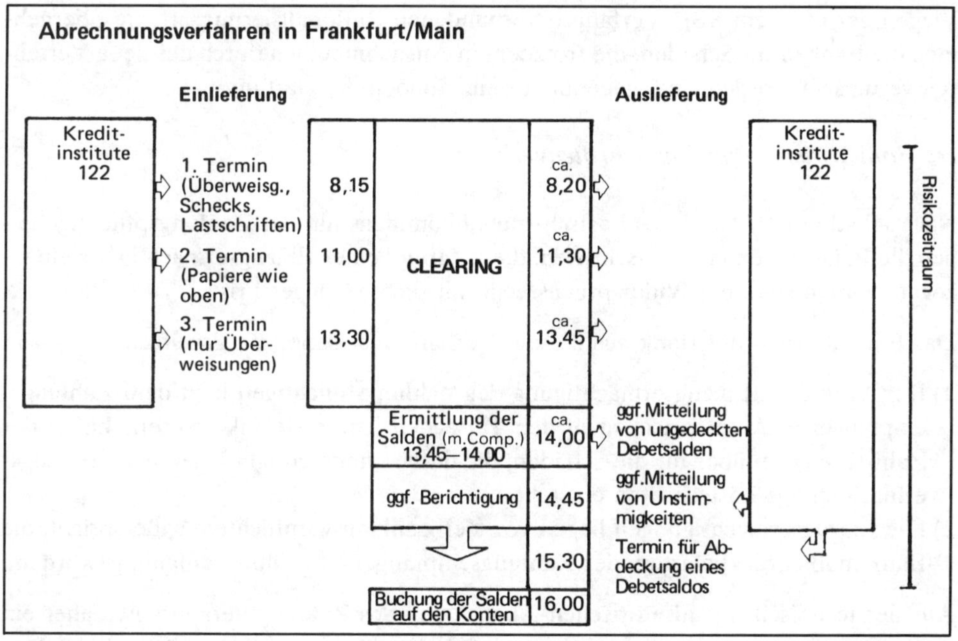

Abbildung 13: Risikozeitraum in einem Abrechnungsverfahren

[85] ebenda, S. 10

bb) Risiken in dem BSE-Verfahren

Nach Artikel 40 Scheckgesetz muß zur Erlangung des Rückgriffs-Rechts der nicht eingelöste Scheck körperlich bei dem bezogenen Kreditinstitut vorliegen. Dieses muß den Vorlegungsvermerk anbringen. Der im BSE-Verfahren von der ersten Inkassostelle auf den Scheck bzw. der Scheckkopie aufzubringende Vermerk „vom bezogenen Kreditinstitut an . . . nicht bezahlt" reicht als ordnungsmäßiger Vorlagevermerk nicht aus.

Dies führt zu der Konsequenz, daß ein Scheckeinreicher seiner scheckrechtlichen Regreßansprüche verlustig geht und einen Scheckprozeß gegen den Scheckgeber nicht mehr führen kann; er ist auf das normale gerichtliche Verfahren angewiesen und trägt das Risiko, daß der Scheckaussteller bis zum Erlaß des Urteils zahlungsunfähig wird. Dies ist der wesentliche Grund für die Betragsbegrenzung im BSE-Verfahren.

Erhalten bleibt hingegen dem Schecknehmer die Vorschrift des Artikel 58 SchG. Nach dieser Norm bleibt der Scheckaussteller, der infolge unterlassener rechtzeitiger Vorlegung nicht mehr dem möglichen Regreß ausgesetzt ist, dem Scheckinhaber insoweit verpflichtet, als er sich mit dessen Schaden bereichern würde.

Wegen der mit dem BSE-Verfahren verbundenen Rationalisierungseffekte übernehmen die Banken für Schäden, die trotzdem in Ausnahmefällen durch das neue Verfahren verursacht worden sind, gegenüber dem Kunden die Haftung.

cc) Bonitätsrisiken im Lastschriftenverkehr

Nach Abschnitt III Nr. 2 des Lastschriftenabkommens hat der Zahlungspflichtige gegen die Belastungen aus Lastschriften, die aufgrund einer Einzugsermächtigung eingezogen worden sind, ein Widerspruchsrecht mit sechswöchiger Frist.

Das Bonitätsrisiko der Bank aus diesem Verfahren ist daher ein Zweifaches:

1) Der Vermerk „Einzugsermächtigung des Zahlungspflichtigen liegt dem Zahlungsempfänger vor" entspricht nicht den Tatsachen. Die erste Inkassostelle haftet der Zahlstelle gegenüber für die Schäden, die durch unberechtigt eingereichte Einzugsermächtigungs-Lastschriften entstehen.
2) Die Einzugsermächtigungen liegen vor, der Zahlungsverpflichtete widerspricht, die Bank muß zurückbelasten, der Zahlungsempfänger ist zahlungsunfähig geworden.

Aus der technisch-organisatorischen Abwicklung des Zahlungsverkehrs ist daher ein neues Bonitätsrisiko neben dasjenige der Scheckreiterei getreten: der Lastschriften-Einzugs-Mißbrauch als Bonitätsrisiko.

dd) Risiken aus der Verwendung neutraler Vordrucke durch Kunden

Den „Richtlinien für einheitliche Zahlungsverkehrsvordrucke" bzw. den „Richtlinien für neutrale Zahlungsverkehrsvordrucke" ist in Anhang 2 ein Merkblatt beigefügt:

„Merkblatt für die Herstellung neutraler Überweisungs-, Scheck- und Lastschriftenvordrucke durch Kunden der Kreditinstitute".

Darin heißt es zum Risiko und zur Haftung:

„1. Risikobegrenzung
Zahlungsaufträge sind in der Regel auf Zahlungsverkehrsvordrucken zu erteilen, die das kontoführende Kreditinstitut zur Verfügung gestellt hat. Die Verwendung von Überweisungs-, Scheck- und Lastschriftvordrucken, die sich der Kontoinhaber auf andere Weise als von dem zu beauftragenden Kreditinstitut beschafft (z. B. selbst herstellen läßt), bringt für die Kontoinhaber und die Kreditinstitute Risiken mit sich. Das gilt vor allem für neutrale Überweisungs-, Scheck- und Lastschriftvordrucke, bei denen anders als bei normalen Vordrucken die Bezeichnung des beauftragten Kreditinstituts bzw. des bezogenen Kreditinstituts nicht von vornherein eingedruckt ist. Die Verwendung solcher Vordrucke kann die Sicherheit des bargeldlosen Zahlungsverkehrs beeinträchtigen sowie den Kreditinstituten die Bearbeitung der Zahlungsträger erschweren. Im Interesse aller Teilnehmer am bargeldlosen Zahlungsverkehr muß deshalb die Zulassung von Zahlungsverfahren unter Verwendung neutraler Zahlungsverkehrsvordrucke von abwicklungs- und sicherungstechnischen Bedingungen abhängig gemacht werden.

Die Verwendung neutraler Überweisungs-Zahlscheinvordrucke ist in einem besonderen Merkblatt geregelt.

2. Haftungsfreistellungserklärung
Kontoinhaber, die neutrale Überweisungs-, Scheck- und Lastschriftvordrucke verwenden, stellen die Kreditinstitute sowie die Deutsche Bundesbank von jeglicher Haftung und von allen Nachteilen irgendwelcher Art frei, die sich aus der Herstellung und Verwendung neutraler Vordrucke ergeben. Insbesondere tragen sie alle Schäden, die durch die mißbräuchliche Herstellung und Verwendung, durch Abhandenkommen, Fälschung, Verfälschung oder Nachahmung sowie durch unvollständige, unleserliche oder irrtümliche Ausfüllung von neutralen Überweisungs-, Scheck- und Lastschriftvordrucken entstehen.

Die Kreditinstitute sowie die Deutsche Bundesbank haften – unbeschadet sonstiger Vereinbarungen und insbesondere anderer Regelungen in den Allgemeinen Geschäftsbedingungen – jedoch für Schäden, die sie schuldhaft herbeigeführt haben, und zwar in dem Maße, in dem dieses Verschulden im Verhältnis zu anderen Ursachen an der Entstehung der Schäden mitgewirkt hat.

Die Spitzenverbände des Kreditgewerbes sind übereingekommen, daß die Kreditinstitute die Verwendung von neutralen Zahlungsverkehrsvordrucken nur aufgrund besonderer schriftlicher Vereinbarung und unter der Voraussetzung zulassen, daß die Kontoinhaber eine Haftungsfreistellungserklärung . . . unterzeichnen, und in dieser Erklärung sich gleichzeitig verpflichten, die Vorschriften der ‚Richtlinien für einheitliche Zahlungsverkehrsvordrucke' zu beachten."

Auf dieser Basis ist ein Muster einer entsprechenden Verpflichtungserklärung als Anlage zu Anhang 2 entwickelt worden.

„An (Kreditinstitut)

Verpflichtungserklärung
zu der Herstellung und Verwendung neutraler Überweisungs-, Scheck- und Lastschriftvordrucke durch Kunden der Kreditinstitute

1
Für die Herstellung und Verwendung neutraler Zahlungsverkehrsvordrucke sind die ‚Richtlinien für einheitliche Zahlungsverkehrsvordrucke' und die Bestimmungen des ‚Merkblatts für Herstellung und Verwendung neutraler Überweisungs-, Scheck- und Lastschriftvordrucke durch Kunden der Kreditinstitute' maßgebend.

2
Die Kreditinstitute sowie die Deutsche Bundesbank sind berechtigt, die Entgegennahme, Bearbeitung, Weiterleitung oder Buchung von Überweisungen, Schecks und Lastschriften zu verweigern, wenn diese auf neutralen Vordrucken ausgefertigt worden sind, die nicht den obengenannten Richtlinien entsprechen.

3
Ich/Wir stelle(n) die Kreditinstitute sowie die Deutsche Bundesbank von jeglicher Haftung und allen Nachteilen irgendwelcher Art frei, die sich aus der Herstellung und Verwendung neutraler Überweisungs-, Scheck- und Lastschriftvordrucke ergeben. Insbesondere trage(n) ich/wir alle Schäden, die durch die mißbräuchliche Herstellung und Verwendung, durch Abhandenkommen, Fälschung, Verfälschung oder irrtümliche Ausfüllung von neutralen Überweisungs-, Scheck- und Lastschriftvordrucken entstehen. Die Kreditinstitute sowie die Deutsche Bundesbank haften – unbeachtet sonstiger Vereinbarungen und insbesondere anderer Regelungen in den Allgemeinen Geschäftsbedingungen – jedoch für Schäden, die sie schuldhaft herbeigeführt haben, und zwar in dem Maße, in dem dieses Verschulden im Verhältnis zu anderen Ursachen an der Entstehung der Schäden mitgewirkt hat. Ich/Wir habe(n) jedoch für alle Schäden und Nachteile einzustehen, die sich dadurch ergeben,, daß die von mir/uns vorgenommenen Codierungen auf neutralen Zahlungsverkehrsbelegen nicht zutreffen.

Ort/Datum Unterschrift des Kontoinhabers"

Bankbetriebswirtschaftlich ist festzuhalten, daß die Banken solange bereit sind, latente Risiken aus neuen Instrumenten der technisch-organisatorischen Abwicklung des Zahlungsverkehrs zu übernehmen und zu tragen, wie das Gesamtvolumen des latenten Risikos kleiner ist, als der mit dem neuen Instrument verbundene Rationalisierungserfolg.

c) *Die Produkte im Girogeschäft*

Die Bank bietet im Girogeschäft folgende Produkte an:

Durchführung des

- Überweisungsverkehrs,
- Lastschriftverkehrs,
- Scheckverkehrs,
- Wechselverkehrs,
- innerdeutschen Zahlungsverkehrs.

Diese Produkte fallen in den Bereich der technisch-organisatorischen Abwicklung des Zahlungsverkehrs. In den geschäftspolitisch-strategischen Bereich gehören hingegen die Produkte des „electronic banking".

aa) Der Überweisungsverkehr

Die rechtliche Grundlage des Überweisungsverkehrs ist der Girovertrag zwischen Bank und Kunde (Nr. 4 Abs. 1 Satz 1 AGB), der die Bank berechtigt, Zahlungen für den Kunden anzunehmen und, im Beauftragungsfalle, Zahlungen für den Kunden auszuführen.

Die Überweisung ist Träger von Giral- oder Buchgeld: der Überweisungsverkehr ist mithin definiert als bargeldloser Zahlungsverkehr mit Dritten im Wege der Überweisung von Buchgeld durch Überweisungsauftrag des Zahlungspflichtigen.

Durch den Überweisungsauftrag wird die Bank ermächtigt, zu Lasten des Girokontos des Zahlungspflichtigen eine Geldsumme (Buchgeld) auf das Konto des Zahlungsempfängers zu übertragen.

Im Gegensatz zum Bargeld unterliegt das Buchgeld nicht dem Annahmezwang. Die Giroüberweisung bedarf daher des Einverständnisses des Gläubigers. Wird diese im voraus erteilt – etwa durch Angabe der Bankverbindung und Kontonummer auf den Geschäftspapieren –, liegt in der Girozahlung die Leistungserfüllung gem. § 362 BGB vor.

Die Träger im beleggebundenen konventionellen Überweisungsverkehr sind

- der Einzelüberweisungsauftrag,
- der Sammelüberweisungsauftrag.

Der *Einzelüberweisungsauftrag* wird auf drei inhaltlich übereinstimmenden Formularstücken erteilt, die sich im Adressaten unterscheiden; das erste Formularstück wird vom Kunden unterschrieben.

Der Text enthält:

- Name (Anschrift des Überweisungsempfängers entbehrlich),
- Bankleitzahl des für den Empfänger kontoführenden Instituts,
- Kontonummer und Bankverbindung des Überweisungsempfängers,
- Betrag in Ziffern,
- Kontonummer,
- Name (Anschrift des Auftraggebers entbehrlich),
- Feld für die Angabe eines Verwendungszwecks.

Die Funktion der Formularstücke:

- das erste Stück ist Buchungsbeleg für die ausführende Bank,
- die Zweitschrift (rot) wird als „Gutschrift" bezeichnet und wird dem Begünstigten zusammen mit dem Tagesauszug zugeleitet,
- die Drittschrift dient als Durchschrift für den Auftraggeber.

Der *Sammelüberweisungsauftrag* kann verwendet werden, wenn der Kontoinhaber mehrere Überweisungen an verschiedene Zahlungsempfänger auszuführen hat. Die einzelnen Überweisungsaufträge werden als Anlage mitgeliefert, brauchen nicht einzeln unterschrieben zu werden, verzichten auf eine Betragswiederholung in Worten und verfügen über ein größereres Feld für die Angabe des Verwendungszweckes. Auf dem Sammelüberweisungsauftrag sind die einzelnen Überweisungsaufträge mit ihrem Betrag und ihrer Ordnungsnummer aufgelistet.

Die Träger im belegbegleitenden und beleglosen Datenträgeraustausch sind:

- einheitlich gestaltete Zahlungsverkehrsvordrucke in automationsgerechter Form,
- Magnetbänder,
- Disketten,
- Kassetten.

In einem von den Spitzenverbänden der Kreditwirtschaft und der Deutschen Bundesbank herausgegebenen „Merkblatt zur Verwendung automationsgerechter Zahlungsverkehrsvordrucke für Überweisungen, Schecks und Lastschriften" heißt es:

„Der bankmäßige unbare Zahlungsverkehr mittels Überweisungen, Schecks und Lastschriften hat im Laufe des vergangenen Jahrzehnts außerordentlich stark zugenommen. Diese Entwicklung wird sich in den kommenden Jahren fortsetzen. Sie zwingt die Kreditinstitute, bei der Behandlung der Zahlungsverkehrsbelege neue Wege zu beschreiten. Dabei kommt es darauf an, daß die Belege mit Hilfe moderner Geräte unter Ausnutzung der Möglichkeiten, die die elektronische Datenverarbeitung bietet, maschinell sortiert und hinsichtlich der für den Zahlungsvorgang wichtigen Daten gelesen werden können. Diese automatische Bearbeitung fördert den Ablauf des unbaren Zahlungsverkehrs und kommt damit aufs ganze gesehen allen zugute, die an ihm teilhaben. Das gilt für Bankkunden als Zahlungsempfänger oder -pflichtige darüber hinaus insoweit, als ihnen ebenfalls daran gelegen ist, empfangene Zahlungsverkehrsbelege – im eigenen Hause oder für ihre Zwecke in Servicerechenzentren – als Datenträger für eine maschinelle Beleglesung zu verwenden. Dies erfordert Zahlungsverkehrsvordrukke besonderer Art. Daher gibt Ihr Kreditinstitut für Überweisungen, Schecks und Lastschriften nur noch solche Vordrucke aus oder läßt sie im Geschäftsverkehr mit sich zu, die den Bestimmungen für automationsgerechte Vordrucke nach besonderen ‚Richtlinien für einheitliche Zahlungsverkehrsvordrucke' entsprechen. Diese Richtlinien, von den Spitzenverbänden des Kreditgewerbes in Zusammenarbeit mit der Deutschen Bundesbank aufgestellt, sind im Juli 1970 in Kraft gesetzt worden. Sie tragen, wie schon die früheren Vordruckrichtlinien, auch den Bedürfnissen von Wirtschaft und Verwaltung so weit wie möglich Rechnung. So kann insbesondere bei Vordrucken für Überweisungen und Lastschriften das Mittelfeld weitgehend frei gestaltet und in der Codierzeile ein sogenanntes ‚Mehrzweckfeld' mit 13 Stellen allein für Ihre Zwecke genutzt werden. Die automationsgerechten Vordrucke können ihren Zweck nur dann erfüllen, wenn sie entsprechend sorgsam behandelt und ausgefertigt werden."

Im automatisierten, beleggebundenen Zahlungsverkehr zwischen den Kreditinstituten kann ein belegbegleitendes Magnetband verwendet werden, „auf dem die Datensätze in der durch Trennbelege unterteilten körperlichen Belegfolge aufgezeichnet sind ... wenn das jeweils mit der Weiterverwendung der Zahlungen beauftragte Kreditinstitut die Zahlungsverkehrsbelege maschinell-optisch mittels Belegsortierleser und ... nach dem Platteverfolgungsverfahren bearbeitet' (Abkommen über den zwischenbetrieblichen belegbegleitenden Datenträgeraustausch, Nr. 1, Abs. 1).

Im Magnetband-Clearing-Verfahren tritt an die Stelle des Einzelbeleges das Magnetband, die Kassette oder die Diskette als Datenträger. Die Abwicklung erfolgt durch Datenträger-Austausch, das Ausschreiben und Übermitteln von Belegen wird weitestgehend vermieden:

„Im Magnetband-Clearing-Verfahren werden Überweisung und/oder Lastschriften, deren Daten auf Magnetband gespeichert sind, im Verrechnungsverkehr zwischenKreditinstituten beleglos abgewickelt" (Richtlinien für den beleglosen Datenträgeraustausch, I. Abs. 1).

Grundsätzlich müssen drei Überweisungswege unterschieden werden:

1. *Hausüberweisung*
   Zahlungspflichtiger und Zahlungsempfänger unterhalten bei demselben Kreditinstitut Konten. Das Clearing erfolgt im Institut ohne Einschaltung eines weiteren Intermediärs.
2. *Platzüberweisung*
   Das Clearingverfahren wird über Konten oder über den Abrechnungsverkehr am Bankplatz vorgenommen.
3. *Fernüberweisung*
   Das Clearing erfolgt unter Einschaltung eines Gironetzes, das außerhalb des institutseigenen Netzes besteht.

bb) Der Lastschriftverkehr

Die rechtliche Grundlage des Lastschriftverkehrs ist das „Abkommen über den Lastschriftverkehr", das die Spitzenverbände der Kreditinstitute mit Wirkung vom 1. Januar 1964 abgeschlossen haben; es wurde mit Wirkung vom 1. Juli 1982 aktualisiert, insbesondere im Hinblick auf das Magnetband-Clearing-Verfahren.

Das Abkommen definiert als Lastschrift „ein Einzugspapier, mit dem der Zahlungsempfänger durch Vermittlung seines Kreditinstitutes (erste Inkassostelle) aus dem Guthaben des Zahlungspflichtigen bei demselben oder einem anderen Kreditinstitut (Zahlstelle) den aus der Lastschrift ersichtlichen Betrag erhebt, und zwar aufgrund

a) eines der Zahlstelle von dem Zahlungspflichtigen zugunsten des Empfängers erteilten Auftrags (Abbuchungsauftrag) oder
b) einer dem Zahlungsempfänger von dem Zahlungspflichtigen erteilten Ermächtigung (Einzugsermächtigung)."

Treffend bezeichnet Deppe die Lastschrift als „eine Art rückläufige Überweisung im Dauerauftrag".[86]

Voraussetzung für die legale Verfügung der Bank über das Konto des Zahlungspflichtigen sind:

- *Abbuchungsauftrag*
  = schriftlicher, jederzeit widerrufbarer Auftrag des Zahlungspflichtigen an das Kreditinstitut, die von einem bestimmten Zahlungsempfänger vorgelegten Lastschriften zu Lasten seines Girokontos einzulösen
- *Einzugsermächtigung*
  = schriftliche, jederzeit widerrufbare Ermächtigung des Zahlungspflichtigen an den Zahlungsempfänger, Zahlungen bei Fälligkeit mittels Lastschrift von seinem Girokonto einzuziehen. Die Lastschriftbelege müssen den Vermerk tragen „Einzugsermächtigung des Zahlungspflichtigen liegt dem Zahlungsempfänger vor".

Der Zahlungsempfänger muß mit der von ihm beauftragten Bank (1. Inkassostelle) eine schriftliche ,,Vereinbarung über den Einzug von Forderungen mittels Lastschriften" treffen.

Wie bei der Überweisung sind beleggebundene, belegbegleitende und beleglose Verfahren im Lastschriftverkehr zu unterscheiden, bei deren Anwendung die Kreditinstitute nicht frei sind:

1) Platzlastschriften und Fernlastschriften über 10 000,– DM	– müssen uncodiert, konventionell bearbeitet werden
2) Fernlastschriften bis 10 000,– DM mit Ausnahme von Massenlastschriften	– werden codiert bearbeitet – (maschinell-optische Bearbeitung)

[86] Deppe, H.-D.: Betriebswirtschaftliche Grundlagen der Geldwirtschaft, a. a. O., S. 334

3) Massenlastschriften, Einzellastschriften eines Einreichers in größerer Stückzahl	– werden im beleglosen Datenband-Clearing-Verfahren bearbeitet

Von besonderer Bedeutung sind die Bestimmungen über die Nichteinlösung von Lastschriften durch die bezogene Bank (Zahlstelle). Hier regelt das Abkommen, daß die bezogene Bank die Einlösung ablehnen kann, wegen

- mangelnder Deckung auf dem Konto des Zahlungspflichtigen,
- „Unanbringlichkeit" = fehlerhafte, mangelnde Angaben zur Identifizierung des Zahlungspflichtigen.

Entsprechend Abschnitt III Ziffer 2 kann die Zahlstelle die erfolgte Belastung des Kontos des Zahlungspflichtigen im Einzugsermächtigungsverfahren innerhalb von sechs Wochen durch Rückbelastung an die 1. Inkassostelle rückgängig machen: „Die Rückgabe und Rückrechnung ist ausgeschlossen, wenn der Zahlungspflichtige nicht binnen sechs Wochen nach Belastung widerspricht."

Kreditiert die 1. Inkassostelle dem Zahlungsempfänger den Gegenwert der Lastschriften-Einreichung im Einzugsermächtigungsverfahren, besteht das Rückbelastungsrisiko also für einen Zeitraum von sechs Wochen.

cc) Der Scheckverkehr

Die rechtlichen Grundlagen des Scheckverkehrs sind:
- das Scheckgesetz vom 14. 8. 1933,
- der Scheckvertrag zwischen dem bezogenen Institut und dem Scheckaussteller als Geschäftsbesorgungsvertrag im Sinne von § 675 BGB,
- die Inkassovereinbarung zwischen Inkassobanken und Scheckeinreicher als Geschäftsbesorgungsvertrag im Sinne von § 675 BGB,
- die „Bedingungen für den Scheckverkehr", eine Sonder-AGB „deren Geltung über Nr. 28 AGB-Banken vereinbart sein muß"[87]),
- die Nummern 40-43 der AGB-Banken.

Im rechtlichen Sinne ist der Scheck

- eine schriftliche, unbedingte Anweisung des Ausstellers an ein Kreditinstitut, ein Postgiroamt oder die Deutsche Bundesbank, an den Berechtigten den in der Urkunde genannten Geldbetrag zu zahlen,
- eine bei Sicht fällige Zahlungsanweisung,
- ein streng formgebundenes Wertpapier (geborenes Orderpapier),
- *kein* gesetzliches Zahlungsmittel, sondern eine Zahlungsanweisung auf Bar- oder Buchgeld.

[87] Hefermehl, H.: Allgemeine Geschäftsbedingungen der Banken, a. a. O., S. 120

Die Urkunde, der Scheck, enthält unabdingbare gesetzliche und rechtsunerhebliche, kaufmännische Bestandteile. Das Scheckgesetz verlangt im Artikel 1 sechs gesetzliche Bestandteile:

1. die Bezeichnung als Scheck im Text der Urkunde, und zwar in der Sprache, in der sie ausgestellt ist,
2. die unbedingte Anweisung, eine bestimmte Geldsumme zu zahlen,
3. den Namen dessen, der zahlen soll (Bezogener) = das Kreditinstitut,
4. die Angabe des Zahlungsortes. Fehlt dieser, gilt nach Artikel 2 SchG: „Mangels einer besonderen Angabe gilt der bei dem Namen des Bezogenen angegebene Ort als Zahlungsort".
5. die Angabe des Tages und des Ortes der Ausstellung. Art. 2 Abs. 4 SchG: „Ein Scheck ohne Angabe des Ausstellungsortes gilt ausgestellt an dem Ort, der bei dem Namen des Ausstellers angegeben ist". Für Angaben des Tages und des Ortes wird vom Gesetzgeber für die Gültigkeit des Schecks nicht unbedingte Richtigkeit – wohl aber Vorhandensein – gefordert, jedoch müssen die Angaben möglich sein. Nicht möglich wäre eine Datierung 31. Februar . . . Eine fehlende Angabe des Zahlungsortes und/oder eine falsche, aber mögliche Datierung und Ortsangabe, lassen den Scheck als Urkunde nicht untergehen; ein derart „fehlerhafter" Scheck bleibt im Sinne des Scheckgesetzes „Scheck".
6. Die Unterschrift des Ausstellers in handschriftlicher Form, weder faksimiliert noch mittels Zeichnungsmaschine angebracht.

Der Scheck kann darüber hinaus acht kaufmännische Bestandteile haben:

1. die Schecknummer; aufgrund der Schecknummer kann das bezogene Institut Schecksperren beachten,
2. Kontonummer des Ausstellers; ohne Kontonummer des Ausstellers ist der Scheck nicht automatisiert bearbeitbar,
3. Bankleitzahl; Grundlage für die Verwendungsfähigkeit als Scheck im optisch-maschinellen Inkassoverfahren,
4. Wiederholung der Schecksumme in Ziffern, zur schnellen Bearbeitung hilfreich,
5. Zahlungsempfänger; Orderscheck/Rektascheck,
6. Überweisungsklausel; Inhaberscheck,
7. Guthabenklausel, als Erinnerung an den Aussteller, für Deckung Sorge zu tragen,
8. Codierzeile, als Basis für die automatisierte Belegbearbeitung.

Deppe systematisiert nach vier Gesichtspunkten:[88]

„1. Schecks, differenziert nach Art und Möglichkeit der Weitergabe durch den Empfänger: Orderschecks, Rektaschecks und Inhaberschecks;
2. Schecks, differenziert nach Art und Möglichkeit der Einlösung durch den bezogenen Zahlungsverkehrsmittler: Barschecks, Verrechnungsschecks, gekreuzte Schecks;

[88] Deppe, H.-D.: Betriebswirtschaftliche Grundlagen der Geldwirtschaft, a. a. O., S. 305

3. Schecks, differenziert nach den drei großen Gruppen von Zahlungsverkehrsmittlern, die als Bezogene fungieren können: Schecks mit einem Kreditinstitut als Bezogenem, Schecks mit einem Postscheckamt als Bezogenem und Schecks, die eine Institution des Zentralbankensystems (Bundesbank mit Landeszentralbanken) als Bezogenen ausweisen.
4. Ökonomische Sonderformen des Schecks als historische Erscheinungen des wirtschaftlichen Verkehrs: Reiseschecks, Tankschecks, Kaufschecks der Bank für Gemeinwirtschaft, Schecks mit Ausweiskarte und Schecks mit Scheckkarte."

Nach Artikel 4 Scheckgesetz kann ein Scheck nicht angenommen werden. Gemäß § 23 Bundesbankgesetz gilt dieses Annahmeverbot nicht für das Zentralbanksystem. Dieses darf – nach Deckung: der Betrag wird bei Bestätigung vom Konto des Scheckausstellers abgebucht – einen Annahmevermerk für einen, auf ein Institut im Zentralbanksystem ausgestellten, Scheck geben, der die bezogene Bank innerhalb des Zentralbanksystems verpflichtet, innerhalb von acht Tagen nach Ausstellung den Scheck während der Geschäftsstunden einzulösen (sogenannter weißer LZB-Scheck).

Ein Surrogat dieses bestätigten Schecks ist der „scheck*karten*garantierte" eurocheque, in dem die Guthabenklausel fehlt. Die *Scheckkarte,* nach Form und technischer Aufmachung für alle Institute einheitlich, ist eine nicht übertragbare, auf den Namen des (Giro-)Konteninhabers ausgestellte Ausweiskarte. Sie enthält die Garantieerklärung des bezogenen Instituts, dem Schecknehmer bei formgerechter Ausstellung und Vorlage innerhalb der Vorlegungs-bzw. Garantiefrist bis zu einem Höchstbetrag (z. Zt. 400,– DM) den Scheck einzulösen, unabhängig davon, ob Deckung auf dem Konto vorhanden ist und ob der Aussteller innerhalb der Vorlagefrist Widerruf eingelegt hat.

Die Garantievoraussetzungen sind auf der Rückseite der Scheckkarte vermerkt:

> „Es müssen übereinstimmen: Name des Kreditinstituts, Unterschrift, Konto- und Karten-Nr. auf ec-Scheck und eurocheque-Karte."

Garantiefrist ab Ausstellungsdatum: Inland acht Tage, Auslandsschecks 20 Tage. Einreichung bei einem inländischen Geldinstitut oder der Deutschen eurocheque-Zentrale genügt.

Für die *Einlösungsfrist von Schecks* hat der Gesetzgeber (Art. 29 SchG) relativ enge Zeitgrenzen gesetzt, um dem Scheck den Charakter eines Zahlungsverkehrsinstruments zu geben und um zu verhindern, daß er wechselähnlich – Kreditinstrument – oder bargeldähnlich – Indossamenten-Kette – wird:

8 Tage	im Inland und Österreich,
20 Tage	im europäischen Ausland oder in einem an das Mittelmeer angrenzenden Land,
70 Tage	in überseeischen Ländern ausgestellt.

Eingelöst werden Schecks

- Barauszahlung an den Vorleger bei Barschecks
- Girokonten-Gutschrift unmittelbar oder im Verrechnungsweg.

Das bezogene Kreditinstitut *kann* die Einlösung verweigern, falls

- keine Deckung auf dem Konto des Ausstellers vorhanden ist und im Falle eines ordnungsgemäß ausgestellten ec-Schecks der Garantiebetrag überschritten ist, für das überschreitende Volumen,
- die Vorlegungsfrist abgelaufen ist,
- Widerruf erfolgt und die Vorlegungsfrist noch nicht abgelaufen ist.

Das bezogene Kreditinstitut *muß* die Einlösung verweigern, wenn

- der Scheck ordnungsgemäß vom Aussteller widerrufen und die Vorlegungsfrist abgelaufen ist,
- eine nichtberechtigte Vorlage erkennbar ist.

Artikel 40 des SchG sieht drei Wege der Dokumentation der Zahlungsverweigerung vor:

1) durch Scheckprotest in Form einer öffentlichen Urkunde,
2) durch eine schriftliche und datierte Erklärung des Bezogenen auf dem Scheck, das Datum entspricht dem Vorlagetag = „nicht bezahlt-Vermerk“,
3) durch die datierte Erklärung einer Abrechnungsstelle, daß der Scheck rechtzeitig eingeliefert und nicht bezahlt worden ist.

Die zweite Variante – „Protestersatzvermerk“ – wird in der Praxis nahezu ausschließlich verwendet, allerdings durch das BSE-Verfahren eingeschränkt.

Das Scheckgesetz (Art. 46) gewährt im Falle der Zahlungsverweigerung (bei Vorlage innerhalb der Vorlegungsfrist) dem Scheckinhaber Rückgriffs-(Regreß-)Ansprüche gegen den Aussteller – Verjährung in sechs Monaten nach Ablauf der Vorlegungsfrist –:

1) Die Schecksumme,
2) Zinsen entsprechend dem Gesetz über die Wechsel- und Scheckzinsen, gerechnet auf die Schuldsumme von 2 % über dem jeweils gültigen Diskontsatz der Bundesbank – mindestens jedoch 6 % p. a. – seit dem Tag der Vorlegung,
3) die Kosten des Protestes – im Falle Variante eins der Dokumentation der Zahlungsverweigerung – gemäß § 51 Kostenordnung Notare,
4) bis zu maximal 1/3 % der Schecksumme als Provision.

dd) Der Wechselverkehr

Die Funktion des Wechsels als Instrument des Zahlungsverkehrs ist in ihrer Realisierung unbedeutend; daher wurde der Wechsel im Rahmen des Kreditgeschäfts ausführlich dargestellt.

Die Zahlungsverkehrsfunktion übernehmen die Banken im Wechselgeschäft für

- die Einlösung des Wechsels,
- das Wechselinkasso.

Das Wechsel-Inkasso-Verfahren wird nachfolgend zusammen mit dem Scheck-Inkasso-Verfahren behandelt, so daß in diesem Abschnitt auf die Einlösung des Wechsels einzugehen ist.

Die Bank übernimmt die Funktion einer Zahl- oder Domizilstelle, d. h. sie stellt ihre Geschäftsräume für die Einlösung zur Verfügung, sie wird für den Bezogenen aus dem Wechsel tätig. Sie prüft in dieser Eigenschaft

- die formale Ordnungsmäßigkeit des Wechsels,
- die Echtheit des Akzepts,
- die Lückenlosigkeit der Indossamente,
- die persönliche Legitimation: Identität des Wechselinhabers mit dem legitimierten Gläubiger zur Vorlage aus der Indossamentenkette.

Für die Übernahme dieser Prüfungshandlungen muß nach Nr. 47 AGB-Banken ein entsprechender schriftlicher Auftrag mit den erforderlichen Angaben rechtlich bei ihr eingegangen sein.

Sie kann die Einlösung eines Wechsels auch im Auftrag des Ausstellers oder eines Indossanten übernehmen, im Verfahren des Wechselrückrufes vor Fälligkeit. Für die Behandlung nicht eingelöster Wechsel gilt das „Abkommen über die Rückgabe nicht eingelöster und zurückgerufener Wechsel" („Wechselrückgabeabkommen").

ee) Der Abrechnungs- und Inkassoverkehr

Die Bank übernimmt als Dienstleistung im Zahlungsverkehr den Einzug von Wechseln und Schecks beim Bezogenen. Rechtlich gesehen ist die Inkassovereinbarung ein Geschäftsbesorgungsvertrag nach § 675 BGB; daneben gelten die Bestimmungen im Abschnitt IV der AGB-Banken.

Der Inkassoverkehr kann sich räumlich beziehen auf

- Hausgiroverkehr,
- Platzgiroverkehr = Abrechnungsverkehr,
- Ferngiroverkehr.

Insoweit sind grundsätzlich neben dem Hausgiro „1. die *bilaterale Abrechnung* und 2. das *multilaterale Clearing*" zu unterscheiden.[89]

„Bei bilateraler Abrechnung rechnen zwei Zahlungsverkehrsteilnehmer gleichwertige und fällige Leistungen gegeneinander auf, so daß sich die größere der beiden Forderungen auf den Saldo (als Differenz) reduziert und die kleinere Forderung . . . untergeht."[90]

„Bei multilateralem Clearing wird eine zentrale Abrechnungsstelle eingeschaltet (z. B. eine Landeszentralbank), bei der alle beteiligten Mittler ein Konto unterhalten: es wird eine simultane Verrechnung vorgenommen, welche die Abrechnung aller beteiligten Zahlungsverkehrsmittler zusammenfaßt und die auf diese Weise ermittelten ‚Verrechnungsspitzen' nach dem Prinzip des Saldenausgleichs nochmals gegeneinander aufrechnet."[91]

Die bilaterale Abrechnung erfolgt zwischen zwei Instituten, die gegenseitig Konten zur Durchführung der Abrechnung unterhalten, deren Salden als Tagesgeld interpretiert werden.

Die typische Form der multilateralen Abrechnung ist die Verrechnung der täglich zwischen den Instituten eines Bankplatzes entstehenden Forderungen und Verbindlichkeiten aus der Durchführung des Zahlungsverkehrs. Dieses Verfahren wird regelmäßig in den LZB-Abrechnungsstellen praktiziert, die als Abrechnungsstellen im Sinne des Scheck- und Wechselgesetzes gelten. Für die Abwicklung gelten die „Geschäftsbestimmungen der Abrechnungsstellen".

Daneben besteht die Sonderform der „Hamburger Abrechnung". An die Stelle der Landeszentralbank tritt die „Vereinigung Hamburger Kreditinstitute" und zwar für Überweisungen ab 10 000,– DM. Die Abrechnungspapiere/Magnetbänder/Disketten/Kassetten werden zwischen den Mitgliedern direkt ausgetauscht, die Abrechnungssalden werden von einem Vertreter der Landeszentralbank kontrolliert und von der LZB verbucht; die Landeszentralbank ist Mitglied der Hamburger Abrechnung und erfüllt eine Mittlerfunktion für die nicht an der Abrechnung beteiligten Banken, insbesondere für den Ferngiroverkehr.

Als besondere Dienstleistung bietet die Deutsche Bundesbank für die Institute, die bei ihr ein Girokonto unterhalten, den Einzug auf Deutsche Mark lautender Schecks innerhalb des Bundesgebietes gebühren- und kostenfrei („Vereinfachtes Scheck- und Lastschrifteinzugsverfahren für Kreditinstitute" erstmals vom 10. 7. 1950). Damit war die Einbeziehung des Schecks in das bestehende Zentralbankgiro-Abrechnungssystem, das dem Überweisungsverkehr in erster Linie diente, möglich.

Die bisher letzte Stufe sind die EZÜ- und BSE-Abkommen.

[89] Deppe, H.-D.: Betriebswirtschaftliche Grundlagen der Geldwirtschaft, a. a. O., S. 369
[90] ebenda, S. 370
[91] ebenda, S. 371

Einen zusammenfassenden Überblick der Entwicklung der Jahre 1974 bis 1985 gibt die Deutsche Bundesbank im Geschäftsbericht für das Jahr 1985 (S. 139, Tabelle 11).

Tabelle 11: **Entwicklung der automatisierten Zahlungen im Fernverkehr**

	Eingereichte Einzugsaufträge							Eingereichte Fernüberweisungen						
		davon bearbeitet							davon bearbeitet					
		im Belegverkehr							im Belegverkehr					
	insgesamt	konventionell		automatisiert		im beleglosen Datenträgeraustausch		insgesamt	konventionell		automatisiert		im beleglosen Datenträgeraustausch	
Jahr	Mio Stück	Mio Stück	in %	Mio Stück	in %	Mio Stück	in %	Mio Stück	Mio Stück	in %	Mio Stück	in %	Mio Stück	in %
1974	374	142	38	232	62	0,2	0	123	75	61	48	39	0,1	0
1975	423	143	34	272	64	8	2	163	85	52	73	45	5	3
1976	501	83	17	313	62	105	21	174	62	36	83	48	29	16
1977	587	47	8	359	61	181	31	169	36	21	87	51	46	28
1978	694	31	5	412	59	251	36	183	26	14	89	49	68	37
1979	775	15	2	441	57	319	41	192	13	7	95	49	84	44
1980	873	11	1	473	54	389	45	230	7	3	125	54	98	43
1981	1 023	8	1	490	48	525	51	271	7	2	162	60	102	38
1982	1 098	7	1	512	46	579	53	291	6	2	180	62	105	36
1983	1 159	6	1	524	45	629	54	319	5	2	202	63	112	35
1984	1 226	6	1	533	43	687	56	335	4	1	216	65	115	34
1985	1 316	6	1	511	39	799	60	350	4	1	224	64	122	35

Sie kommentiert wie folgt:

„Der starke Anstieg der auf Magnetband aufgezeichneten Lastschriften ist hauptsächlich auf den Mitte 1985 eingeführten beleglosen Einzug für Schecks bis 1000 DM (BSE) zurückzuführen. Die Umwandlung von Schecks durch das Kreditgewerbe hat die Deutsche Bundesbank insbesondere dadurch gefördert, daß sie die Gegenwerte der ihr zum DTA eingereichten BSE-Zahlungsvorgänge bereits am Tag der Einreichung gutschreibt. Mit der Umwandlung der noch als Belege eingereichten BSE-fähigen Schecks in den eigenen Rechenzentren der Bank wurde im Berichtsjahr in zwei LZB-Bereichen begonnen. Hierbei wird für die Umwandlungs- und Archivierungsfunktion eine Gebühr (z. Zt. 2 Pfennig je Scheck) berechnet.

Bezieht man den Platz- und Abrechnungsverkehr, der – abgesehen vom Platzüberweisungsverkehr in Hamburg – noch nicht automatisiert ist, in die Berechnung mit ein, beläuft sich der Automatisierungsgrad im unbaren Zahlungsverkehr der Deutschen Bundesbank auf 81 %. Dabei ist zu berücksichtigen, daß im Rahmen des konventionellen Abrechnungsverkehrs in erheblichem Umfang Magnetbänder mit Zahlungen zwischen Kreditinstituten am Bankplatz ausgetauscht werden; hierbei werden aber nur die Gesamtbeträge der Magnetbanddatei in diesem Verfahren verrechnet.“

ff) Der innerdeutsche Zahlungsverkehr

Rechtsgrundlage des innerdeutschen (Wirtschafts- und) Zahlungsverkehrs bilden die 1949/1950 in Kraft getretenen alliierten Devisenbewirtschaftungsgesetze, insbesondere das Militärregierungsgesetz Nr. 53 in der Neufassung von 1949.

Die alliierte Gesetzgebung geht vom Verbotsprinzip mit Erlaubnisvorbehalt aus, es sind alle Geschäfte des Zahlungsverkehrs verboten, es sei denn, sie werden ausdrücklich genehmigt.[92] Die Genehmigungen werden von der jeweils zuständigen Landeszentralbank erteilt, die auch „Allgemeine Genehmigungen“ erlassen kann: Die Deutsche Bundesbank hat zwei derartige allgemeine Genehmigungen erteilt:

Mitteilung Nr. 6003/83, die Zahlungen aus DM-Konten DDR an die Genex-Geschenkdienst GmbH, Berlin (Ost), in Höhe bis zu 20 000,– DM je Kontoinhaber zum Erwerb von Waren und Dienstleistungen für den persönlichen Bedarf genehmigt.

Mitteilung Nr. 6005/83 betrifft (1) Geschäfte über in der DDR belegene Vermögenswerte von Bundesbürgern sowie über in der Bundesrepublik belegene Vermögenswerte von Personen in der DDR. (2) Geschäfte von Geldinstituten in der Bundesrepublik, (3) den Waren- und Dienstleistungsverkehr und Geschäftsbesorgungen, (4) Geschäfte der Ständigen Vertretungen, Verwaltung von Unterhaltsgeldern durch Jugendämter sowie Geschäfte zur Durchführung des Gesundheitsabkommens
sowie eine Mitteilung Nr. 6002/83 über die Abwicklung des Zahlungsverkehrs (Bundesanzeiger Nr. 19 vom 28. Januar 1983).

Das Zahlungsverkehrsabkommen bezieht sich auf (natürliche und juristische) Personen in der Bundesrepublik und in der DDR. Abrechnungsbanken sind die Geldinstitute in der Bundesrepublik Deutschland, in der DDR

- Staatsbank der Deutschen Demokratischen Republik, Berlin (Ost),
- Deutsche Außenhandelsbank AG, Berlin (Ost)
- Deutsche Handelsbank AG, Berlin (Ost).

Die Zahlungen müssen ausschließlich über die beiden Verrechnungsbanken geleistet werden:

- Deutsche Bundesbank, Frankfurt am Main,
- Staatsbank der Deutschen Demokratischen Republik, Berlin (Ost).

Die Konten werden zinslos geführt und dürfen bis zu einem bestimmten Betrag überzogen werden („Swing“).

Die Abrechnungsbanken dürfen West-/Ost-Zahlungen nur ausführen, wenn den Zahlungen genehmigte Geschäfte zugrunde liegen und bestimmte formale Abrechnungs-

[92] Deutsche Bundesbank: Merkblatt über den innerdeutschen Wirtschafts- und Zahlungsverkehr – Stand Januar 1984, S. 5

vorschriften beachtet werden, Ost-/West-Zahlungen nur unter Vorbehalt der Feststellung, daß genehmigte Geschäfte zugrunde liegen und bestimmte formale Abwicklungsbestimmungen beachtet wurden, den Zahlungsempfängern gutschreiben.

Die Abwicklung des Zahlungsverkehrs bezieht sich auf drei Komplexe:

1) Zahlungsabwicklung im Rahmen des Berliner Abkommens für Warenbezüge, Dienstleistungen und der Errichtung und Unterhaltung von Kommissions- und Konsignationslagern,
2) Zahlungsabwicklung im Rahmen der Unterhalts- und Sperrguthabenvereinbarung,
3) Zahlungsabwicklung über Freikonten von Personen in der DDR („devisenrechtlich einzeln genehmigte, nach Maßgabe der Genehmigung frei verfügbare Konten, die Geldinstitute in der Bundesrepublik Deutschland für Personen in der DDR führen“).

Nach den gültigen Bestimmungen (Artikel 8) des Militärregierungsgesetzes Nr. 53 kann Nichtbeachtung der Melde- und Genehmigungsvorschriften als Straftat geahndet werden; mit einem etwaigen Buß- bzw. Strafverfahren wird nicht die Bank, sondern der einzelne verantwortliche Mitarbeiter der Bank direkt überzogen. Bei festgestelltem schuldhaften Verhalten werden Bußgelder oder Strafen gegen den einzelnen Mitarbeiter verhängt.

Exkurs 6
Die Finanzdienstleistungen der Deutschen Bundespost

Die Deutsche Bundespost bietet in drei Bereichen Finanzdienstleistungen an:

1) *Postgiroverkehr*
2) *Postsparkasse*
3) *Gelddienste.*

Die (Bank-) Betriebswirtschaftslehre faßt diese drei Bereiche zum Begriff „Postbank“ zusammen.[93] Die Autoren der Deutschen Bundespost subsumieren unter „Postbank“ lediglich den Postgiroverkehr und die Postsparkasse.[94]

In Analogie zum Begriff des Bankgeschäftes nach § 1 Satz 2 Nr. 9 KWG gehören die Gelddienste nicht zu den Bankgeschäften, in Analogie zu den Instituten der Kreditwirtschaft dürfte nur derjenige Teil der Gelddienste „Bankcharakter“ haben, der vergleichbar dem Barverkehr der Kreditinstitute ist:

– Einzahlungen und Auszahlungen am Postschalter für eigene oder fremde Konten.

Nicht vergleichbar sind hingegen

– Barzustellung in das Haus des Zahlungsempfängers,
– Nachnahme – Zahlungseinzug im Haus des Zahlungspflichtigen.

[93] vgl. Hahn, O.: Die Postbank – Ihre Stellung in der Bankwirtschaft, Wiesbaden 1978
[94] vgl. Janßen, R.: Die Postbank – Fragen und Antworten, in: ZPF 3/1979, S. 16 ff.

Diese beiden letzten Formen gehören nach Analogie-Schluß zu den Finanzdienstleistungen der Deutschen Bundespost, nicht hingegen zu den Geschäften der Postbank.

Der Marktanteil der Postbank betrug Mitte 1986 an allen Bankengruppen[95]

– Geschäftsvolumen	1,58 %,
– Kredite an Kreditinstitute	1,76 %,
– Kredite an Nichtbanken	1,15 %,
Einlagen von Nichtbanken	2,88 %,
– Sichteinlagen	5,48 %,
– Spareinlagen	5,45 %,
– Termineinlagen	0,00 %.

Gemessen an den Spareinlagen – ohne Sparbriefe – nimmt die Sparte „Postsparkasse" der Postbank im Sparvolumenbestand den Platz vier bzw. den Platz fünf ein:

Sparkassen	326 Mrd DM	
Kreditgenossenschaften	180 Mrd DM	
Großbanken	55 Mrd DM	Kreditbanken insgesamt 90 Mrd DM
→ Postsparkasse	35 Mrd DM	
Kreditbanken ohne Großbanken	35 Mrd DM	

Die Postbank verfügt über einen beachtlichen Marktanteil, insbesondere im Spargeschäft; daher ist es verständlich, daß zwischen Deutscher Bundespost und den öffentlichen und privaten Kreditinstituten eine Konfliktsituation besteht, die einen ihrer bisherigen Höhepunkte in dem Zeitraum 1960 bis 1972 hatte, ausgelöst durch die Stellungnahme des Zentralen Wettbewerbsausschusses der Spitzenverbände des Kreditgewerbes vom 24. 6. 1969 und das Rupp-Gutachten[96], wobei insbesondere Subventionierung der Post-Bankdienste durch das Fernmeldewesen unterstellt (von Seiten des Kreditgewerbes) und bestritten (von Seiten der Deutschen Bundespost) wird.

Formalrechtlich sind die Bankdienste der Deutschen Bundespost insoweit von der höchstrichterlichen Rechtsprechung bestätigt worden: mit Beschluß vom 24. 2. 1970 hat das Bundesverfassungsgericht festgestellt, daß

– die Fernmeldegebühren nicht außer Verhältnis zu den angebotenen Leistungen stehen,
– ein innerbetrieblicher Kostenausgleich nicht beanstandet werden kann.

Eine zusammenfassende Darstellung der Finanzdienstleistungen gibt Tabelle 12:[97]

[95] Monatsberichte der Deutschen Bundesbank Statistischer Teil III/12, 13
[96] Verfassungsrechtliche Aspekte der Postgebühr und des Wettbewerbs der Deutschen Bundespost mit den Kreditinstituten vom 18. 2. 1971
[97] Redaktion bank und markt, 2/1987, S. 31

Tabelle 12: Das Finanzdienstleistungsangebot der Deutschen Bundespost

Zahlungsverkehr:

Übermittlungsart/Höchstbetrag	**Besonderheiten**
Postüberweisung: Betrag unbegrenzt ● bargeldlos von Postgirokonto zu Postgirokonto bzw. Konto bei Banken und Sparkassen, gebührenfrei	● telegrafische, fernschriftliche und Eilaufträge ● Dauer-, Lastschrift-, Sammelaufträge ● Datenträgeraustausch
Postscheck: Betrag unbegrenzt ● als Zahlungsmittel zur Verrechnung (Verrechnungsscheck)	● zur Auszahlung beim Postgiroamt (Kassenscheck) ● zur Auszahlung beim Postamt (Postbarscheck, bis 20 000 DM)
„eurocheque": Deckungsgarantie bis 400 DM ● Verwendung wie Postscheck	● Einlösen bei allen Postämtern, Banken und Sparkassen
Zahlungsanweisung: Betrag unbegrenzt ● Zustellung von Bargeld vom Postgirokonto	● Dauer- und Sammelaufträge ● telegrafische und Eilaufträge ● Eilzustellung ● Zahlungsanweisung zur Verrechnung
Zahlkarte oder Zahlschein: Betrag unbegrenzt ● am Postschalter einzahlen ● auf eigenes Postgirokonto gebührenfrei ● auf ein anderes Postgirokonto gegen Gebühr ● Gebührenstufen: bis 10 DM, über 10 DM	● telegrafische Zahlkarte ● Eilauftrag ● Maschinelles Belegleseverfahren
Postanweisung: Höchstbetrag 1 000 DM ● am Postschalter einzahlen ● an Empfänger auszahlen ● Gebührenstufen: bis 100, 500, 1 000 DM	● Eilzustellung ● telegrafische Postanweisung ● Luftpost
Nachnahme: Höchstbetrag 3 000 DM ● Gebühr für Sendung und Nachnahmegebühr ● Gutschrift des eingezogenen Betrags (abzüglich Gebühr für Zahlkarte oder Zahlschein) auf Postgirokonto	
Postprotestauftrag: Höchstbetrag 3 000 DM ● Einschreib- und Vorzeigegebühr ● Übermitteln des beim Einlösen von Wechseln eingezogenen Betrags (abzüglich Gebühr für Postanweisung, Zahlkarte oder Zahlschein)	● Eilzustellung ● Wechselgesetz beachten ● bei Nichteinlösen Protest und Übersenden der Protesturkunde

Sparverkehr:

Sparform	**Einzahlung**	**Auszahlung**
Postsparbuch mit gesetzlicher Kündigungsfrist Marktübliche Zinsen	Mit Einzahlungsschein bar am Schalter, unbar mit Überweisung oder Dauer auftrag von einem Postgi ro- oder einem anderen Girokonto.	● Barauszahlung sofort gegen Rückzahlungsschein am Postschalter, bis 2 000 DM innerhalb 30 Tagen. Sparbuch und blaue Ausweiskarte vorlegen. ● Höhere Beträge schriftlich kündigen. In eiligen Fällen montags bis freitags Sofortkündigung am Postschalter.
Postsparbuch mit vereinbarter Kündigungsfrist Es können Kündigungsfristen von 1 Jahr, 2½ und 4 Jahren vereinbart werden. Je länger die Kündigungsfrist, desto höher die Zinsen		● Barauszahlung am Postschalter nach Kündigung beim Postsparkassenamt. ● Rückzahlungsanweisung, Sparbuch und orangefarbige Ausweiskarte vorlegen.
Postsparbuch für Sparen mit wachsendem Zins Zinsen wie beim Postsparbuch mit gesetzlicher Kündigungsfrist. Dazu für das 1., 2. und 3. Sparjahr ein von Jahr zu Jahr wachsender Bonus. Mindestspareinlage 2 000 DM.		● Barauszahlung sofort gegen Rückzahlungsschein am Postschalter, bis 2 000 DM innerhalb 30 Tagen. Sparbuch und gelbe Ausweiskarte vorlegen. ● Höhere Beträge schriftlich kündigen. In eiligen Fällen montags bis freitags Sofortkündigung am Postschalter.
Postsparbuch für Ratensparen mit Prämie Zinsen wie beim Postsparbuch mit gesetzlicher Kündigungsfrist. Dazu nach Ablauf des 7. Jahres eine Prämie von der Postsparkasse.	Regelmäßige monatliche Sparraten je nach Vereinbarung in Höhe von 20 bis 1 000 DM.	● Nach Kündigung wahlweise bar oder unbar auf ein Postgirokonto, ein anderes Giro- oder Sparkonto.
Postsparbuch für vermögenswirksames Sparen Höhere Zinsen und Arbeitnehmer-Sparzulage. Festlegungsfrist 7 Jahre.	Einmalige oder regelmäßige Zahlungen durch Arbeitgeber.	● Nach Ablauf der Festlegungsfrist wahlweise bar oder unbar auf ein Postgirokonto, ein anderes Giro- oder Sparkonto.

2. Die geschäftspolitisch-strategische Komponente: electronic banking

Systematisch nicht unproblematisch, jedoch im sachlichen Zusammenhang nur schwierig trennbar, soll das *electronic banking* als geschäftspolitisch-strategische Komponente an dieser Stelle insgesamt dargestellt werden.

Dies bedeutet, daß Dienstleistungen in der Finanzanalyse und Finanzplanung, im Auslandszahlungsverkehr und im Devisengeschäft ebenso wie die Technical-Financial-Services dargestellt werden, sowie die spezifischen Instrumente zur Abwicklung des inländischen bargeldlosen Zahlungsverkehrs. Ausgespart bleibt lediglich das Swift-System im Auslandszahlungsverkehr.

Die einzelnen Sektoren des electronic banking sind daher:

1) *Cash-Management-Systeme* national und international,
2) *Finanz- und Erfolgsplanungs-Service-Systeme,*
3) *Bildschirmtext-Systeme,*
4) *Datenbank- und Technical-Financial-Services.*

In dem essayistischen Einschub im ersten Band (Exkurs 1: Die Banken und ihre Technik, S. 86 ff.) war auf die geschäftspolitisch-strategischen Aspekte der Technologieentwicklung hingewiesen worden. Insbesondere in den Thesen zur dritten Generation der Technik spiegeln sich die Wandlungen im Einsatz der vorhandenen Technologie wider:

- Die Entwicklung der Technik macht sie zu einem bestimmenden Marketingelement im Rahmen des Wettbewerbs zwischen Banken.
- Die Technik wird zur eigenständigen marktfähigen Leistung im Bereich autonomer Kommunikation des Kunden mit von Banken und branchennahen/-fernen Wettbewerbern angebotenen Systemen.
- Die Fähigkeit, auf Basis neuer Technologien Produkte und Leistungen zu entwikkeln und anzubieten, wird zu einem bestimmenden Faktor für Kundengruppen und Räume, die eine Bank erreichen kann.
- Die Entwicklung von Konzeptionen für den Einsatz der Technik wird zu einem Bestandteil der strategischen Planung in Banken.

a) Cash-Management-Systeme (CMS)

CMS dient der Optimierung der Transaktionskassenverwaltung für ein Unternehmen mit nationaler und/oder internationaler Multi-Bank-Verbindung.

Ein CMS setzt sich im Regelfall aus vier Grundbausteinen zusammen:

1) Multi-Bank-Reporting (MBR)
   Bankumsätze, Bankkontostände bei den verschiedenen Bankverbindungen,
2) Transfer-Transaktionen
   Durchführung von Zahlungsverkehrsaufträgen in Money-Transfersystemen,

3) Konzern-Netting
   Konzentrierung der Ausgleichszahlungen innerhalb eines Konzerns auf ein Zielkonto mit Dispositionen des Spitzen-Netto-Betrages,
4) Treasury-Management-Informations-Systeme
   Darstellung der Tages-Dispositionsunterlagen und einer kurzfristigen Liquiditäts-Vorausschau.

Zu diesen Grundbausteinen treten Spezialleistungen, die in unterschiedlicher Form von den Banken als Leistungen im electronic banking angeboten werden: Eine besondere Ausformung des Konzern-Netting ist etwa das Devisen-Netting in multinationalen Konzernunternehmen, bei dem vor dem jeweiligen Zahl- und Abrechnungstag die in unterschiedlichen Währungen bestehenden Forderungen und Verbindlichkeiten innerhalb des Konzerns auf eine Basiswährung umgerechnet, verrechnet und die Spitzenbeträge errechnet werden. Der Transfer der Spitzenbeträge und die damit verbundenen Fremdwährungstransaktionen sind Folge-Dienstleistungen der Bank.

Eine Ausweitung des Reporting-Service liegt in der Information über Terminkonten, Devisenkontrakte, Avale und sonstige Finanzanlagen.

Eine Verbindung zwischen MBR und Treasury-Management-Informations-System ist der Disposal-Service: Den aus MBR gelieferten Kontoinformationen von den Banken werden die firmeneigenen und firmeninternen Avisbeträge gegenübergestellt und automatisch skontriert. Die Differenz zwischen Plandaten und Buchungsbestand fließt in die Disposition ein.

Eine Untersuchung von acht Banken im Hinblick auf den Einsatz von CMS bietet Glaum (Tabelle 13).[98]

b) Finanz- und Erfolgsplanungs-Service-Systeme (FES)

Die FESe, die von Banken angeboten werden, basieren regelmäßig auf den Erfahrungen mit der maschinellen Bilanzanalyse des Kreditportefeuilles.

Der erste Schritt auf den Kunden zu war das Angebot, dem Kunden eine Vergleichsmöglichkeit in seiner Branche zu geben, seine Bilanz und Erfolgsrechnung gegen einen „Branchentopf" zu stellen.[99]

Der bisher letzte Schritt sind Angebote in der Bilanz- und Erfolgsplanung von der kurzfristigen Liquiditätsvorschau bis zur Zehn-Jahres-Planung unter Einschluß von Finanzierungs- und Gewinnverteilungs-Rechnungen sowie Kennzahlenbildung. Der Kunde kann seine Plandaten speichern und als Basis für den Soll-Ist-Vergleich verwenden. Dieser FES-Service ist insbesondere für die Bedürfnisse der Zielgruppe der mittelständischen Unternehmen gedacht.

[98] Glaum, M.: Internationale Cash-Management-Systeme von Banken, in: bank und markt 1/87, S. 15
[99] vgl. Müller, H.: Finanzanalyse und Finanzplanung als EDV-Service, in: Die Bank 4/86, S. 173-178

Tabelle 13: Internationale Cash-Management-Systeme von Banken in der Bundesrepublik (Stand: März 1986)

	Bezeichnung des Cash-Management-Systems	Eigenentwicklung oder Lizenz	bankeigenes Kommunikations- und Computersystem oder Fremdsystem	Art der Datenverarbeitung und -bereitstellung	Generation des Systems	Anzahl der angeschlossenen Länder
Deutsche Bank	db-direkt	General Electric	General Electric Mark III	Batch	2	36
Dresdner Bank	drecam[1]	NDC, CAM	General Electric Mark III	Batch	je nach Produkt: 1, 2 und 3	36
Commerzbank	COBRA	Chemical Bank	General Electric Mark III	Batch	1	26
Citibank	Citi-Banking[1]	Eigenentwicklung	bankeigenes System	Real Time	je nach Produkt: 1 und 2	94
Chase Bank	InfoCash/ Chase Global Micro Station	Eigenentwicklung	bankeigenes System	in der BRD: Batch, sonst: Real Time	je nach Produkt: 1, 2 und 3	über 50
Bank of America	Bamtrac MINT	Eigenentwicklung	bankeigenes System	in der BRD: Batch, sonst: Real Time	je nach Produkt: 1, 2 und 3	zirka 70
Morgan Guaranty	MARS[1]	Eigenentwicklung	General Electric Marc III	Batch	je nach Produkt: 1, 2 und 3	23
Manufacturers Hanover	Transend/ Interplex	Eigenentwicklung	bankeigenes System	Batch	je nach Produkt: 1, 2 und 3	22

1) Hinter diesen Bezeichnungen verbergen sich jeweils mehrere Systeme

c) Bildschirm-Text-Systeme (Btx)

Das neue Medium „Bildschirmtext“ wurde nach dreijährigem Test auf der Internationalen Funkausstellung in Berlin 1983 dem Publikum vorgestellt. Btx ist ein Kommunikationsdienst der Deutschen Bundespost aus Datenbanken über Telefonleitungen auf Fernseh- oder PC-Schirme oder Monitore. Zusätzlich benötigt der Benutzer eine „Btx-Anschlußbox“, einen Decoder, eine erweiterte Fernseh-Fernbedienung und eine alpha-numerische Tastatur.

Am 15. Juli 1984 ist das Btx-Abkommen zwischen den Spitzenverbänden des deutschen Kreditgewerbes in Kraft getreten, das

- ein Konzept zur Absicherung des Benutzerzuganges zu kontobezogenen Btx-Anwendungen,
- Sonderbedingungen für die Benutzung von Btx

enthält.

Das Sicherungskonzept kombiniert Kunden-/Konto-/Depot-Nummer mit einer *P*ersönlichen *I*dentifikations-*N*ummer (analog Geldausgabe-Automaten-Regelung). Der Kunde muß neben seiner Konto-Depot-Nummer und der *PIN* zusätzlich eine *T*rans*a*ktions-*N*ummer (*TAN*) eingeben, um disponieren zu können.

PIN = fünfstellige Identifikationsnummer als Zugangsberechtigung zu Konto/Depot im Dialogverkehr

TAN = sechsstellige Transaktionsnummer als Berechtigung für bestimmte Transaktionen und für die Freigabe von Geschäftsvorfällen im Rahmen von Btx.
Diese TAN verbraucht sich bei jedem Vorgang. Daher erhält der Btx-Benutzer automatisch in verschlossenem Briefumschlag neue TAN.

Tabelle 14 verdeutlicht das Zusammenwirken von PIN und TAN.

Die Bedingungen für die Benutzung von Btx sind eine Ergänzung der AGB. Hervorgehoben werden sollen folgende Punkte:

„3. Erklärungen des Kunden sind wirksam abgegeben, wenn er sie zur Übermittlung freigegeben hat. Kundenaufträge über Btx werden im Rahmen des banküblichen Arbeitsablaufes bearbeitet.

4. Die Bank kann Verfügungen für Bildschirmtext betragsmäßig begrenzen. Der Kunde darf Verfügungen nur im Rahmen seines Guthabens bzw. einer vorher eingeräumten Kreditlinie vornehmen. Die Bank ist jedoch berechtigt, Verfügungen über Btx auch bei mangelndem Guthaben auszuführen und das Konto einschließlich der hierfür anfallenden Aufwendungen zu belasten.“

„6. Der Zugang zum Konto wird unter den nachfolgend genannten Voraussetzungen aus Sicherheitsgründen automatisch ganz oder teilweise gesperrt, wenn
a) die Btx-PIN dreimal hintereinander falsch eingegeben wird (diese Sperre betrifft die gesamte Btx-Kontoführung);
b) dreimal hintereinander falsche Transaktionsnummern eingegeben werden (diese Sperre betrifft alle kontobezogenen Btx-Vorgänge für diesen PIN-Berechtigten).“

Die Kosten der Zusatzgeräte, die personalintensive und wenig kundenfreundliche Handhabung und die – noch – begrenzte Nutzungsmöglichkeit sowie die nicht unbedeutenden Gebühren der Bundespost für die Btx-Teilnehmer und Btx-Anbieter haben dazu geführt, daß die Teilnehmer-Prognosen nicht eingetreten sind.

Tabelle 14: Dialoganwendung und Verfügungsberechtigung mit PIN und TAN

mögliche Verfügungsberechtigung / Dialoganwendung	TAN erforderlich	PIN-Funktion				2. TAN erforderlich
		allein verfügungsberechtigt	eingeschränkt verfügungsberechtigt	Abfrage von Kontoinformationen	Erfassungsfunktion	
	1	**2**	**3**	**4**	**5**	**6**
Kontostands-/Umsatzabfrage		●	●	●		
Depotbestandsabfrage		●	●	●		
Überweisungen						
– Einzelüberweisungen	●	●	●			●
– Vormerküberweisungen	●	●	●			●
– Sammelüberweisungen						
erfassen/weitererfassen		●	●	●	●	
Stapelnachweis		●	●	●	●	
Freigabe	●	●	●			●
Zahlungen in das Ausland						
– Erfassen ohne TAN		●	●	●	●	
– Erfassen mit TAN	●	●	●			●
– Freigabe	●	●	●			●
Daueraufträge/Lastschriften						
– Einzel-/Kurzanzeige		●	●	●		
– Eröffnung, Änderung, Löschung	●	●	●			●
Konto entsperren nach automatischer Sperre	●	●	●	●	●	
Änderung von PIN	●	●	●	●	●	
Freigabe neuer TAN	●	●	●	●	●	
Anforderung/Löschung von TAN	●	●	●	●	●	

Ende 1986 gab es 56401 Anschlüsse, darunter 3565 Anbieter. Das Btx-Verzeichnis der Deutschen Bundespost verzeichnet unter „Banken" 880 Anschlüsse, unter „Sparkassen" 570 Anschlüsse = 1450 Anschlüsse im Kreditgewerbe, das ist ein Anteil von etwa 25 % der selbständigen Kreditinstitute.[100]

[100] vgl. „Nur wenige Banken nutzen Bildschirmtext – eine Bestandsaufnahme", in: bank und markt 2/87, S. 34

Im Gegensatz zum Privatkundengeschäft hat allerdings das Firmenkundengeschäft das neue Medium stärker genutzt, insbesondere im Zusammenhang mit anderen Instrumenten des electronic banking.

Nach Einschaltung des firmenindividuellen PC liefern die Banken eine spezifische software, die zu den gewünschten Zeiten automatisch die Btx-Vermittlungsstelle und den externen Rechner der Bank anwählt. Automatisch werden Umsätze/Kontostandsinformation von DM-Konten angelesen und gespeichert und Einzel-/Sammelüberweisungsaufträge vorbereitet. Das System zeigt den Buchsaldo pro Bankkonto zum Buchungstag und bis 30 Tage zurück, Belastungs- und Gutschriftsbeträge, die Valuten und den Buchungstext. Die Überleitung zum CMS ist gegeben.

Insoweit hat Btx in Verbindung mit den übrigen Service-Instrumenten des electronic banking eine, insbesondere für mittelständische Unternehmen, anerkannte und genutzte Einsatzmöglichkeit gefunden.

d) Datenbank- und Technical-Financial-Services[101]

Neben die dargestellten Bankprodukte im Bereich der elektronischen Medien treten diese umklammernde, integrierte Informations- und Kommunikations-Systeme als Finanzdienstleistungen (Reuters als Anbieter auf diesem Markt als Beispiel).

Unverkennbar wandelt sich „Banking" zum financial engineering, vom Handel mit Geld und Kapital zum Handel und Angebot von Informationen über Geld und Kapital, in Verbindung etwa mit Btx, zum ableitbaren und bereitgehaltenen Angebot zum direkten Geschäftsabschluß.

Änderungen in den Verhaltensweisen der Kunden und Kundengruppen sind bereits erkennbar oder auch schon vollzogen: Firmen- und Privatkunden erwarten umfassende, aktuelle Informationen über für sie relevante Finanzmärkte.

Im Bereich der Firmenkunden besteht eine Professionalität der Großunternehmen in Finanzfragen; der Einsatz von CMS ist üblich, grenzüberschreitende Absicherung von Risikopositionen auf Options- und Futures-Märkten ist ein bekanntes Instrument, die Globalisierung der Finanz- und Kapitalmärkte gehört zu den finanzwirtschaftlichen Umweltdaten.

Im Bereich der Privatkunden ist eine gestiegene Zinsreagibilität zu konstatieren, ebenso wie eine grenzüberschreitende Orientierung im Anlageverhalten durch Ausnutzen unterschiedlich hoher Zinsniveaus. Auch dieses Kundensegment ist auf Options- und Futures-Märkten tätig.

[101] vgl. Jacob, A.-F.: Strategische Planung in Banken, Frankfurt 1986, S. 75–78

Diesen Entwicklungen tragen die Informationsanbieter Rechnung. Die Trends der „Informations-Services-Industries“ sind:

- Bereitstellung aller finanz-entscheidungsrelevanten Informationen auf „real-time“-Basis,
- Ausweitung der Benutzer/Abnehmer von der professionellen Kreditwirtschaft in Richtung auf professionalisierte Firmenkunden und vermögende Privatkunden.

Daraus ergeben sich für die Kreditwirtschaft drei Feststellungen und Konsequenzen:

1) Das Quasi-Informations-Monopol der Banken über die Finanzmärkte ist bereits verlorengegangen.
2) Neue Informations- und Kommunikationswege für die Kunden bedeuten:
   - Ertragsschmälerung für die Banken,
   - Bedeutungseinbuße der klassischen Vertriebswege der Banken für spezifische Kundensegmente,
   - Aufbau direkter Kundenkontakte durch Informationsanbieter,
   - „Zugang zur Information“ als neue produktintegrierende Leistung am Markt.
3) Die Verbindung von Informationszugang und Bankdienstleistung schafft neue Positionen im Markt.

Als interessante Angebote am Markt:

Trintex	eine Gesellschaft zur Erschließung des Btx-Marktes Kanada (Gesellschafter CBS, Sears, IBM zu je 1/3)
Merrill-Lynch	Aufbau eines Kommunikationsnetzes (mit IBM und Monchik & Weber als Partner) in zwei vorgesehenen Ausbaustufen: 1) Service-Leistungen für Merrill Lynch, 2) Öffnung für Kunden.

Dieser Prozeß führt zu einer Emanzipation des Kunden von seiner Bank: die Präferenz „Finanzinformation“ ist durch banknahe/bankfremde Informationsanbieter gefährdet, der Kunde wird von der Beratung durch die Bank unabhängig:

- der Kunde gewinnt Autonomie in der Informationsbeschaffung und -analyse,
- die Wahl der Geschäftsbeziehung ist von den Kosten des Handling gesteuert,
- die Präferenz „Finanzinformation“ ist verlorengegangen.

Von dieser Entwicklung sind als Produktgruppe betroffen:

- Internationale Finanzierung,
- Internationale Anlage,
- Vermögensverwaltung,
- Wertpapiergeschäft,
- Edelmetallgeschäft,
- Devisengeschäft.

Die Konsequenz für die Banken liegt im Aufbau eigener financial services und Integration entsprechender Datenbanken: die Banken werden damit Informations- und Kommunikationsanbieter in den elektronischen Medien. Ein Beispiel ist das Datenbank-Service-Angebot der Deutschen Bank AG.

IV. Erlös- und Kostenstrukturen im Zahlungsverkehr

1. Allgemeine Hinweise

Bei der Betrachtung des Aufwands, der durch den Zahlungsverkehr für die Kreditinstitute anfällt, ist zunächst zwischen dem baren und bargeldersparenden Zahlungsverkehr einerseits und dem bargeldlosen Zahlungsverkehr andererseits zu unterscheiden.

Der bare bzw. bargeldersparende Zahlungsverkehr verursacht sowohl in der Betriebs- als auch in der Wertsphäre relativ hohe Aufwendungen. Er bewirkt einen umfangreichen Kassenverkehr, der von qualifizierten Kräften durchgeführt werden muß. Der wertbedingte Aufwand des Barverkehrs ist in erster Linie in den Liquiditäts- und den erhöhten Risikokosten zu suchen. Auch der Aufwand im bargeldlosen Zahlungsverkehr belastet trotz dessen rationeller Abwicklung sowohl in betrieblicher als auch in wertmäßiger Hinsicht die Kreditinstitute in starkem Maße. Grundsätzlich muß davon ausgegangen werden, daß bei einseitiger Betrachtung nur der Zahlungsvorgänge der Zahlungsverkehr als Zuschußsparte anzusehen ist. Zur Abwicklung des bargeldlosen Zahlungsverkehrs sind für die Bearbeitung der verschiedenen Träger, wie Überweisung, Wechsel und Scheck, spezielle Abteilungen eingerichtet, die Sachaufwand je Arbeitsplatz verursachen. Der Einsatz von Rechen- und Registriermaschinen bringt zwar nicht unerhebliche Kosten mit sich, ermöglicht aber eine mechanische und rationelle Bearbeitung mit degressiven Stückkosten. Als weitere sachliche Aufwendungen sind Formular-, Fernschreib- und Telefongebühren zu nennen.[102]

Die personellen Aufwendungen als zweite Komponente des betriebsbedingten Aufwands sind ebenfalls erheblich. Im Interesse einer schnellen Abwicklung sind die Kreditinstitute bestrebt, die anfallenden bargeldlosen Zahlungen möglichst am Tage der Auftragserteilung abzuwickeln und die Zahlungsverkehrsinstrumente noch am Tage der Einreichung weiterzuleiten. Besonders durch den Abrechnungsverkehr und den vereinfachten Scheckeinzug sowie durch die innerbetriebliche Organisation bedingt, treten bei den bearbeitenden Stellen täglich unvermeidbare Spitzenbelastungszeiten ein. Auf diese Kapazitätsspitzen muß die Zahl und die Zusammensetzung der Arbeitskräfte abgestellt sein, um einen reibungslosen Arbeitsablauf zu gewährleisten.[103] Daß die dabei anfallenden personellen Aufwendungen in Zeiten mit geringerer Arbeitsbelastung nicht zu Leerkosten werden, kann nur zum Teil ausgeglichen werden.

[102] Lipfert, H.: Nationaler und internationaler Zahlungsverkehr, 2. Aufl., Wiesbaden 1970, S. 32
[103] ebenda

Der wertbedingte Aufwand des bargeldlosen Zahlungsverkehrs besteht in der Hauptsache aus Liquiditätsaufwand, der jedoch durch die Wertstellung weitgehend ausgeschaltet wird. Zwar sind auch Risikoaufwendungen für Betrugsfälle, Irrtum oder das Abhandenkommen von Überweisungsträgern anzusetzen, doch sind diese Risiken erheblich niedriger als beim bargeldersparenden Zahlungsverkehr. Eine Ertragsminderung entsteht immer dann, wenn zur Abwicklung des bargeldlosen Zahlungsverkehrs bei anderen Kreditinstituten Verrechnungsguthaben unterhalten werden müssen. Um sie möglichst niedrig zu halten, haben sich die verschiedenen Girokreise gebildet. Die darin zusammengeschlossenen Kreditinstitute führen Zahlungen ohne die Voraussetzung einer Guthabenhaltung untereinander aus, da die gegenseitige Verrechnung über Kopfstellen erfolgt, welche eventuelle Debetsalden als Kontokorrentkredite ansehen. Sie verursachen allerdings Liquiditätsaufwendungen in Form eines Sollzinses.

Vielfach entstehen durch die Abwicklung des bargeldlosen Zahlungsverkehrs sogenannte opportunity costs, d. h., es entgehen Erträge, die das Kreditinstitut bei wirtschaftlicherer Verwendung der liquiden Mittel hätte erzielen können. Jedes Kreditinstitut ist daher bestrebt, so wenig wie möglich Liquidität durch den bargeldlosen Zahlungsverkehr zu binden und weitgehend Belastungen und Gutschriften im Verrechnungsverkehr der Kreditinstitute ausgeglichen zu gestalten. Ob das gelingt, hängt außer von den Dispositionen der Kundschaft auch von der Verwendung der einzelnen Instrumente des Zahlungsverkehrs ab. Die entscheidende und vieldiskutierte Frage lautet hierbei, ob die Überweisung oder der Scheck – der repräsentativ für die Inkassopapiere stehen soll – für die Kreditinstitute kostengünstiger ist.[104] Die betriebsbedingten Aufwendungen halten sich etwa die Waage. Beide Zahlungsverkehrsinstrumente beanspruchen sachliche und persönliche Aufwendungen in ungefähr derselben Höhe, so daß die Differenzen auf betriebsinterne Bevorzugung von *Scheck* oder *Überweisung* zurückzuführen sind.[105] Die Risikoaufwendungen können für den Scheck als Urkunde in der Regel etwas höher angesetzt werden, da der Barscheck an einen Unberechtigten ausgezahlt werden kann und die Gefahr besteht, daß Verrechnungsschecks, die weitergereicht werden, weder eingelöst noch später dem Einreicher mangels ausreichenden Guthabens zurückbelastet werden können. Allerdings sind diese Risiken nicht allzu hoch einzuschätzen. Ein entscheidender Unterschied zwischen Scheck und Überweisung besteht hinsichtlich der Liquiditätsaufwendungen. Die Überweisung stärkt die Liquidität eines Kreditinstituts, da sie, vom Zahlungspflichtigen ausgehend, zum Zahlungsempfänger läuft und jede dazwischengeschaltete Bank mit einem zeitweiligen Guthaben ausstattet. Jedes Kreditinstitut ist daher bestrebt, den Überweisungsbetrag so lange wie möglich im eigenen Bereich zu halten.[106] Dies ist um so eher möglich, je dichter das Filialnetz oder je weiter reichend ein Giroring ist.

[104] vgl. Lipfert, H.: a. a. O., S. 82 ff., Hahn, O./.: Die Möglichkeiten einer Förderung des Scheckverkehrs, Frankfurt am Main 1962, mit ausführlichem Literaturverzeichnis
[105] vgl. Hahn, O.: a. a. O., S. 18
[106] vgl. Hahn, O.: a. a. O., S. 19

Der Scheck hingegen bringt eine Belastung des empfangenden Kreditinstituts mit sich. Das veranlaßt die Banken, ihn möglichst schnell weiterzureichen, um sich wieder eigene Liquidität zu verschaffen. Dazu kommt, daß der Lauf des Schecks primär vom Scheckgläubiger bestimmt wird; er entscheidet, welchem Kreditinstitut er den Scheck zum Inkasso gibt.[107]

Die Banken selbst können hierauf nur wenig Einfluß ausüben. Aus diesem Grunde ist für den Scheck kein weitverzweigtes *Gironetz* erforderlich. Der Scheck eignet sich sehr gut zum Clearing, da er bei seiner Weitergabe Liquidität bringt; die Überweisung ist vorteilhaft innerhalb größerer Girokreise, da hierbei die Weiterleitung keinen Liquiditätsverlust bringt. Nicht zuletzt aus diesem Grund tritt die Sparkassenorganisation für eine Ausbreitung des Überweisungsverkehrs ein, während die privaten Kreditinstitute mehr an einer Förderung des Scheckverkehrs interessiert sind.[108]

Für die Liquiditätsaufwendungen des bargeldlosen Zahlungsverkehrs gilt daher folgendes: Sie lassen sich bei der Überweisung besser regulieren als beim Scheck, da die Bank den Lauf der Überweisung bestimmen und auch besser über ihre Guthaben bei der Bundesbank und im Postscheckverkehr verfügen kann. Der Scheck hingegen verursacht durch die Abhängigkeit von den Dispositionen der Scheckinhaber in der Regel höhere Liquiditätsaufwendungen in Form kurzfristig benötigter Kredite oder dadurch, daß hohe Guthaben auf den Zahlungsverkehrskonten anfallen. Die erhöhten Liquiditätsaufwendungen und die in der Regel höheren Risikoaufwendungen des Schecks werden allerdings ausgeglichen durch die günstigen Bedingungen des vereinfachten Scheckeinzugs der Bundesbank. Abgesehen davon, daß die Kreditinstitute bei der Bundesbank ohnehin unverzinsliche Mindestreserven unterhalten müssen, stellt die beim vereinfachten Scheckeinzug übliche Wertstellung praktisch die Gewährung eines kurzfristigen zinslosen Kredits an das einreichende Kreditinstitut dar.

Die bisher angestellten Vergleiche zwischen Scheck und Überweisung[109] erbrachten sehr unterschiedliche Ergebnisse, fielen in der Mehrzahl jedoch zugunsten des Schecks aus. Ein generelles Urteil wäre jedoch fehl am Platze, da die für das einzelne Zahlungsinstrument entfallenden Aufwendungen weitgehend davon abhängen, wie sein Lauf und seine Bearbeitung technisch organisiert sind.

Die Höhe des Aufwandes, den das Inkasso der übrigen Papiere mit sich bringt, entspricht etwa der des Scheckinkassos. Eventuell darüber hinausgehende Aufwendungen sind vorwiegend betriebsbedingt, weil die Instrumente zum Teil einer gesonderten Bearbeitung bedürfen und keine organisatorisch bedingten Ersparnisse für sich in Anspruch nehmen können. Die hierfür speziell erhobenen Provisionen und Gebühren dürften jedoch für eine Aufwandsdeckung ausreichen.

[107] vgl. Hahn, O., a. a. O., S. 19
[108] vgl. Hahn, O., a. a. O., S. 17
[109] vgl. Hahn, O., a. a O., S. 17 f.

Die Auswirkungen des Zahlungsverkehrs auf den Ertrag ziffernmäßig festzustellen ist nahezu unmöglich. Ebensowenig wie eine exakte Ermittlung der Liquiditäts- und Risikoaufwendungen erreicht werden kann, können alle dem Zahlungsverkehr zuzurechnenden Erträge ermittelt werden.[110] Die Kosten- und Erfolgsrechnung ist wegen der Erlösverbundenheit zwischen der Sparte „Zahlungsverkehr" und anderen Geschäftszweigen nicht in der Lage, von den Gesamterträgen zuverlässig sämtliche Erträge abzuspalten, die durch den Zahlungsverkehr anfallen. Dies gilt insbesondere für die „indirekten" Erträge, die dem Zahlungsverkehr zugerechnet werden müssen, weil er als zentrales Dienstleistungsgeschäft der Kreditinstitute die Voraussetzung für die Erzielung der Erträge anderer Geschäftsparten, speziell des Kreditgeschäftes, bildet.

Als direkte Erträge des Zahlungsverkehrsgeschäftes sind zunächst die *Gebühren* und *Provisionen* zu erwähnen. Z. B. wird für die Einlösung eines Wechsels eine spezielle Domizilprovision in Rechnung gestellt. Häufig wird auch beim Einzug von Quittungen eine Gebühr erhoben. Außerdem werden spezielle Belastungen bei nicht eingelösten Inkassopapieren vorgenommen.

Als weiterer direkter Ertrag des Zahlungsverkehrs, der allerdings in globaler Form anfällt, kann die *Umsatzprovision* angesehen werden. Bei einer Berücksichtigung der Umsatzprovision als Ertrag des Zahlungsverkehrs muß zwischen dem debitorischen und dem kreditorischen Zahlungsverkehr unterschieden werden. Der debitorische Zahlungsverkehr ist stets mit einer Krediteinräumung verbunden. Für den Kredit wurde ehemals eine Umsatzprovision als Promille- bzw. Prozentsatz entweder auf den Umsatz der größeren Kontoseite oder auf den eingeräumten Kreditbetrag – mit Mindestsatz – berechnet.

Bei kreditorischen Konten, die einen ständigen Sichteinlagenbestand aufweisen, bestand ehemals die Wahlmöglichkeit, sie in provisionspflichtiger oder provisionsfreier Rechnung führen zu lassen. Im Gegensatz hierzu wurde bei Konten in provisionsfreier Rechnung keine Umsatzprovision erhoben. Dafür wurde der Habenzins für diese Konten bis zu ½ % p. a. niedriger gehalten als für Gelder in provisionspflichtiger Rechnung. Dies beruhte darauf, daß eine Bank bei provisionsfreier Rechnung Geldbeschaffungsaufwand einsparte und dafür auf Zahlungsverkehrserträge verzichtete.

Statt der Berechnung einer Umsatzprovision ist es, vor allem beim kreditorischen Zahlungsverkehr, heute vielfach üblich, sogenannte *Postengebühren* in Rechnung zu stellen. Ihre Summe hängt nicht wie die Umsatzprovision vom Umsatz, also von einer Wertgröße ab, sondern von der Stückzahl der vorgenommenen Zahlungen.

Gerade im Zusammenhang mit der zunehmenden Nutzung des bargeldlosen Zahlungsverkehrs (u. a. eurocheque) mußten die Kreditinstitute versuchen, stärker als in der Vergangenheit direkte Erträge zu erzielen. Mit erheblichen Abweichungen bei ver-

[110] vgl. Lipfert, H.: a. a. O., S. 33

schiedenen Instituten haben sich Konditionen durchgesetzt, die alle über eine bestimmte Anzahl je Quartal (ca. 10 bis 15) hinausgehenden Buchungsposten belasten. Darüber hinaus werden einmalige Gebühren unterschiedlicher Art (z. B. für Einrichtung bzw. Änderung von Daueraufträgen, für die jährliche Ausgabe der eurocheque-Karte, für die Ausgabe von eurocheque-Vordrucken, für die Einzahlungen auf fremde Konten) und Höhe erhoben.

Die „indirekten" Erträge des Zahlungsverkehrs fallen in anderen Geschäftssparten an und können auch durch eine gut ausgebaute Bankkalkulation nur ungenau der Sparte „Zahlungsverkehr" zugerechnet werden. Der Grund ist darin zu suchen, daß ohne Zahlungsverkehr viele Bankgeschäfte nicht abgewickelt werden könnten. Außerdem sind vielfach Erträge anderer Geschäftssparten auf eine indirekte oder direkte Förderung durch den Zahlungsverkehr zurückzuführen. Hierbei ist vor allem an die Erträge im Depositen- und im Kreditgeschäft, aber auch an das Geld- und Kapitalanlage- sowie das Wertpapiergeschäft zu denken.

Ein Teil der indirekten Erträge kann auf sogenannte *Wertstellungsgewinne*[111] zurückgeführt werden. Diese entstehen durch die Differenz zwischen dem Zeitpunkt der Belastung des Zahlungspflichtigen und dem der Gutschrift auf dem Konto des Zahlungsempfängers. Durch die frühere Valutierung von Belastungen und die spätere Valutierung von Gutschriften werden im debitorischen Zahlungsverkehr die Zinserträge erhöht, weil die Kredite an die Kunden zeitweilig höher ausgewiesen werden, und im kreditorischen Zahlungsverkehr der Zinsaufwand gesenkt, weil die Depositen zeitweilig niedriger ausgewiesen werden, als wenn Belastung und Gutschrift gleichzeitig erfolgen.

Dem Bestreben, die Wertstellungserträge zu erhöhen, ist eine Grenze durch das Verhältnis zur Kundschaft gesetzt. Die Valutierungsdifferenz ist durch die Bearbeitungs- und Postlaufzeit der Zahlungsverkehrsinstrumente begründet und darf einen vertretbaren Zeitraum nicht überschreiten, um die Kundschaft nicht zu verärgern. Aus diesem Grunde wurde auch der Eilverkehr im Spargiro- und Genossenschaftsring eingeführt; außerdem besteht die Möglichkeit, Überweisungen telegrafisch oder telefonisch ausführen zu lassen, wofür eine spezielle Gebühr erhoben wird. Damit wird meist gleichzeitig ein indirekter Wertstellungsertrag in einen direkten Zahlungsverkehrsertrag umgewandelt.

Die weiteren indirekten Zahlungsverkehrserträge sind dem fördernden Charakter des Zahlungsverkehrs im Hinblick auf andere Geschäftszweige zuzuschreiben. Dies läßt sich am eindrucksvollsten am Zusammenhang zwischen Zahlungsverkehr, Depositen- und Kreditgeschäft aufzeigen. Um ihren bargeldlosen Zahlungsverkehr reibungslos abwickeln zu können, sind die Kunden gezwungen, entweder einen Mindestbestand an Sichteinlagen zu unterhalten oder sich einen Kontokorrentkredit einräumen zu lassen. Im letzteren Fall sind also Teile des Ertrages aus dem Kreditgeschäft durch den Zah-

[111] vgl. Schmidt, F., Der nationale Zahlungsverkehr, 2. Aufl., Leipzig 1920, S. 161

lungsverkehr bedingt. Aber auch ein Teil des Bestandes an Sichteinlagen, der „Bodensatz“, der etwa 60 % bis 70 % des normalen Sichteinlagenbestandes ausmacht, wird im Aktivgeschäft eingesetzt und bringt dadurch Erträge. Auf der Ertragsseite schlägt sich der kreditorische Zahlungsverkehr einmal in niedrigerem Geldbeschaffungsaufwand nieder, da z. B. die Habenzinsen für Sichteinlagen unter denen der Termineinlagen liegen, zum anderen kann der Bodensatz der Zahlungsverkehrseinlagen im kurzfristigen, teilweise sogar im mittelfristigen Kreditgeschäft eingesetzt werden. Der niedrigere Zinsaufwand im Einlagengeschäft einerseits und ein Teil der Erlöse aus dem Kreditgeschäft andererseits müssen daher als Ertrag des Zahlungsverkehrs angesehen werden. Eine Kreditgewährung auf der Grundlage der Depositen ist um so eher möglich, je mehr Zahlungsvorgänge durch interne Umbuchungen innerhalb eines Instituts oder eines Giroringes ausführbar sind. Die Wahrscheinlichkeit der internen Verrechnung steigt mit der Größe eines Instituts oder Gironetzes. Sobald andere oder einem anderen Kreis angehörende Kreditinstitute in einen Zahlungsvorgang eingeschaltet werden müssen, verschlechtern sich die Liquidität, die Kreditschöpfungsfähigkeit und damit die Ertragserzielung, weil entweder Zentralbankgeld oder Buchgeld anderer Kreditinstitute zur Verfügung gestellt werden muß.

Allgemein wird in der Bankpraxis davon ausgegangen, daß die Zahlungsverkehrsgeschäfte rentabilitätsmindernd wirken, weil hohe Betriebsaufwendungen verhältnismässig geringen Erträgen gegenüberstehen.[112]

2. Kostenstrukturen

Im Zusammenhang mit der Einführung des Gebührenmodells sind von der Dresdner Bank AG in einem Pressegespräch am 8. Februar 1980 („Preissystem für die Führung von Privatkonten“) Angaben über Stückkosten gemacht worden. Diese Zahlen wurden für 1985 fortgeführt und aktualisiert:

Stückkosten in DM	**1969**	**1978**	**1985**
Kasse	1,54	2,26	4,53
Scheck	0,18	0,06	0,06
Dauerauftragsausführung	0,85	0,09	0,08
Überweisungseingang	0,31	0,35	0,47*
Buchung auf Kontokorrentkonto	0,74	1,00	0,22

* im beleglosen Datenträgeraustausch 0,04

Aus dieser Gegenüberstellung läßt sich unschwer ablesen, daß
1) der überaus personalintensive Kasseposten sich seit 1969 in seinen Stückkosten nahezu verdreifacht hat,
2) die Rationalisierung im Scheckverkehr die Kostenentwicklung 1985/1978 kompensiert hat,

[112] vgl. Rummel, H., Die Möglichkeiten einer genauen Selbstkostenrechnung im Bankgewerbe und ihre Auswirkungen auf die Rentabilität, in: ZfhF 1934, S. 281 ff.; ders., Die Rentabilitätsfrage der Banken, ihre Unkosten und die Kalkulation. Die Versuche zur Ertragssteigerung, in: Untersuchung des Bankwesens 1933, I. Teil, Bd., 1, S. 421 ff.

3) der konventionelle Überweisungseingang nochmals deutlich im Stückkostensatz angestiegen ist, jedoch der beleglose Datenträgeraustausch zu einer Stückkostensenkung auf 10 % des konventionellen Satzes führt,
4) in den Kosten der Buchung im Kontokorrent deutliche Rationalisierungsmaßnahmen wirksam geworden sind.

3. Zahlungsverkehrspreise

Als dominantes Problem innerhalb der Kreditwirtschaft – als Konkurrenzbestandteil – zwischen Bank und Kunden – als Präferenzbestandteil – und zwischen Banken und Öffentlichkeit (insbesondere: Verbraucherverbände) – Imagebestandteil – darf die Kontoführungs-„Gebühr" im Privatkundenbereich gelten, hervorgerufen durch die Umstellung der sogenannten gebührenfrei geführten Lohn- und Gehaltskonten auf gebührenpflichtige Privatkonten.

Als erste Großbank veröffentlichte 1980 die Dresdner Bank ihr „Gebührenmodell", nachdem ein erster Versuch 1978 („Werkstattgespräch") an der Reaktion der Presse gescheitert war. Zur Struktur des 78er Modells vgl. Tabelle 15.

Tabelle 15: Kontoführungspreise der Dresdner Bank (Modell 1978)

Gebührenpflichtige GV	**Gebühr je GV** in DM
Kasse-Auszahlungen	1,00
Kasse-Einzahlungen	0,90
Überweisungsausgänge	0,45
Überweisungseingänge	0,45
Scheckeinreichungen z. G., E. v.	0,45
eingelöste Verrechnungsschecks, Lastschriften	0,40
Abbuchungen	0,35
Ausführungen im ZDA	0,30
Datenträger – Gutschriften	0,25
Datenträger – Lastschriften	0,25
sonstige GV:	
sonstige ohne WP	1,00
GV des WP-Geschäfts	0,50
Selbstabholer – Tagesauszüge	0,50
Porti – Tagesauszüge	0,50
Porti – Monatsauszüge	0,50
Porti – lfd. Informationen	1,00
Freipostenregelung : 5 (als Durchschnittsstückkostensatz verrechnet) keine Berechnung einer Grundgebühr pro Monat	

„Stein des Anstoßes" war die Gebühr von 1,– DM für Kasseauszahlungen vom Girokonto, begründet von Seiten der Bank mit Förderung des unbaren Zahlungsverkehrs und der wegen der Häufung der Kassenüberfälle gebotenen Reduzierung der Kassenbestände. Die Presse reagierte mit dem Schlagwort „Räubermark".

Tabelle 16: Preisvergleich eines durchschnittlich genutzten Kontos (zehn Posten pro Monat)

	p.M.	Dresdner Bank	Deutsche Bank	Commerz-bank	Bayerische Hypo-Bank	Bayerische Vereinsbank
Ein-/Auszahlungen	2	1,50	1,--		1,--	1,--
Überweisungen	2	1,20	1,--		1,--	1,--
Verrechg.Schecks	2	1,--	1,--	franko	1,--	1,--
Lastschriften/ Abbuchungen	3	1,05	1,50		1,50	1,50
Daueraufträge	1	0,25	0,50		0,50	0,75
Buchungsposten insgesamt	10	**5,--**	**5,--**	**—**	**5,--**	**5,25**
./. Freiposten/ -Pauschale		2,--	1,50	entfällt	2,--	s.u.*
Postengebühren insgesamt		**3,--**	**3,50**	**—**	**3,--**	**5,25**
Grundpreis		2,75	2,--	3,--	2,--	2,--
Kontoführungs-kosten	**p.M.**	**5,75**	**5,50**	**3,--**	**5,--**	**7,25**
Kontoführungs-kosten	**p.a.**	**69,--**	**66,--**	**36,--**	**60,--**	**87,--**
./. Sichteinlagenver-zinsung 0,5 % (DM 1.000,-- Durch-schnittsguth.)	p.a.	5,--	5,--	-,--	5,--	20,--*
Gesamtergebnis	**p.a.**	**64,--**	**61,--**	**36,--**	**55,--**	**67,--**

*) *Freiposten über Sichteinlagen geregelt*

Als Ergebnis der zu Beginn der 80er Jahre breit einsetzenden Diskussionen über die Gebühren im Zahlungsverkehr beschloß der Zentrale Kreditausschuß ein einheitliches „Preisverzeichnis" (1983) mit folgenden Möglichkeiten:

Preise für Kontoführung	Grundpreis pro Monat Umsatzprovision Postengebühr Freiposten
Preise für Daueraufträge	Einrichtung Änderung Löschung Rückruf

Preise für Kontoauszüge	Selbstabholer (Tages,- Wochen-/Monatsauszug)
	Postzustellung
Preise für Schecks	Euroscheckformulare
	Euroscheckkarte mit/ohne Geldautomatenfunktion
Preise für Überweisungen	Formulare.

Fachzeitschriften, Zeitungen und die Stiftung Warentest veröffentlichen seit etwa 1968 Preisvergleiche[113], die von einer normalverteilten, durchschnittlichen Nutzung des Girokontos ausgehen.

Eine derartige Darstellung aus dem Jahre 1987 ist auf Basis Preisaushänge der Institute strukturiert (Tabelle 16).

[113] vgl. Gladen, W.: Gebührenpolitik im Privatgiroverkehr der Kreditinstitute, Berlin 1985, S. 26 f.

C. Das Auslandsdienstleistungsgeschäft

I. Das Auslandsgeschäft der Banken in Geschichte und Gegenwart

Schon im Altertum und im frühen Mittelalter bestanden zwar zwischen europäischen bzw. außereuropäischen Ländern zwischenstaatliche Handelsbeziehungen; in Deutschland wirkten jedoch erst etwa seit dem 14. Jahrhundert Banken bei der Finanzierung von Außenhandelsgeschäften mit. Da die Bankgeschäfte der wenigen deutschen Institute des 14. und 15. Jahrhunderts nur eine Art Ergänzung ihres Warenhandels bildeten, bestand auch ihr Auslandsgeschäft vorwiegend in der Finanzierung von Eigengeschäften, z. B. im Rahmen des Gewürz- und Zuckerhandels. Dieser Zustand währte bis weit in das 17. und 18. Jahrhundert hinein.

Auch das Zeitalter des Merkantilismus mit seinen staatlichen Exportförderungsmaßnahmen brachte für die deutsche Industrie noch keine größere Ausweitung ihres Auslandsgeschäfts, wenngleich sich nunmehr allmählich eine Verlagerung von den Eigen- zu den Fremdgeschäften abzeichnete.

Die eigentliche Entwicklung des Auslandsgeschäftes zu einer bedeutsamen Sparte der Banken, insbesondere die kontinuierliche finanzielle Einschaltung in Überseegeschäfte auf breiter Basis, setzte in Deutschland erst im 19. Jahrhundert ein. Neben die in diesem Zeitraum sich vollziehenden Umgestaltungen Deutschlands vom Agrar- zum Industriestaat und die damit zusammenhängenden Verbesserungen des Transportwesens, die Steigerung der Kaufkraft der Bevölkerung und die Veränderungen ihrer Struktur und ihrer Bedürfnisse trat in der zweiten Hälfte des 19. Jahrhunderts noch ein politischer Faktor, der eine Expansion des Außenhandels in beachtlichem Umfang förderte.

Die Gründung des Deutschen Reiches im Jahre 1871 beseitigte die territoriale und rechtliche Zersplitterung Deutschlands und ermöglichte vor allem die Einführung einer einheitlichen Geldverfassung auf der Basis des Goldstandards. Durch den Bau einer großen Handelsflotte, den Erwerb kolonialer Besitzungen sowie die zunehmende Einschaltung Deutschlands in den internationalen Güter- und Leistungsaustausch wurde die Industrialisierung der deutschen Wirtschaft beschleunigt, was sich unter anderem auch in einer relativ starken Ausweitung des Außenhandels niederschlug. Der Kulminationspunkt dieser Expansionsperiode des Auslandsgeschäftes der deutschen Banken wurde 1913 erreicht. Am Ende dieses Jahres nahm Deutschland im Welthandel hinter England mit einem Außenhandelsvolumen von 21 Mrd Mark den zweiten Platz ein. Ausgestaltung und Technik des Auslandsgeschäftes der Banken wurden in dieser Periode vor allem durch die Tatsache beeinflußt, daß die Währungen der meisten Handelsländer an den Goldstandard gebunden waren und der internationale Handels-und Zahlungsverkehr keinerlei Beschränkungen unterlag.

Die kurzfristige Außenhandelsfinanzierung erfolgte in der Zeit vor dem Ersten Weltkrieg vorwiegend auf der Basis Kasse gegen Dokumente, Akzept gegen Dokumente oder aber im Wege der Dokumenten- bzw. Trattenbevorschussung und durch Gewährung von Wechselnegoziations- und Rembourskrediten. Bei der Finanzierung von Importgeschäften lag der Schwerpunkt bei dem Rembourskredit.

Bis etwa in die 80er Jahre des 19. Jahrhunderts bedienten sich die Institute im innereuropäischen Handel vorwiegend und im Überseehandel fast ausschließlich des englischen Pfundrembourses[114], da der Londoner Diskontsatz meist niedriger lag als jener anderer Länder.[115] Erst in den letzten Jahren vor dem Ersten Weltkrieg konnten sich die deutschen Großbanken und auch einige Privatbankiers, wie z. B. M. M. Warburg & Co., Hamburg, Mendelssohn & Co., Berlin und S. Bleichroeder, Berlin, stärker in das Remboursgeschäft einschalten[116], ohne jedoch die Vormachtstellung des Londoner Geldmarktes zu brechen.[117] So stellten im Jahre 1913 die deutschen Institute etwa ein Drittel der für den Import benötigten Remboursakzepte selbst zur Verfügung.[118] Für den Export hingegen hatte der Rembourskredit eine weit geringere Bedeutung.[119]

Die kurzfristige Exportfinanzierung erfolgte hauptsächlich durch Kontokorrent- oder Diskontkredite bzw. durch Bevorschussung von Dokumenten oder Tratten. Auch die Finanzierung durch den ausländischen Importeur war in gewissem Umfang üblich. Mittel- oder langfristige Exportgeschäfte wurden in dieser Zeit durch Emissionen von Anleihen der ausländischen Importfirmen am deutschen Kapitalmarkt finanziert. Diese Trennung der Finanzierungsfunktion des ausländischen Importeurs vom eigentlichen Exportgeschäft war allerdings nur deswegen möglich, weil ein funktionsfähiger deutscher und internationaler Kapitalmarkt existierte. So wurden nach Schmoller in den Jahren 1882 bis 1892 dem deutschen Kapitalmarkt an inländischen Werten 7,7 Mrd Mark, dagegen an ausländischen 4,82 Mrd Mark zugeführt.[120]

Die Discontogesellschaft leitete z. B. „als Emittentin rumänischer Bahnwerte Aufträge an die Dortmunder Union, die Deutsche Bank als Erbauerin des Hafens von Haidar Pascha Aufträge an Siemens & Halske; die Dresdner Bank als Gründerin der Victoria Falls Co." finanzierte den Export der deutschen Elektroindustrie.[121] Die Berliner Han-

114 vgl. Lange, L.: Expansion und volkswirtschaftliche Bedeutung deutscher Überseebanken, Karlsruhe 1962, S. 18

115 Gegenüber der Londoner Bankrate lag der deutsche Diskontsatz in den letzten Jahren vor dem Ersten Weltkrieg um durchschnittlich 1/2 % bis 1 % höher. Vgl.: Bank rate at home and abroad, in: The Economist, 7. 2. 1914, S. 287

116 vgl. Tannhäuser, E.: Die Finanzierung des deutschen Einfuhrhandels, in: Weltwirtschaftliches Archiv, Band 31 (1930 I), S. 169

117 So dominierte z. B. bei Importen aus Rußland und Südamerika das Markakzept. Vgl.: v. Schulze-Gaevernitz, G.: Die deutsche Kreditbank, Tübingen 1922, S. 84

118 vgl. Tannhäuser, E.: a. a. O., S. 159

119 vgl. Lohmann, M.: Wandlungen in den Betriebs- und Finanzierungsformen des deutschen Außenhandels, Jena 1938, S. 88

120 zitiert nach v. Schulze-Gaevernitz, G.: a. a. O., S. 158

121 v. Schulze-Gaevernitz, G.: a. a. O., S. 163

delsgesellschaft unterstützte als Emissionshaus der AEG die Ausfuhr von Elektrizitätsanlagen und elektrischen Bahnen.[122]

Der Erste Weltkrieg unterbrach diese Expansionsperiode des deutschen Auslandsgeschäftes, da die Industrie durch die Blockaden der Alliierten den größten Teil ihrer Absatzgebiete im Ausland – vor allem in den Überseeländern – verlor und infolge verminderter Zahlungsfähigkeit der deutschen Wirtschaft auch die Importe rückläufig wurden. Dadurch wurden Volumen und Struktur des deutschen Außenhandels und damit zwangsläufig des Auslandsgeschäftes der Banken stark reduziert bzw. verändert.

Die Finanzierungstechnik von Ex- und Importgeschäften erfuhr tiefgreifende Veränderungen. Vor allem kamen das Remboursgeschäft und die Anleihefinanzierungen für langfristige Exporte fast völlig zum Erliegen. Dagegen wurde von der Zug-um Zug-Abwicklung unter Verwendung des Dokumentenakkreditivs, die vor dem Ersten Weltkrieg nur gelegentlich bei Getreideexporten nach osteuropäischen Staaten[123], ferner zum Teil im deutschen Überseehandel und in England[124] vorkam, in erhöhtem Umfang Gebrauch gemacht. Der Grund für die Einbürgerung dieser Usance mag darin liegen, daß der Exporteur sich in der Kriegs- und ersten Nachkriegszeit nicht mehr auf die persönliche Zahlungsmoral der Käufer stützen konnte.[125]

Die durch den Versailler Vertrag eingetretenen Veränderungen der wirtschaftlichen Struktur Deutschlands, insbesondere der Verlust wichtiger Rohstoffgebiete, die hohen Reparationskosten sowie die wachsende Geldentwertung in den ersten Nachkriegsjahren, wirkten sich zusammen mit der Beibehaltung der während des Krieges eingeführten Ausfuhrkontrolle für den Außenhandel und das Auslandsgeschäft der Kreditinstitute sehr verhängnisvoll aus. Die stark rückläufige Entwicklung des Außenhandels sowie das Entstehen einer chronisch passiven Handels- und Zahlungsbilanz Deutschlands führten zwangsläufig zu einschneidenden Veränderungen der Finanzierungsmethoden und der Technik der Abwicklung von Auslandsgeschäften.

Remboursgeschäfte für Importe konnten – bedingt durch die politische und wirtschaftliche Unsicherheit – erst wieder Mitte der zwanziger Jahre in bescheidenem Umfang mit englischen Instituten getätigt werden, da das Vertrauen der ausländischen Banken in die Zahlungsfähigkeit deutscher Importfirmen durch die Kriegsereignisse weitgehend zerstört war und nur ganz allmählich wieder aufgebaut werden konnte. Bis zu diesem Zeitpunkt erfolgte die Abwicklung von Außenhandelsgeschäften vorwiegend mittels Dokumentenakkreditiven bzw. dokumentärer Inkassi.

[122] vgl. Die Berliner Handelsgesellschaft in einem Jahrhundert deutscher Wirtschaft 1856-1956, Berlin 1956, S. 114

[123] vgl. Jacoby, A.: Das Akkreditiv, in: Bank-Archiv 1920, S. 245

[124] vgl. Vanderhoeght, K.: Das Dokumenten-Akkreditiv, Frankfurt am Main 1955, S. 11

[125] vgl. Capelle, H.: Das Akkreditivgeschäft, in: Überseestudien zum Handels-, Schiffahrts- und Versicherungsrecht 1925, Heft 4, S. 2 ff.

Die Bedeutung, die das Dokumentenakkreditiv in dieser Zeit besaß, kommt unter anderem darin zum Ausdruck, daß im Jahre 1922 der erste Versuch der Normierung der zahlreichen in der Praxis auftretenden Auslegungen der Akkreditivusancen durch die Vereinigung der Berliner Banken und Bankiers – die sogenannte Stempelvereinigung – unternommen wurde.[126] Das von dieser Institution entworfene „Regulativ des Akkreditivgeschäftes", das für ihre Mitglieder am 1. 1. 1923 in Kraft trat, wurde innerhalb kurzer Zeit von der Mehrzahl der deutschen Kreditinstitute für die Abwicklung von Akkreditivgeschäften auf freiwilliger Basis als verbindlich angenommen. Daneben war aber auch die Barzahlung „Kasse gegen Dokumente" nach vorheriger Leistung einer Anzahlung des Importeurs an den Exporteur in gewissem Umfang üblich.[127]

Auch für die kurzfristige Finanzierung von Exporten fiel der Rembourskredit bis zur Stabilisierung der deutschen Währung fast völlig aus, da das „Markakzept" in dieser Zeit sowohl im binnenländischen als auch im internationalen Zahlungsverkehr infolge der hohen deutschen Diskontsätze seine Vorkriegsstellung noch nicht wieder erringen konnte und Pfund- bzw. Dollarakzepte infolge des noch bestehenden mangelnden Vertrauens englischer und amerikanischer Banken in die Solidität deutscher Exportfirmen nur sehr sporadisch zur Verfügung standen. Daneben aber spielte – wie bei den Importgeschäften – auch im Export die Zahlungsabwicklung mittels Dokumentenakkreditivs bzw. Dokumenteninkassos eine bedeutsame Rolle.

Mit der Stabilisierung der deutschen Währung begann ein neuer Abschnitt in der Nachkriegsentwicklung des deutschen Auslandsgeschäftes.

Nach den Jahren des Niedergangs folgte durch das Einströmen großer Summen kurz- und auch langfristigen Auslandskapitals wieder eine Periode der Prosperität des Aussenhandels. Der Umfang des Auslandsgeschäftes erhöhte sich daher in diesen Jahren beachtlich. Allerdings vollzog sich damit zugleich ein gewisser Wandel der Finanzierungsformen.

Insbesondere verlor im Export das Dokumentenakkreditivgeschäft seine Vorrangstellung, da in steigendem Maße nicht mehr der Verkäufer, sondern der Käufer die stärkere Marktstellung innehatte und die Geschäftsbeziehungen zu ausländischen Importeuren wieder weitgehend auf dem Grundsatz von Treu und Glauben basierten.[128] An seine Stelle traten die Remboursakzepte, ferner der Direktkredit ausländischer Banken und kapitalkräftiger Industrieunternehmen des Auslandes an führende deutsche Exportfirmen sowie die Verwendung ausländischer Einlagen bei deutschen Banken zur Gewährung kurzfristiger Währungsexportkredite.[129]

126 vgl. Jacoby, A.: Das Regulativ des Akkreditivgeschäftes der Berliner Stempelvereinigung, in: Bank-Archiv 1922, S. 108

127 vgl. Schütt, A.: Finanzierung des Hamburger Außenhandels, Hamburg 1926, S. 71

128 vgl. Sartorius, B.: Das Barakkreditiv und das Dokumentenakkreditiv, in: Bankwissenschaft vom 1. 12. 1925: „Das Dokumentenakkreditiv ist, man kann sagen, proportional dem Schwunde des Grundsatzes von Treu und Glauben im Geschäftsverkehr gewachsen."

129 vgl. Wimmer, E.: Die Finanzierung der deutschen Ausfuhr, Diss. Marburg 1932, S. 36

Sehr förderlich für die Exportfinanzierung wirkte sich auch die Schaffung einer staatlichen Exportkreditversicherung im Jahre 1926 in Gestalt der „Hermes" aus. Bei der bankmäßigen Abwicklung von Importgeschäften überwog wieder wie in der Vorkriegszeit der Rembourskredit.[130] Allerdings verlor der Londoner Akzeptmarkt allmählich seine Vormachtstellung, die er in der Vorkriegszeit besessen hatte an New Yorker Banken.[131]

Das Übergreifen der von den USA im Jahre 1929 ausgehenden Weltwirtschaftskrise auf Europa erschütterte das Auslandsgeschäft der deutschen Institute etwa vom Jahre 1930 an in sehr starkem Maße.

Die schwere Kreditkrise der Bankwirtschaft in Deutschland, die im Sommer 1931 durch den plötzlichen Abzug von 2,5 bis 3,5 Mrd RM[132] kurzfristiger Auslandsgelder hervorgerufen wurden und der Zusammenbruch namhafter Unternehmen wie Nordwolle, Osthandelsgesellschaft usw. beschleunigten noch den Rückgang des Auslandsgeschäftes infolge des schwindenden Vertrauens in die Stabilität der deutschen Wirtschaft. Stillhalteabkommen mit den ausländischen Gläubigerstaaten bannten zwar den totalen Zusammenbruch des deutschen Außenhandels. Sie konnten jedoch nicht verhindern, daß die Zeit des multilateralen Handels- und Zahlungsverkehrs für Deutschland und die übrige Welt durch die Weltwirtschaftskrise ziemlich abrupt zu Ende ging. An seine Stelle traten bilaterale Handels- und Verrechnungsabkommen, d. h. mengenmäßige Einfuhrbeschränkung und Devisenbewirtschaftung und damit quantitative Beschränkungen des Handels- und Zahlungsverkehrs, die in einer Reihe von Ländern noch nicht wieder völlig abgebaut werden konnten.

Die wachsende Bürokratisierung und staatliche Lenkung des Außenhandels bei schrumpfendem Volumen des gesamten Welthandels sowie die Abwertung der Währungen vieler Staaten in den 30er Jahren schlugen sich besonders in einer einschneidenden Änderung der bisher angewandten Finanzierungsformen des kurzfristigen Auslandsgeschäftes der deutschen Banken nieder.

Dadurch, daß der direkte Zahlungsverkehr der deutschen Ex- und Importeure mit ihren ausländischen Kontrahenten infolge der Devisenbewirtschaftung immer mehr zum Erliegen kam und die Außenhandelserlöse vom Jahre 1934 an zum größten Teil über die „Deutsche Verrechnungskasse" liefen[133] und auch Kompensationgeschäfte, insbe-

[130] Lohmann schätzt, daß in den Jahren 1925 bis 1929 in Deutschland ständig ein Remboursvolumen von 1,5 Mrd RM im eigentlichen Warengeschäft in Bewegung gewesen ist. Vgl. Lohmann, M.: Wandlungen, a. a. O., S. 85

[131] Bereits im Jahre 1927 hatte der Umlauf von Dollarakzepten in Deutschland etwa die gleiche Höhe wie jener der Pfundakzepte. Gegen Ende 1929 hingegen hatte sich das Bild schon erheblich zugunsten der Dollarakzepte verändert. Vgl. hierzu: Schuster, F.: Der Rembourskredit und verwandte Geschäfte, in: Die deutsche Bankwirtschaft, Bd. 3, S. 201

[132] vgl. Donath, Fr.: Außenhandelsbetrieb und Bankwirtschaft, Diss. Berlin 1937, S. 12

[133] Im Frühjahr 1939 lief z. B. nur noch rund ein Fünftel der deutschen Exporterlöse im freien Devisenverkehr ein.

sondere mit Südamerika, auf privater Basis an Bedeutung gewannen, wandelte sich die bankmäßige Abwicklungstechnik der deutschen Auslandsgeschäfte grundlegend. In besonderem Maße wurden hiervon die Importremboursfazilitäten betroffen[134], die im Jahre 1937 schätzungsweise höchstens noch rund 15 % des Wertes vom Jahre 1931 ausmachten und mit dem Beginn des Zweiten Weltkrieges nahezu gänzlich erloschen.

Infolge der günstigen Liquiditätslage, die die meisten Importhandels- und rohstoffverarbeitenden Betriebe aufgrund der starken Schrumpfung der Importe in steigendem Maße vom Jahre 1932 an aufwiesen, herrschte die Zahlungsusance „Kasse gegen Dokumente" vor, wobei statt der Barzahlung in Devisen die Verrechnung im Vordergrund stand. Die Banken brauchten meist nur ganz kurzfristige Kontokorrentkredite zu gewähren.[135]

Auch Exportremboursegeschäfte aus Stillhalte- bzw. neu gewährten Fazilitäten gingen vom Jahr 1933 an beständig zurück.[136] Ersatz hierfür bildeten der zu dieser Zeit billigere deutsche Diskontkredit sowie die Möglichkeit der Bevorschussung von Inkasso- und Sperrdevisen bei der Reichsbank mit 75 % bzw. 50 %. Da seit Einführung der Devisenbewirtschaftung in Deutschland im Jahre 1931 auch das Devisentermin- und das Swapgeschäft weitgehend zum Erliegen kamen, führte die Reichsbank zur Förderung des Exports im Jahre 1932 die „Kurssicherungstratte"[137] ein.

Die mittel- und langfristige Exportfinanzierung erfolgte nach 1931 vorwiegend mit Hilfe der Deutschen Golddiskontbank bzw. Industriefinanzierungs-AG Ost (Ifago). Als staatliche Exportförderung ist die seit Inkrafttreten des „Neuen Plans" im Jahre 1934 verstärkte Gewährung von Garantien des Reiches durch die Hermes zu erwähnen.[138]

Durch den Zweiten Weltkrieg kam das Auslandsgeschäft der deutschen Banken wiederum fast völlig zum Erliegen, und in den ersten Nachkriegsjahren wurden die wenigen deutschen Außenhandelsgeschäfte durch die Militärregierungen, d. h. ohne Mitwirkung deutscher Banken, bzw. vom Jahre 1947 an durch die Joint-Export-Import-Agency (JEIA) abgewickelt.

Anfang 1947 wurde eine beschränkte Anzahl deutscher Kreditinstitute, die die Bezeichnung Außenhandelsbanken erhielten, in die Abwicklung der Korrespondenz von Exportgeschäften auf Mark-Basis eingeschaltet. Für Importe geschah dies in der zweiten Hälfte des Jahres 1947. De jure trat jedoch die JEIA auch hier noch – wie bei Ex-

[134] Auch die „unechten" Rembourse, die 1934 noch etwa 50 % bis 75 % der Gesamtsumme aller deutschen Rembourskredite ausmachten, verschwanden etwa vom Jahre 1935 an völlig. Vgl. Somary, F.: Bankpolitik, 3. Aufl., Tübingen 1934, S. 198 f.
[135] vgl. Donath, Fr.: a. a. O., S. 73
[136] vgl. Lohmann, M.: Wandlungen, a. a. O., S. 86
[137] vgl. Kurz, A.: Wesen und Technik der Kurssicherungstratte, in: Zahlungsverkehr und Bankbetrieb, 1936, S. 275 ff.
[138] vgl. Verordnung über den Warenverkehr vom 4. 9. 1934

porten – gegenüber ausländischen Lieferanten als Vertragspartner auf. Nach Gründung der Bank deutscher Länder (BdL) im März 1948 und Neuordnung des deutschen Geldwesens im Juni des gleichen Jahres gingen dann allmählich in immer stärkerem Umfang die Aufgaben der JEIA auf die westdeutsche Zentralbank bzw. die Außenhandelsbanken und die Verwaltung für Wirtschaft sowie nach Errichtung der Bundesrepublik am 7. 10. 1949 auf deutsche Regierungsstellen über.

Die Einschaltung deutscher Banken – als Agenten der BdL – in die Abwicklung des zwischenstaatlichen Handels- und Zahlungsverkehrs und die allmähliche Steigerung des deutschen Außenhandelsvolumens hatten ein – wenn auch zunächst langsames – Wiederaufleben des stagnierenden Auslandsgeschäftes der Banken zur Folge. Etwa seit dem Jahre 1950 setzte als Ergebnis der tatkräftigen Liberalisierungs- und Exportförderungspolitik der Bundesregierung sowie durch die Bereinigung der deutschen Auslandsschulden[139] im Rahmen des allgemeinen Wiederaufstiegs der westdeutschen Wirtschaft eine Periode der Expansion des Auslandsgeschäftes der deutschen Banken ein.

Die Entwicklung der Formen und der Technik der Außenhandelsfinanzierung in der Zeit nach dem Zweiten Weltkrieg schloß an die dreißiger Jahre an. In der kurzfristigen Finanzierung von Außenhandelsgeschäften dominierte bis etwa 1950 das Dokumentenakkreditiv. Von Anfang 1951 bis etwa Mai 1956 lag der Schwerpunkt in der kurzfristigen Ausfuhrfinanzierung bei der als Exportförderungsinstrument geschaffenen „Exporttratte", die für den deutschen Exporteur einen sehr billigen Produktionsmittelkredit darstellte, da bei der Diskontierung der Exporttratten die – vielfach niedrigere – ausländische Bankrate zugrunde gelegt wurde und darüber hinaus eine Kurssicherung bestand.

Seit den kreditrestriktiven Maßnahmen der BdL vom Mai 1956 entfielen diese Kostenvorteile; eine gewisse Verlagerung auf die Finanzierung mittels Auslandsakzepten, die in den Importländern diskontiert wurden, war die Folge. Dennoch spielte die Exporttratte noch bis Ende 1957 als kurzfristiger Produktionsmittelkredit für Ausfuhrgüter eine sehr bedeutsame Rolle.

Durch die Beschlüsse des Zentralbankrates vom 10./11. 1. 1957 und 22. 8. 1957 fielen die Vorteile der Exporttratte allmählich fort, so daß sie seit Ende 1957 nicht mehr als kurzfristiges Finanzierungsinstrument für die Exportgüterproduktion zur Verfügung steht.

Seit 1955 zeichnete sich auch ein tendenzieller Rückgang in der Verwendung des Dokumentenakkreditivs ab, da nunmehr, zehn Jahre nach Beendigung des Zweiten Weltkrieges, eine gewisse Konsolidierung in den Geschäftsbeziehungen zwischen deutschen und ausländischen Exporteuren bzw. Importeuren eingetreten war, so daß zum Teil auf die Verwendung des Sicherheitsfaktors, den das Dokumentenakkreditiv darstellt, verzichtet werden konnte.

[139] vgl. Londoner Schuldenabkommen (Abkommen über deutsche Auslandsschulden) vom 27. 2. 1953

Der Rembourskredit gewann erst seit der Regelung der deutschen Auslandsschulden durch das Londoner Schuldenabkommen vom Jahre 1953 wieder an Bedeutung.

Für die Finanzierung mittel- und langfristiger Exporte, für die durch das vom Jahre 1950 an einsetzende rasche Wachstum des deutschen Außenhandels eine besondere Dringlichkeit bestand, wurden nach Errichtung der Bundesrepublik zunächst Marshallplanmittel zur Verfügung gestellt.

Ende 1948 übernahm die Kreditanstalt für Wiederaufbau (KfW) mit einem Kreditplafond von zunächst 100 Mio DM, der bald auf 400 Mio DM erhöht wurde, diese Aufgabe. Nach der Gründung der Bank deutscher Länder erweiterte diese den Plafond der Kreditanstalt für Wiederaufbau auf 600 Mio DM. Als er im Jahre 1952 infolge des gestiegenen westdeutschen Exportvolumens nicht mehr ausreichte und die Bank deutscher Länder aus grundsätzlichen Erwägungen nicht bereit war, ihren von der Kreditanstalt für Wiederaufbau verwalteten Kreditplafonds zu erhöhen, wurde auf Initiative der privaten Kreditinstitute im Jahre 1952 durch ein Konsortium von über 30 Instituten des privaten Bankgewerbes die Ausfuhrkredit-AG (AKA) – jetzt AKA Ausfuhrkredit-Gesellschaft mbH – mit Sitz in Frankfurt am Main gegründet.

Damit war die erste Phase der Nachkriegsentwicklung beendet. In der zweiten Phase – bis etwa 1975 – kam es zu einem bemerkenswerten Wachstum, das durch die Zahlungsbilanzschwierigkeiten internationaler Schuldnerländer eine neue Dimension erreichte.

Das aktuelle Umfeld kann nur schlaglichtartig beleuchtet werden: Die Gegenwart ist durch die Auswirkungen der internationalen Schuldenkrise bestimmt, die im Sommer 1982 mit den Zahlungsbilanzschwierigkeiten Mexikos einsetzte und auf den beiden Ölkrisen 1973/1974 – Preisanstieg – und 1980/1981 – Mengenverfall – beruhte.

Seit 1972 hatte sich ein Integrationsprozeß innerhalb der Weltwirtschaft vollzogen, in dem Zeitraum 1972 bis 1982 war der Welthandel mengenmäßig um rund 50 % angestiegen und hatte sich in laufenden Dollarpreisen verdreieinhalbfacht, jedoch mit labilen Leistungsbilanzgleichgewichten:[140]

- die Gruppe der ölexportierenden Länder baute in dieser Dekade Nettoauslandsforderungen von rund 400 Mrd US-$ auf,
- die Nettoauslandsposition der sieben größten Industrieländer blieb nahezu unverändert,
- die Nettoauslandsposition der kleineren Industrieländer verschlechterte sich um 120 Mrd US-$,
- die Nettoauslandsposition der Nichtölentwicklungsländer verschlechterte sich um 420 Mrd US-$.

[140] vgl. Baer, G. D.: Die längerfristige Bewältigung der Verschuldungsprobleme: planmäßige Lösungswege als Alternative zu pragmatischem Handeln, in: Internationales Bankgeschäft, Hrsg. H. J. Krümmel, Beihefte zu Kredit und Kapital, Nr. 8, 1985, S. 30 ff.

Die Auslandsverschuldung der Nichtölentwicklungsländer stieg von 130 Mrd US-$ 1973 auf 612 Mrd US-$ in 1982, wobei zugleich der Anteil der langfristigen Kredite der öffentlichen Stellen und der Direktinvestitionen auf 40 % sank: „Die Lücke wurde vornehmlich durch eine überproportionale Erhöhung der Kreditaufnahme beim Bankensektor gefüllt ... 1973 beliefen sich die ausstehenden längerfristigen Verpflichtungen gegenüber Banken auf knapp 36 % der längerfristigen Gesamtschulden, 1981 betrug der Anteil dagegen mehr als 43 %".[141]

Die 80er Jahre sind daher im internationalen Finanz- und Bankwesen durch Krisenmanagement gekennzeichnet, durch Liquiditätshilfen und Liquiditätsbereitstellung unter Federführung des IWF, der Weltbank, der BIZ, durch Gewährung von Überbrükkungskrediten und durch Konzeption umfassender Umschuldungsaktivitäten.

Anfang 1987 betrug die Auslandsverschuldung der sieben Hauptschuldnerländer:

Brasilien	108 Mrd US-$
Mexiko	103 Mrd US-$
Argentinien	50 Mrd US-$
Venezuela	35 Mrd US-$
Polen	34 Mrd US-$
Philippinen	29 Mrd US-$
Nigeria	20 Mrd US-$

Ende Februar 1987 verkündete Brasilien den Stop der Zinsbedienung, Argentinien schloß sich an.

Neben diesen spektakulären Entwicklungen sind die Deregulierungen an den internationalen Finanzplätzen ein entscheidender Schritt in Richtung Internationalisierung und Globalisierung des Banking gewesen, ein Prozeß, der noch keineswegs abgeschlossen ist.

Unabhängig von diesen beiden Entwicklungstendenzen – Zahlungsbilanzschwierigkeiten und Deregulierung – ist die Außenhandelsfinanzierung und das Außenhandelsdienstleistungsgeschäft ein traditionelles Produkt des internationalen Bankgeschäftes:

- internationales Inkassogeschäft.
- Akkreditivgeschäft
- Gewährung von Akzeptkrediten,
- Bankgarantiegeschäft (standby letter of credit).

Innovationen in diesem traditionellen Geschäft sind:

- *Projektfinanzierungen.*
  Diese Projekte liefen zunächst in der Energie- und Rohstoffgewinnung und im Bereich von Transportsystemen (Erdöl-/Erdgasleitungen): „Oft haftet hier dem Kre-

[141] ebenda, S. 33

ditgeber nur das Projekt selbst und nicht der Kreditnehmer (non-recourse). Die Durchführung von Projektfinanzierungen macht es für eine Bank erforderlich, eigene hochqualifizierte Fachkräfte mit naturwissenschaftlichem und technischem Wissen zu beschäftigen sowie in Zusammenarbeit mit technischen Beratern zu stehen. Die Bank muß gleichzeitig in der Lage sein, eine breite Palette von Risiken, angefangen von höherer Gewalt und Projektfertigstellung bis hin zur langfristigen Marktentwicklung und politischen Veränderungen, richtig einschätzen zu können."[142]

- *Merchant banking.*
  Investmentgeschäft, Mergers & Acquisitions, Management buy-out, Debt/equity swaps (auf diese Dienstleistungen wird einzugehen sein).

Zu den Entwicklungstendenzen im deutschen Außenhandel für den Zeitraum 1960 bis 1985 vgl. Abbildungen 14, 15 und 16:

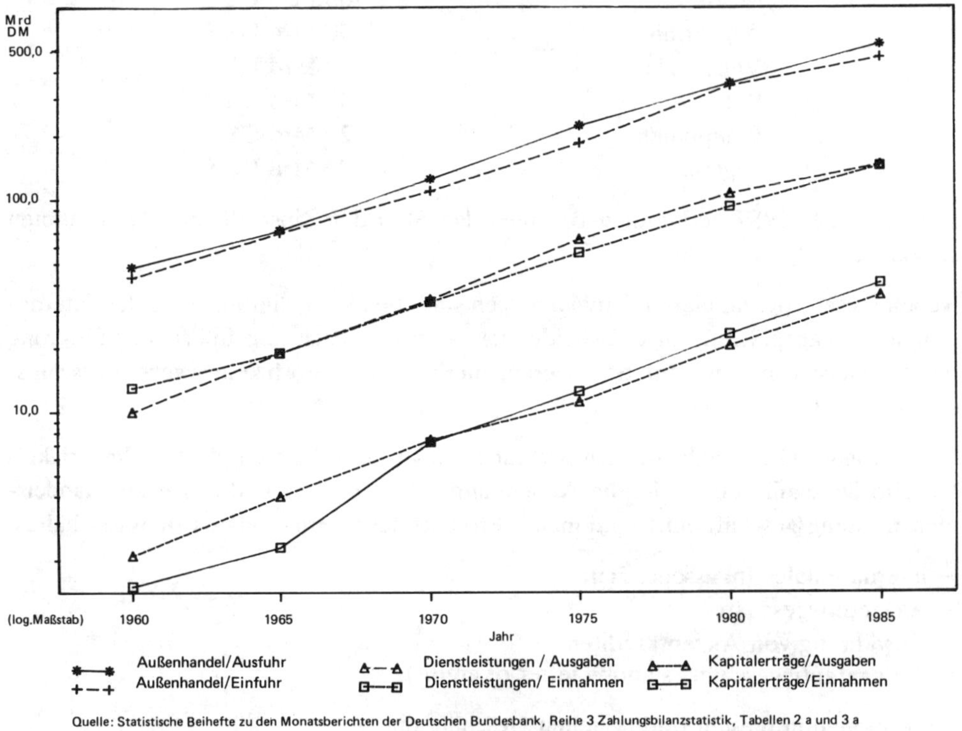

Abbildung 14: Entwicklung des deutschen Außenhandels (1960–1985)

142 Walter, I.: Erklärungskonzepte zum Internationalisierungsprozeß der Banken, in: Internationales Bankgeschäft, a. a. O., S. 167

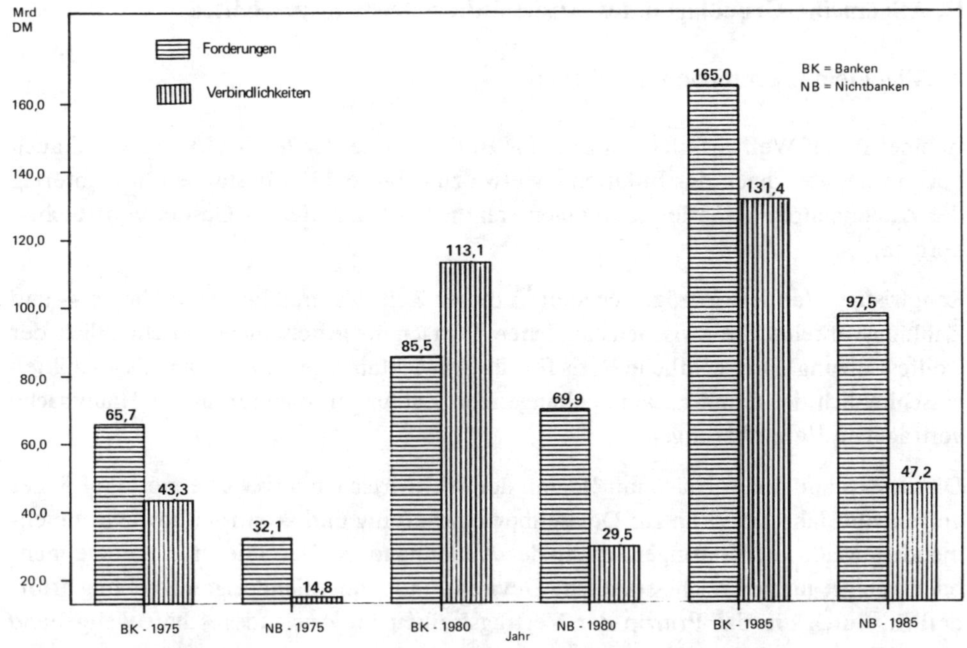

Abbildung 15: **Bestandswachstum der Forderungen und Verbindlichkeiten inländischer Kreditinstitute gegenüber dem Ausland**

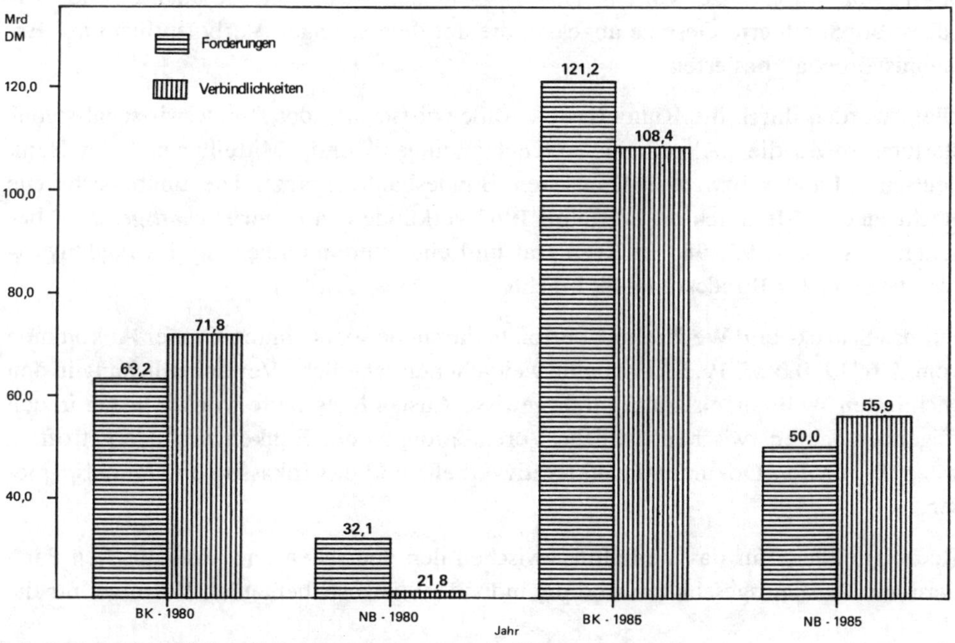

Quelle: Statistische Beihefte zu den Monatsberichten der Deutschen Bundesbank, Reihe 3 Zahlungsbilanzstatistik, Tabellen 7 a und 7 b Tabelle 8 a

Abbildung 16: **Bestandswachstum der Forderungen und Verbindlichkeiten der Auslandsfilialen inländischer Kreditinstitute gegenüber dem Ausland 1980-1985**

II. Allgemeine Grundlagen des Auslandsdienstleistungsgeschäftes

1. Allgemeine rechtliche Grundlagen

In einer freien Weltwirtschaft, wie sie bis zu Beginn des Ersten Weltkrieges und auch noch in der Zeit nach der Inflation bis etwa zum Jahre 1931 bestanden hat, unterlag der Außenhandel keinerlei autonomen staatlichen Eingriffen in Gestalt von Rechtsnormen.

Langfristige Handelsverträge regelten in dieser Zeit des multilateralen Handels- und Zahlungsverkehrs die zwischenstaatlichen Wirtschaftsbeziehungen einschließlich der Zollfestsetzung. Die rechtliche Basis für die Abwicklung von Außenhandelsgeschäften einschließlich der damit zusammenhängenden Zahlungen bildeten in der Hauptsache vertragliche Vereinbarungen.

Dieser Zustand änderte sich mit Beginn der Weltwirtschaftskrise. Die meisten Länder gingen vom Jahre 1931 an zur Devisenbewirtschaftung und -kontrolle sowie in zunehmendem Maße zur Kontingentierung des Außenhandels über. Dies machte eine mehr oder weniger umfangreiche staatliche Devisen- und Außenhandelsgesetzgebung erforderlich, durch die das Prinzip der Vertragsfreiheit im Auslandsgeschäft weitgehend eingeschränkt und gewandelt wurde.

Die nach 1933 in Deutschland von Jahr zu Jahr einschneidender gewordenen Devisenbewirtschaftungsgesetze wurden nach 1945 in den westlichen Besatzungszonen zunächst durch alliierte Gesetze abgelöst, die auf dem strengen Verbotsprinzip mit Erlaubnisvorbehalt basierten.

Diese wurden durch die Runderlasse „Außenwirtschaft" des Bundeswirtschaftsministeriums sowie die „Allgemeinen Genehmigungen" und „Mitteilungen" der Bank deutscher Länder bzw. der Deutschen Bundesbank ergänzt. Die unübersichtliche Rechtslage wurde durch das im Jahre 1961 verkündete *Außenwirtschaftsgesetz*[143] beseitigt, das am 1. 9. 1961 in Kraft trat und eine Vereinheitlichung des Außenwirtschaftsrechts der Bundesrepublik brachte.

Für das Scheck- und Wechselrecht erfolgte durch die sogenannten Genfer Abkommen vom 7. 6. 1930 bzw. 19. 3. 1931 eine weitgehende rechtliche Vereinheitlichung in den wichtigsten Welthandelsländern. Für gewisse Auslandsgeschäfte wurden ferner in den folgenden Jahren zwischenstaatliche Vereinbarungen der Bankenverbände getroffen, wie z. B. für den Dokumentenakkreditivverkehr und das Inkasso von Handelspapieren.

Rechtsgrundlage für das Verhältnis zwischen den deutschen und ausländischen Partnern von Auslandsgeschäften sind die individuell abzuschließenden Verträge, für die

[143] Letzte Änderung 24. 4. 1986 (BGBl I S. 560) in Verbindung mit der „Verordnung zur Durchführung des Außenwirtschaftsgesetzes" vom 18. 12. 1986 (BGBl I S. 2671)

die allgemeinen Bestimmungen des Vertragsrechts gelten. Grundsätzlich können die Geschäftspartner festlegen, welches Recht für ihre beiderseitigen Rechtsbeziehungen maßgebend sein soll.

2. Die Allgemeinen Geschäftsbedingungen der Banken (AGB) im Auslandsgeschäft

Generell finden die AGB Anwendung; seit dem 1. April 1977 gelten sie im ganzen auch für Auslandsgeschäfte, sofern nicht abweichende Regelungen vertraglich zwischen Bank und Kunde vereinbart werden.

Zu den AGB-Regelungen, die das Auslandsgeschäft betreffen, gehören insbesondere:

Nr. 3 Abs. 1 Satz 2:	Befugnis zur Umwandlung von Währungskrediten in Deutsche Mark,
Nr. 3 Abs. 2:	Gefahrtragung bei Währungsguthaben,
Nr. 4 Abs. 1, Satz 4:	Abrechnung von Währungseingängen in Deutsche Mark,
Nr. 5 Abs. 3:	Haftungsbeschränkung bei Prüfung ausländischer Urkunden,
Nr. 25 Abs. 2:	Haftungsausschluß für Schäden, die durch Verfügungen von hoher Hand im Ausland eintreten,
Nr. 40 Abs. 2:	Haftungseinschränkung für Folgen aus nicht rechtzeitiger Vorlegung von Wechseln und Schecks auf Auslandsplätze,
Nr. 42 Abs. 6:	Behandlung von Kursdifferenzen bei auf Währung lautenden Wechseln und Schecks.

Daneben sind wesentliche Regelungen:

Nr. 26 definiert als Erfüllungsort die Geschäftsräume der Bank und als geltendes Recht das Recht des Erfüllungsortes, insoweit gilt auch für Kunden mit Wohnsitz im Ausland deutsches Recht.

Nr. 28 verweist auf Sonderbedingungen, von denen hier wichtig sind:

- Sonderbedingungen für Auslandsgeschäfte in Wertpapieren,
- Einheitliche Richtlinien und Gebräuche für Dokumentenakkreditive (ERA),
- Einheitliche Richtlinien für das Inkasso von Handelspapieren (ERI).

Die Verweisung auf ERA und ERI ist in der Wirkung rechtlich umstritten: mindestens für die nichtkaufmännische Kundschaft dürfte die Verweisung nach § 24 AGB-Gesetz nicht relevant sein. Dies gilt jedoch nicht für Vollkaufleute.[144]

[144] vgl. BuB, a. a. O., 5/256

3. Internationale Musterverträge und Vertragsklauseln

Ferner müssen die internationalen Musterverträge und Vertragsklauseln beachtet werden:

- *Kurzklauseln über Zahlungsmodalitäten*
  Wichtigste Sammlung:
  Incoterms: *I*nternational *Co*mmercial *Terms,* von der Internationalen Handelskammer, Paris, anläßlich des 14. Kongresses in Wien 1953 neu aufgelegt (ursprünglich 1936), letzte Revision 1980,
- *Internationale Zahlungsklauseln.*

Die *Incoterms* regeln insbesondere Kosten- und Gefahrübergang vom Verkäufer auf den Käufer:

Kosten bis/Gefahrübergang ab:

1) *Exworks:*	ab Fabrik,
2) *for/fot:*	frei Waggon,
3) *fas:*	frei Längsseite Schiff benannter Verschiffungshafen
4) *fob:*	frei an Bord Schiff benannter Verschiffungshafen
5) *c&f:*	Kosten und Fracht benannter Bestimmungshafen,
6) *cif:*	Kosten, Versicherung, Fracht bis benannten Bestimmungshafen,
7) *freight or carriage paid:*	frachtfrei benannter Bestimmungsort,
8) *ex ship:*	ab Schiff benannter Bestimmungshafen,
9) *ex quay:*	ab Kai benannter Hafen,
10) *delivered at frontier:*	geliefert Grenze benannter Lieferort an der Grenze,
11) *delivered duty paid:*	geliefert verzollt benannter Bestimmungsort im Einfuhrland
12) *fob airport:*	frei an Bord benannter Abgangsflughafen,
13) *free Carrier:*	frei Frachtführer am benannten Ort,
14) *freight/carriage and insurance paid to:*	frachtfrei versichert benannter Bestimmungsort (cip).

Die *Internationalen Zahlungsklauseln* regeln insbesondere zwischen den Vertragsteilen Art und Zeitpunkt der Zahlung sowie den Zahlungsort. Dabei ergibt sich aus Sicht des Verkäufers folgende Stufenleiter für die Sicherheit der Zahlung.[145]

1) *Vorauszahlung — Vorauskasse,*
2) *Kasse gegen Dokumente D/P — documents against payment.*
   Abrede der Barzahlung ohne Recht der vorherigen Untersuchung der Ware,

[145] BuB, a. a. O., 5/53-5/58

3) *Nachnahme — Cash on delivery.*
Vorleistungspflicht des Käufers (nur im binneneuropäischen Handelsverkehr gebräuchlich),
4) *Dokumente gegen Akzept D/A — documents against acceptance.*
Aushändigung der Dokumente gegen Hergabe eines Akzeptes des Käufers,
5) *Zahlung netto Kasse — clean payment.*
Zahlung nach kurzer Frist nach Rechnungs- und Warenempfang ohne Skontoabzug.

4. Risiken im Außenhandel

Neben den „normalen" Risiken des Handelsverkehrs treten im Außenhandelsgeschäft spezifische Risiken auf, die in wirtschaftliche, wirtschaftspolitische und politische Risiken systematisiert werden können.

a) Wirtschaftliche Risiken

Unter den wirtschaftlichen Risiken steht das *Bonitätsrisiko* (corporate risk) im Außenhandel an erster Stelle: Gegenüber einer inländisch üblicherweise durchgeführten Bonitätsanalyse sind als spezifische Probleme der Risikoabschätzung zu nennen:

1) unterschiedliche Bilanzierungsvorschriften und Bilanzierungsusancen,
2) unterschiedliche Rechtsordnungen und Geschäftsusancen,
3) unterschiedliche Maßstäbe bei der Kreditwürdigkeitsprüfung (rating agencies als Beispiel).

Für Importeure und Exporteure gleichartig stellt sich das *Transportrisiko,* das Beschädigungs- oder Verlustrisiko im grenzüberschreitenden Verkehr dar sowie das *Kursrisiko* bei Fakturierung in Fremdwährung.

Für den Importeur sind typische wirtschaftliche Risiken:

1) Erfüllungsrisiko = Risiko der Nichterfüllung des Kaufvertrages durch den ausländischen Exporteur,
2) Qualitätsrisiko = Risiko der Lieferung nicht vertragsadäquater Ware.

Für den Exporteur sind dies:

1) Abnahmerisiko durch den ausländischen Importeur,
2) Inkasso-Risiko des Warengegenwertes.

b) Wirtschaftspolitische Risiken

Unter wirtschaftpolitischen Risiken sind staatliche Maßnahmen des Schuldnerlandes zu subsumieren:

1) *ZM-Risiken*

Dieser Begriff meint die Transfer-Risiken im engeren Sinne für den Gläubiger:

- *Z*ahlungsverbote der Regierung des Schuldnerlandes,
- *M*oratorien = Zahlungsaufschub für alle Währungsverbindlichkeiten.

2) *KT-Risiken*

Dieser Begriff meint die Transfer-Risiken im weiteren Sinne für den Gläubiger:

- *K*onvertierungsrisiko: die Zentralbank des Schuldnerlandes ist wegen Zahlungsbilanzschwierigkeiten nicht in der Lage, Landeswährung in Devisen zu konvertieren,
- *T*ransfer-Risiko: mangels Devisen kann der Kaufpreis in der fakturierten Fremdwährung nicht überwiesen werden.

In beiden Fällen hat der Schuldner selbst den Kaufpreis auf ein „Sperrkonto" zu Gunsten des Gläubigers überwiesen, ist also insoweit von seiner Zahlungsverbindlichkeit befreit.

Ein weiteres wirtschaftspolitisches Risiko sind Verstaatlichungsaktionen.

c) Politische Risiken

Während die wirtschaftspolitischen Risiken auch als politische Risiken im weiteren Sinne verstanden werden können, gehören zu den „echten" politischen Risiken:

1) Streik,
2) Unruhen, Aufruhr,
3) kriegerische Ereignisse,
4) Revolutionen.

d) Sonstige Risiken

Sonstige, außerwirtschaftliche und außerpolitische Risiken sind:

1) Naturkatastrophen,
2) Industriekatastrophen (Chemie-/Atomenergieunfälle).

5. Sicherungsfazilitäten im Außenhandelsgeschäft[146]

Als spezifische Sicherungsfazilitäten im Außenhandelsgeschäft sind zu behandeln:

1) Bankgarantien,
2) Garantien und Bürgschaften der Bundesrepublik Deutschland.

[146] vgl. Büschgen, H. E.: Internationales Finanzmanagement, a. a. O., S. 48-60, BuB, a. a. O., 5/131-5/217

a) *Bankgarantien bei Außenhandelsgeschäften*

Die Bankgarantie hat im Außenhandel eine Sicherungsfunktion vor Risiken, die sich aus Nichterfüllung oder Lieferung in der Qualität nicht vertragsadäquater Ware niederschlagen = Absicherung des Erfüllungs- und Qualitätsrisikos. Sie begründet eine vom Grundgeschäft unabhängige Zahlungsverpflichtung der garantiegebenden Bank.

Die Bedeutung der Bankgarantie im Außenhandel wird unterstrichen durch die Bemühungen, internationale, einheitliche Regelungen für dieses Sicherungsinstrument zu finden. So hat die Internationale Handelskammer Paris 1978 mit Dokument Nr. 460/288-470/329 Richtlinien für Vertragsgarantien vorgelegt („International chamber of commerce uniform rules for contract guarantees"), die von der Internationalen Handelskammer Paris zwar verabschiedet, jedoch den Bankenverbänden der Mitgliedsländer (noch) nicht zur Annahme empfohlen wurden.

Im einzelnen kommen folgende Arten von Garantien vor:

1) *Bietungsgarantie* (tender guarantee/participation guarantee/bid bond). Bei einer Bietungsgarantie „haftet die Bank mit einem Betrag, der entweder ziffernmäßig oder in Prozentsätzen des Angebots festgelegt wird, dafür, daß die aus Anlaß einer Ausschreibung offerierende Firma, im Falle des Zuschlags an sie, sich an das Offert halten und den Liefervertrag zu den im Offert enthaltenen Bedingungen abschließen bzw. in Einzelfällen auch den Liefervertrag durch eine Liefergarantie absichern wird."[147]
   Die Höhe der Garantie bewegt sich zwischen 2 % und 10 % des Ausschreibungsprojektes.
2) Die *Anzahlungsgarantie* (advance payment guarantee/bank refundment guarantee) Generell dient die Anzahlungsgarantie der Absicherung gegen das Risiko, bei Nichterfüllung des Geschäftes durch den Lieferanten die enthaltenen An- und Vorauszahlungen nicht zurückerstattet zu bekommen. Die Garantiestellung erfolgt „zu dem Zweck, um den Käufer für den Verlust, der sich etwa durch die Nichtlieferung ergeben sollte, Sicherheit zu gewähren, und zwar auch dann, wenn der ursprüngliche Liefervertrag sich als ungültig herausstellen sollte oder in der Folge durch staatliche Maßnahmen ungültig wird".[148] Die Höhe der Garantie entspricht der Anzahlung.
3) *Leistungs- und Lieferungsgarantie* (performance guarantee/performance bond) Die Lieferungs- und Leistungsgarantie, die meist von einer Firma gefordert wird, die im Rahmen einer ausländischen Ausschreibung den Zuschlag erhalten hat, basiert – wie die Bietungsgarantie – auf einer Vertragsstrafe, die der Exporteur im Falle nicht frist- und vertragsgerechter Lieferung zu zahlen hat. Gegenstand einer Lieferungsgarantie ist die Abdeckung des Erfüllungsrisikos, während die Leistungs- und Gewährleistungsgarantie für den Begünstigten das Mängelrisiko ausschließen

[147] Schinnerer, E.: Bankverträge, II. Teil, 2. Aufl. Wien 1966, S. 252
[148] ebenda, S. 254 f.

soll. Bei beiden Garantiearten ist die Garantiesumme wesentlich höher als bei einer Bietungsgarantie, da der Schaden, der dem Käufer im Falle nicht termingemäßer oder nicht kontraktgemäßer Lieferung entsteht, in der Regel größer ist als der Schaden, der durch Annullierung eines mit dem Zuschlag bedachten Angebots entsteht. Sie bewegt sich etwa zwischen 5 % und 25 % des Warenwertes.

4) *Dokumentengarantie* (bill of lading guarantee)

Die Dokumentengarantie dient in der Hauptsache der Ausschaltung von Nachteilen und Schäden, die bei der Aufnahme nicht akkreditiv-gemäßer Dokumente durch eine Bank für den Importeur entstehen können. Im Überseegeschäft kommt es ferner vor, daß die Verschiffungsdokumente im Zeitpunkt des Eintreffens der Ware noch nicht vollzählig bei der Bank des Importeurs eingegangen sind. Will nun der Importeur trotzdem die Auslieferung der Ware erreichen, so wird in dessen Auftrag gewöhnlich von seiner Hausbank eine „Konnossementsgarantie" gestellt. Hierin verpflichtet sich die Bank des Importeurs gegenüber der Reederei zum Ersatz aller Kosten und Schäden, die durch die Auslieferung der Importware ohne Vorlage des vollen Satzes Konnossemente entstehen können, sowie zur unverzüglichen Nachlieferung der Original-Konnossemente, sobald ihr diese zugehen. Die Garantie dient nicht dem Zweck, materielle Mängel der Dokumente auszugleichen. Hierin würde „eine Aushöhlung des Grundsatzes der Dokumentenstrenge liegen".[149]

b) Garantien und Bürgschaften der Bundesrepublik Deutschland

Die Refinanzierung langfristiger Ausfuhrforderungen erfolgt unter Mitwirkung der Öffentlichen Hand als Lieferanten- oder Bestellerkredit, wobei die Refinanzierung durch Spezialinstitute vorgenommen wird: die Ausfuhrkredit-Gesellschaft mbH, Frankfurt (AKA) und die Kreditanstalt für Wiederaufbau, Frankfurt (KfW). Beide Institute verlangen vom Exporteur die Beibringung der *Hermes-Deckung.*

„Hermes-Deckung" meint: Die Exportkreditversicherung wird von zwei privaten Unternehmen treuhänderisch für den Bund vorgenommen: die Hermes Kreditversicherungs-AG Hamburg als federführendes Institut und die Deutsche-Revisions- und Treuhand AG handeln als Mandatare des Bundes.

Grundlage ist das „Gesetz über die Übernahme von Sicherheitsleistungen im Ausfuhrgeschäft" vom 26. August 1949. Mit diesem Gesetz wurde der Öffentlichen Hand die Möglichkeit gegeben, bei der Abwicklung von Exportgeschäften Risiken zu übernehmen, die wegen ihrer Unvorhersehbarkeit oder Unberechenbarkeit von einem privaten Institut nicht übernommen werden können.

Deckungen werden gewährt für:

- *Garantien/Bürgschaften zur Deckung des Fabrikationsrisikos;* hiermit werden Schäden gedeckt, die vor Versand der Ware auftreten.

[149] BuB, a. a. O., 5/136

– *Ausfuhrgarantien/Bürgschaften,* hiermit werden Schäden gedeckt, die nach Versand der Ware auftreten.
– *Garantien/Bürgschaften für gebundene und ungebundene Finanzkredite;* hiermit werden Forderungen aus gebundenen Finanzkrediten an private ausländische Schuldner gedeckt. Die Deckung für ungebundene Finanzkredite bezieht sich auf die Finanzierung förderungswürdiger Projekte in Entwicklungsländern.

Die Hermes-Deckung unterscheidet demgemäß zwischen Garantien und Bürgschaften:

– Garantien sind Gewährleistungen der Öffentlichen Hand für Geschäfte deutscher Exporteure mit ausländischen Abnehmern in der Rechtsform des privaten Rechts (Firmen, Personengesellschaften, juristische Personen des privaten Rechts).
– Bürgschaften sind Gewährleistungen der Öffentlichen Hand für Geschäfte deutscher Exporteure mit ausländischen Regierungen oder ausländischen Personen des öffentlichen Rechts.

Für die Übernahme gelten die Richtlinien des Bundeswirtschaftsministers in Übereinstimmung mit den Richtlinien zur Harmonisierung der Ausfuhrkreditversicherungsbedingungen in den Ländern der EG vom 26. und 27. Oktober 1970.

Seit dem 1. April 1978 ist ein „Internationaler Konsens" in Kraft getreten zwischen Vertretern Australiens, der EG, Finnlands, Griechenlands, Japans, Kanadas, Norwegens, Portugals, Schwedens, der Schweiz, Spaniens und der USA[150] über Mindestkonditionen bei Ausfuhrbürgschaften und -garantien:

– Der für die gesamte Laufzeit geltende Zinssatz für die Zeit ab Lieferung/Leistung im Anlagenbau ab Betriebsbereitschaft soll folgende Mindestsätze nicht unterschreiten:
  - Kredite über fünf Jahre Laufzeit – p. a. –
    8,00 % bei wohlhabenden,
    7,75 % bei mittleren,
    7,25 % bei weniger entwickelten Ländern
  - Kredite von zwei bis fünf Jahre Laufzeit – p. a. –
    7,75 % bei wohlhabenden,
    7,25 % bei mittleren,
    7,00 % bei weniger entwickelten Ländern.
– Die Höhe der Anzahlung muß mindestens 15 % des Objektpreises betragen.
– Die Kreditlaufzeiten dürfen bei wohlhabenden und mittleren Ländern achteinhalb Jahre, bei weniger entwickelten Ländern zehn Jahre nicht überschreiten.

Ausnahmen gelten für die Kredite im Rahmen der deutschen Entwicklungshilfe, wenn der Zuschuß 25 % des Projektpreises übersteigt.

[150] BuB, a. a. O., 5/186

Bei den Bürgschaften und Garantien sind zu unterscheiden:

- der wirtschaftliche Garantiefall,
- der politische Garantiefall.

Der *wirtschaftliche Garantiefall* liegt vor:

– *Fabrikationsrisiko:*	– Insolvenz des Bestellers bei privaten Abnehmern, – Nichteingang vereinbarter Vorauszahlungen bei öffentlichen Stellen als Besteller;
– *Ausfuhrgarantien/ -bürgschaften*	– Uneinbringlichkeit der Forderung (Konkurs, Vergleich, fruchtlose Zwangsvollstreckung), – Nichterfüllung der Forderung sechs Monate nach Fälligkeit bei öffentlichen Stellen als Abnehmer;
– *Finanzkredite:*	– analog „Ausfuhrgarantien", darüber hinaus: Zahlungsverzug von sechs Monaten ist auch bei privaten Abnehmern ausreichend.

Der *politische Garantiefall* liegt vor:

– *Fabrikationsrisiko:*	Krieg/kriegerische Ereignisse, Aufruhr, Revolution oder Maßnahmen der Regierung des Abnehmerlandes, die Abnahme und Verwendung der Ware unmöglich machen.
– *Ausfuhrgarantien/ -bürgschaften:*	Maßnahmen der Regierung des Bestellerlandes, die eine Erfüllung oder Beitreibung der Forderung entweder ganz oder in der vereinbarten Währung unmöglich machen (ZM-Risiken). Dem steht das KT-Risiko gleich, sofern der Schuldner bei einer zahlungsfähigen Bank oder einem amtlichen Verrechnungskonto eingezahlt hat. Beschlagnahme oder Entziehung der Verfügungsgewalt durch ausländische staatliche Stellen.
– *Finanzkredite:*	Eintritt von ZM- und KT-Risiken analog Ausfuhrgarantien.

Deckungsgegenstand sind bei:

– *Fabrikationsrisiko*	die Selbstkosten,
– *Ausfuhrgarantien/ -bürgschaften*	der vereinbarte Preis sowie Zins- und Finanzierungskosten,
– *Finanzkrediten*	Kreditforderung und Zinsen.

Der Deckungsnehmer hat einen „Selbstbehalt“ zu tragen:

- Fabrikationsrisiko 10 %,
- Ausfuhrgarantien 15 %,
- Ausfallbürgschaften 10 %,
- Finanzkredite 15 % wirtschaftliche Risiken
  10 % politische Risiken.

Für die Schadensregulierung gelten Karenzfristen:

- für das wirtschaftliche Risiko ab Beweis für das Vorliegen eines Garantiefalles durch den Exporteur,
- für das politische Risiko: ZM-Risiken sechs Monate
  KT-Risiken vier Monate.

III. Der Auslandszahlungsverkehr

Gegenstand des Auslandszahlungsverkehrs als Dienstleistungsgeschäft sind:

1) Der Barzahlungsverkehr in Sorten.
   „Sorten“ sind – neben Münzen – ausländische Banknoten; aus ihnen werden durch Versand an eine entsprechende Auslandsbank und Gutschrift auf einem dort geführten Konto in Landeswährung „Devisen“.
2) Die Führung von Fremdwährungs(FW)-Konten für Kunden zur Gutschrift oder Belastung von Deviseneingängen oder -ausgängen.
   Da die Bank für diese FW-Guthaben der Kunden entsprechende Guthaben bei den jeweiligen Auslandsbanken halten muß, können Sorten auf FW-Konten nicht eingezahlt oder abgehoben werden.
   Zahlungsverkehrsträger sind ausschließlich Devisen.
3) Die Ausführung von Zahlungen in DM und FW in das Ausland und Abrechnung und Gutschrift von Zahlungen in DM und FW aus dem Ausland zu Lasten/zu Gunsten von DM-Konten.

1. Der Barzahlungsverkehr

Der Barzahlungsverkehr hat lediglich noch im Reiseverkehr Bedeutung; durch das Vordringen des Reiseschecks (Traveller-Schecks) sowie durch Kreditkarten/Scheckkarten nimmt der Umfang des Sortengeschäfts ab. Damit geht zugleich das Kursrisiko für den Sortenbestand zurück.

2. Der bargeldlose Auslandszahlungsverkehr

In traditioneller Sicht war Voraussetzung der Durchführung des bargeldlosen Zahlungsverkehrs mit dem Ausland das Korrespondenzbanken-System: sogenannte Agency-Agreements legen zwischen den Partnerbanken die Abwicklungsregeln fest:

– Dienstleistungsentgelt (Provisionen),
– Unterschriftsverzeichnisse und Depeschenschlüssel zur Sicherung vor Fälschungen,
– gegenseitige Kontoführung in jeweiliger Landeswährung,
– gegenseitige Einräumung von Krediten (Postlaufkrediten).

Aus dem Korrespondenzbanken-Netz entwickelte sich ein internationales Gironetz, dessen Leistungsfähigkeit durch ein internationales Nachrichtenübermittlungssystem ergänzt und erhöht wurde.

1973 gründeten 239 Banken in Brüssel die Society for world-wide interbank financial telecommunication (*SWIFT*) zur Informationsübermittlung, Abwicklung von internationalen Zahlungsströmen und von Geld- und Devisengeschäften. Die Mitgliederzahl liegt 1987 bei über 800 Instituten.Als Nachrichten können übertragen werden:

1) Kundenzahlungen in das Ausland inklusive Rückfragen/Antworten,
2) bankeigene Vorgänge wie Kontoregulierungen, Deckungsanschaffungen, Schriftverkehr im Zusammenhang mit dem Auslandsgeschäft,
3) Sicherheits- und Warnmeldungen zwischen den Teilnehmern,
4) Fragen im dokumentären Inkasso- und Akkreditivgeschäft,
5) Datenübermittlung im internationalen Wertpapiergeschäft: (Handel und Verwahrung).

Technisch besteht das System aus drei Schaltzentralen in Brüssel, Amsterdam und Culpeper (USA), regionalen Konzentratoren in jedem Mitgliedsland und dem entsprechenden Leitungsverbund.

Die Verrechnung der Gegenwerte erfolgt über das *Korrespondenzbanken-System.* Neben das Korrespondenzbanken-System ist das institutsindividuelle internationale Netz der internationalen Banken durch Tochterbanken, Niederlassungen und Filialen getreten („Globalisierung und Internationalisierung im Bankwesen“).

In der Abwicklungstechnik sind ausgehende Zahlungen und eingehende Zahlungen durch Überweisung und Scheck zu unterscheiden, wobei für Überweisungsausgänge der „Zahlungsauftrag im Außenwirtschaftsverkehr“ verwendet wird: Die banktechnische Ausführung eines Überweisungsauftrages zu Gunsten eines ausländischen Begünstigten entspricht in den Grundelementen der Bearbeitung eines innerdeutschen Zahlungsauftrages; jedoch sind – je nach dem Stand der Devisengesetzgebung – devisenrechtliche Genehmigungen bzw. die Erfüllung bestimmter Meldevorschriften zu beachten, die vornehmlich der statistischen Erfassung des westdeutschen zwischenstaatlichen Zahlungsverkehrs durch die Bundesbank dienen.

Erteilt z. B. ein deutscher Importeur seiner Hausbank in der Bundesrepublik den Auftrag, zu Gunsten seines ausländischen Verkäufers eine Zahlung in Deutscher Mark zu leisten, so wird die deutsche Bank ein Kreditinstitut im Lande des Zahlungsempfängers, das bei ihr ein DM-Konto unterhält, mit der Durchführung der Zahlung beauftragen und gleichzeitig die Gutschrift des DM-Betrages auf diesem Konto vornehmen.

Lautet der Zahlungsauftrag über eine fremde Währung, so wird die deutsche Bank eine Korrespondenzbank im Ausland, bei der sie ein entsprechendes Währungskonto besitzt, mit der Durchführung der Zahlung zu Lasten dieses Kontos beauftragen. Bei Zahlungsaufträgen in fremder Währung nach Ländern, in denen ein bestimmtes Kreditinstitut der Bundesrepublik keine Korrespondenzbank besitzt, wird dieses entweder ein ausländisches Institut in einem dritten Land oder eine andere westdeutsche Bank, die eine Korrespondenzverbindung in dem betreffenden Land besitzt, mit der Durchführung des Zahlungsauftrages betrauen.

Vielfach verwenden ausländische Institute zur Erleichterung der Bearbeitung ihrer Zahlungsaufträge mehrsprachige Formulare. Im Zahlungsverkehr der Bundesrepublik mit einer Reihe europäischer Länder wird für „Zahlungsaufträge im Auftrag und zu Gunsten Dritter" ein fünfsprachiger Einheitsformularsatz verwendet. Die Benutzung dieses Einheitsvordrucks, der in seiner Grundform aus einem Original und drei Kopien besteht, gestattet eine sofortige Weiterleitung der Zahlung durch die ausländische Bank an den Begünstigten ohne nochmalige Anfertigung einer Abschrift, d. h. eines eigenen Zahlungsauftrages.

Der Zahlungsauftrag eines westdeutschen Kunden an einen Ausländer kann auch durch Versendung eines Bankenorderschecks, den ein inländisches Kreditinstitut zu Lasten eines bei einer Korrespondenzbank im Domizilland des Begünstigten unterhaltenen Kontos ausstellt, ausgeführt werden. Diese Form der Zahlung überwiegt im Zahlungsverkehr der Bundesrepublik mit den USA und den Ländern des Sterlingraumes. Umgekehrt ist es auch üblich, daß deutschen Exporteuren von ihren ausländischen Kontrahenten Bankenorderschecks zu Lasten von Konten übersandt werden, die die Auslandsbanken bei Instituten in der Bundesrepublik unterhalten.

Wesentlicher Nachteil des Schecks gegenüber der Verwendung der Überweisung im internationalen Zahlungsverkehr sind das Verlust- und das Fälschungsrisiko, die erheblich größer sind als bei der Abwicklung von Inlandszahlungen. Zur Einschränkung dieser Risiken besteht die Gepflogenheit, daß Scheckeinziehungen auf ausländische Banken den bezogenen Instituten im allgemeinen schriftlich avisiert werden.

Der Auslandszahlungsverkehr wird auch – neben dem Informationssystem SWIFT – im electronic banking abgewickelt:

- Datenaustausch für Auslandszahlungen (Magnetband/Diskette). Die Abwicklung erfolgt über SWIFT, Telex, Luftpost oder Scheck.
- Dauerauftrag für Auslandszahlungen mit festen oder variablen Beträgen in DM oder FW.

IV. Das Dokumentengeschäft

Im Gegensatz zum „reinen" Zahlungsverkehr, in dem Geldbeträge in Form von Devisen transferiert werden, wird im dokumentären Zahlungsverkehr – Dokumentengeschäft – die Zahlung Zug um Zug gegen Übergabe bestimmter Dokumente geleistet, an die Stelle der Zahlung kann auch die Akzeptierung eines Wechsels treten. Die Dienstleistungsfunktion der Banken umfaßt im Dokumentengeschäft:

- die Durchführung des Akkreditiv-Geschäftes,
- die Durchführung des Inkasso-Geschäftes.

1. Das Dokumenten-Akkreditiv

a) Allgemeines

Beim Waren- oder Dokumenten-Akkreditiv erhält der Begünstigte den festgesetzten Geldbetrag nur dann ausgezahlt, wenn er der das Akkreditiv eröffnenden Bank oder der von ihr beauftragten Korrespondenzbank bestimmte Dokumente über die versandte Ware als Gegenleistung übergibt.[151] Rechtlich gesehen handelt es sich beim Barakkreditiv um eine Anweisung im Sinne von § 783 BGB, sofern dem Begünstigten eine Urkunde über den akkreditierten Betrag ausgehändigt wird. Liegt keine derartige Urkunde vor, sondern erfolgt nur briefliche, telegraphische oder telefonische Benachrichtigung des Begünstigten, so stellt dies einen Zahlungsauftrag nach §§ 662 ff. BGB dar, der in der Form eines Geschäftsbesorgungsvertrages im Sinne von § 675 BGB erfolgt, da er banküblich gegen Entgelt ausgeführt wird.

Die Rechtsnatur des Waren- oder Dokumenten-Akkreditivs – auch dokumentäres Akkreditiv genannt[152] – wird in der deutschen und ausländischen Fachliteratur sehr unterschiedlich beurteilt, da es weder in Deutschland noch in anderen Ländern mit Ausnahme von Griechenland,[153] Italien, Mexiko und einigen Staaten der USA, z. B. Pennsylvania,[154] eine Kodifizierung erfahren hat. Vereinzelt wird es z. B. als Treuhandvertrag[155] oder Kreditauftrag[156] bezeichnet. Vielfach, besonders in der älteren

[151] vgl. Witzmann, F.: Das Akkreditiv als Zahlungsmittel im internationalen Verkehr und seine Bedeutung für die Volkswirtschaft, Diss. München 1929, S. 31: „Die Dokumente nehmen bei den dokumentären Akkreditiven als Beweismittel die Stelle der Unterschriftsleistung des Begünstigten bei der Barakkreditivgruppe ein"
[152] vgl. z. B. Oberparleiter, K.: Das dokumentäre Akkreditiv, Leipzig – Wien 1922
[153] vgl. Stephanopulos: Das dokumentäre Akkreditiv nach heutigem griechischen Recht, in: Hanseatische Rechtszeitschrift 1927, S. 120 ff.
[154] vgl. Käser, I.: Das Dokumentenakkreditiv in den USA, in: Zeitschrift für ausländisches und internationales Privatrecht, 21. Jg., Heft 1, S. 75
[155] vgl. Schoor, V.: Das Accreditivgeschäft, Diss. Gießen 1922, S. 64
[156] vgl. RG 102, 158. Diese Auffassung des Reichsgerichtes ist wohl schon deswegen abzulehnen, weil der der akkreditiveröffnenden Bank erteilte Auftrag nicht auf Kreditgewährung, sondern auf Zahlungsleistung gerichtet ist.

deutschen Literatur, wird das Dokumenten-Akkreditiv als Anweisung[157] oder auch als Vertrag zu Gunsten eines Dritten angesehen.[158]

In neuerer Zeit gilt das Dokumenten-Akkreditiv in Deutschland hinsichtlich der Rechtsbeziehungen zwischen Akkreditivsteller und akkreditiveröffnender Bank vorwiegend als Werkvertrag, der eine Geschäftsbesorgung zum Gegenstand hat (§§ 631, 675 BGB), nämlich die Zahlungsabwicklung eines Verkaufsabschlusses.[159] Weil die Zahlungsleistungen der das Akkreditiv eröffnenden Bank völlig unabhängig von den gegenseitigen Rechten und Pflichten des Käufers und Verkäufers aus dem Kaufvertrag erfolgen[160], stellen die Rechtsbeziehungen dieser Bank zu dem Begünstigten ein abstraktes Schuldversprechen im Sinne von § 780 BGB dar.

Da sich mangels einer gesetzlichen Regelung des Dokumenten-Akkreditivs in der in- und ausländischen Praxis erhebliche Meinungsverschiedenheiten hinsichtlich der zwischen den einzelnen Akkreditivparteien bestehenden rechtlichen Verpflichtungen ergaben, versuchten die deutschen Banken schon in den 20er Jahren, diese Rechtsunsicherheit durch Schaffung vertraglicher Normen zu beseitigen.

So stellten die in der sogenannten Berliner Stempelvereinigung zusammengeschlossenen Banken 1922 ein Regulativ für die Abwicklung von Dokumenten-Akkreditiven auf, das für die Berliner Banken am 1. Januar 1923[161] aufgrund freiwilliger Vereinbarungen in Kraft trat. 1930 wurde es revidiert und galt in der veränderten Fassung ab 1. 1. 1931.[162] Dieses Regulativ brachte für Deutschland in den Jahren nach 1923 eine gewisse Vereinheitlichung der Rechtsauffassungen über das Akkreditivgeschäft, weil seine Bestimmungen von den meisten der deutschen Bankenvereinigungen als verbindlich angesehen und in die Allgemeinen Geschäftsbedingungen ihrer Mitgliederbanken aufgenommen wurden.

Aber nicht nur in Deutschland, sondern auch im Ausland machte sich das Fehlen einheitlicher Richtlinien für die Abwicklung des Akkreditivverkehrs sehr störend bemerk-

157 vgl. z. B. Capelle, H.: Das Akkreditivgeschäft, Mannheim 1925, S. 26 ff. (Anweisung im weiteren Sinne); Düringer-Hachenburg, Das Handelsgesetzbuch, 3. Aufl., Mannheim-Berlin-Leipzig, 1932, IV. Bd., § 365, S. 946 ff.; Oberparleiter, K.: a. a. O., S. 5; RG 34, 535; Wegener, H.: Bankakkreditive im kaufmännischen Verkehr, Diss. Würzburg 1935, S. 12 (formlose Doppelanweisung)

158 vgl. Heyne, G.: Das Warenakkreditiv, Diss. Würzburg 1934, S. 12; Wolff: Das Akkreditiv, in: Juristische Wochenschrift (JW) 1922, S. 772; Sieckmann, H.: Das Akkreditiv, Diss. Jena 1925, S. 18; Becker: Die verschiedenen Arten des Akkreditivs, in: Recht und Handel, 1927, Sp. 744

159 vgl. z. B. Schneider, J.: Akkreditive im gebundenen und freien Zahlungsverkehr mit dem Ausland, Mannheim-Feudenheim 1955, S. 38; Wiele, G.: Das Dokumenten-Akkreditiv und der angloamerikanische Documentary Letter of Credit, Hamburg 1955, S. 34; Palyi, M./Quittner, P.: Handwörterbuch des Bankwesens, S. 15

160 „Akkreditive sind ihrer Natur nach von den Kauf- oder anderen Verträgen, auf denen sie beruhen können, getrennte Geschäfte, und die Banken haben in keiner Hinsicht etwas mit solchen Verträgen zu tun und sind nicht durch sie gebunden". „Einheitliche Richtlinien", Allgemeine Regeln und Begriffsbestimmungen, Buchstabe c

161 Abgedruckt in: Bank-Archiv 1922/23, S. 108 ff.

162 Abgedruckt in: Bank-Archiv 1930/32, S. 419 ff.

bar. Daher beschäftigte sich die im Jahre 1919 gegründete Internationale Handelskammer schon vom Jahre 1926 an mit dieser Frage. Sie arbeitete „Einheitliche Richtlinien und Gebräuche für Dokumenten-Akkreditive" (ERA) aus, die, nachdem sie auf ihrem Amsterdamer Mitgliederkongreß nur von Belgien und Frankreich anerkannt wurden, nach einer nochmaligen Überarbeitung auf dem Wiener Mitgliederkongreß im Jahre 1933 von den wichtigsten Handelsnationen der Welt mit Ausnahme von Großbritannien[163] angenommen wurden.

Nicht nur in juristischer Hinsicht, sondern auch in der Bankbetriebslehre besteht keine völlig einheitliche Auffassung über die Natur des Dokumenten-Akkreditivs. Von verschiedenen Autoren und Praktikern wird es vorwiegend als Kreditinstrument angesehen und begrifflich in die Kategorie des Rembourskredits eingeordnet bzw. diesem übergeordnet.[164] Hierfür sprechen einige Tatsachen. So wird z. B. in der Praxis im Rahmen der bankmäßigen Abwicklung dem Auftraggeber eines Dokumenten-Akkreditivs von seiner Bank für die Dokumentenaufnahme vielfach ein kurzfristiger Bar- oder Überziehungskredit gewährt. Ferner besitzen die wichtigsten Handelssprachen – Englisch, Französisch, Spanisch und Italienisch – keine dem Deutschen entsprechende sinngemäße Übersetzung für den Begriff des Dokumenten-Akkreditivs. Vielmehr werden hierfür Bezeichnungen verwendet, die auf eine Kreditgewährung schließen lassen, wie z. B. „Letter of credit", „Commercial letter of credit", „Crédit documentaire", „Carta de Crédito" oder „Credito".

Zweck und Natur des Dokumenten-Akkreditivs sprechen jedoch für die Auffassung, daß es ein Instrument des Zahlungsverkehrs darstellt. Denn trotz der Tatsache, daß sein Wortstamm durch das lateinische Wort credere (= glauben, vertrauen) gebildet wird, erfüllt das Dokumenten-Akkreditiv seinem Wesen nach keine Kreditfunktion.[165] Auch wenn die akkreditiveröffnende Bank für den Akkreditivverpflichteten unter Umständen kurzfristig in Vorlage tritt, stellt dies rechtlich gesehen eine Handlung dar, die nicht aufgrund von Akkreditivbedingungen, sondern auf der Basis interner Vereinbarungen zwischen dem Käufer und seiner Bank erfolgt.[166]

163 Großbritannien lehnte eine Anerkennung der ERA vorwiegend aus formaljuristischen Gründen ab: „Der grundliegende Unterschied zum Regulativ besteht darin, daß in England die Ausdrücke irrevocable bzw. confirmed im Gegensatz zum Regulativ in ihrer Bedeutung synonym sind." Vgl. Wiele, G.: a. a. O., S. 24

164 vgl. Schneider, J., a. a. O., S. 35; Brannekämper, J. H.: Der Rembourskredit, Diss. Heidelberg 1931, S. 92; Sewering, K.: Der Kreditverkehr, 2. Aufl., Essen 1955, S. 113

165 vgl. Capelle, H.: a. a. O., S. 2; Jacoby, A.: Das Akkreditiv, S. 245; Oberparleiter, K.: a. a. O., S. 1; Wiele, G.: a. a. O., S. 19

166 vgl. Wiele, G.: a. a. O., S. 19

b) Die Einheitlichen Richtlinien und Gebräuche für Dokumenten-Akkreditive (ERA)

Die Einheitlichen Richtlinien und Gebräuche für Dokumenten-Akkreditive sind in der revidierten Fassung 1983 seit 1. Oktober 1984 in Kraft – revidiert in 1951, 1962, 1974 –, und haben folgenden Aufbau:

Artikel	1 bis 6	Allgemeine Regeln und Begriffsbestimmungen,
	7 bis 14	Form und Anzeige der Akkreditive,
	22 bis 42	Dokumente,
	43 bis 53	verschiedene Regeln,
	54 bis 55	Abtretung des Akkreditiverlöses.

Als Dokumenten-Akkreditiv wird „jede, wie auch immer benannte oder bezeichnete Vereinbarung" (verstanden) „derzufolge eine Bank ... auf Ersuchen und nach den Weisungen eines Kunden ... gegen Übergabe vorgeschriebener Dokumente

1) eine Zahlung an einen Dritten ... oder dessen Order zu leisten oder vom Begünstigten gezogene Wechsel ... zu bezahlen oder zu akzeptieren hat,
   oder
2) eine andere Bank zur Ausführung einer solchen Zahlung oder zur Bezahlung, Akzeptierung oder Negoziierung derartiger Wechsel ... ermächtigt,

sofern die Akkreditivbedingungen erfüllt sind" (Artikel 2).

Gemäß Artikel 7 können Dokumenten-Akkreditive entweder widerruflich oder unwiderruflich sein, im Zweifel gilt ein Akkreditiv als widerruflich.

Während ein *widerrufliches* Akkreditiv von der eröffnenden Bank „jederzeit und ohne vorherige Nachricht an den Begünstigten geändert oder annulliert werden kann " (Artikel 9), so folgt für das *unwiderrufliche* Akkreditiv die Begründung einer feststehenden Verpflichtung für die eröffnende Bank, falls die vorgeschriebenen Dokumente vorgelegt werden und die im Akkreditiv geforderten Bedingungen erfüllt sind (Artikel 10):

– zu zahlen oder zahlen zu lassen
  - bei Sichtzahlung bei Sicht,
  - bei hinausgeschobener Zahlung bei dem bestimmbaren Datum,
– gezogene Tratten zu akzeptieren oder die Verantwortung für die Akzeptierung und Einlösung zu übernehmen,
– bei Negoziierung die Tratten zu bezahlen oder für die Negoziierung durch eine andere Bank zu sorgen,

je nach den Bestimmungen des Akkreditivs.

Die eröffnende Bank kann eine andere Bank ersuchen/ermächtigen, ihr unwiderrufliches Akkreditiv zu bestätigen; damit übernimmt die bestätigende Bank zusätzlich dieselben Verpflichtungen wie die eröffnende Bank.

Verpflichtungen aus einem unwiderruflichen (bestätigten) Akkreditiv können ohne Zustimmung der eröffnenden (und der bestätigenden) Bank weder geändert noch annuliert werden.

Artikel 17 begründet die Haftungsbegrenzung:

„Die Banken übernehmen keine Haftung oder Verantwortung für Form, Vollständigkeit, Genauigkeit, Echtheit, Verfälschung oder Rechtswirksamkeit irgendwelcher Dokumente oder für die allgemeinen und/oder besonderen Bedingungen, die in den Dokumenten angegeben oder denselben hinzugefügt sind. Sie übernehmen auch keine Haftung oder Verantwortung für Bezeichnung, Menge, Gewicht, Qualität, Beschaffenheit, Verpackung, Lieferung, Wert oder Vorhandensein der durch irgendwelche Dokumente vertretenen Waren, oder für Treu und Glauben oder Handlungen und/oder Unterlassungen sowie für Zahlungsfähigkeit, Leistungsvermögen oder Ruf des Absenders, der Frachtführer oder der Versicherer der Waren oder irgendwelcher anderer Personen."

Die ERA kennen folgende Dokumente:

1) *Transportdokumente* (Dokumente, welche die Verladung an Bord oder Versendung oder Übernahme ausweisen, Artikel 25 bis 34)
2) *Versicherungsdokumente* (Artikel 25 bis 40)
3) *Handelsrechnung* (Artikel 41)
4) *andere Dokumente* (= Nachweis/Bescheinigung des Gewichts bei anderen als Seetransporten: Wiegestempel oder Gewichtsangaben, sofern nach den Bestimmungen des Akkreditivs kein besonderes Dokument gefordert ist, Artikel 42).

c) Die Dokumente

Auf Basis der Definition/Systematisierung der Dokumente durch die ERA lassen sich folgende Einteilungen vornehmen:

1) *Transportdokumente*

See- und Binnenschiffahrt:	Konossement, Ladeschein
Landfrachtverkehr:	Internationaler Eisenbahnfrachtbrief Internationaler Frachtbrief im Straßen- und Güterverkehr,
Luftverkehr:	Luftfrachtbrief,
Postverkehr	Posteinlieferungsschein Postversandbescheinigung,

(gegebenenfalls in kombinierter Form).

Unter den Warenpapieren, die als Traditions- oder Dispositionspapiere das Eigentum an der versandten Ware verbriefen und deren Erwerb damit die gleichen rechtlichen

Wirkungen hat wie die körperliche Übergabe der Ware, besitzt das *Seekonnossement*[167] für den dokumentären Akkreditivverkehr die größte Bedeutung. Seine rechtliche Regelung enthalten die §§ 642 ff. HGB.

Das Konnossement ist ein Wertpapier, das der Verfrachter oder dessen Bevollmächtigter dem Exporteur direkt oder dem von diesem beauftragten Spediteur (Ablader) aufgrund eines abgeschlossenen Seefrachtvertrages ausstellt. Dieses Papier enthält die Bestätigung des Empfangs der übernommenen Waren und die Verpflichtung, diese zu befördern und dem durch Wertpapier legitimierten Inhaber des Konnossements nach Beendigung der Seereise auszuhändigen. Gewöhnlich enthält es die Orderklausel, wodurch es den Charakter eines gekorenen Orderpapiers im Sinne von § 363 HGB enthält, das durch Indossament übertragbar ist.[168] Fehlt die Orderklausel, was in der Praxis relativ selten vorkommt, so besitzt es den rechtlichen Charakter eines Rektapapiers, das nur durch Zessionserklärung übertragen werden kann. Schließlich kann das Konnossement auch auf den Inhaber lautend ausgestellt sein.

Hinsichtlich des Inhalts des Konnossements bestimmt § 643 HGB, daß es den Namen des Verfrachters, des Kapitäns, des Abladers, des Empfängers und den Namen und die Nationalität des Schiffes sowie Angaben über Abladungs-, Löschungshafen, über Art, Maß, Zahl oder Gewicht der übernommenen Güter einschließlich ihrer Beschaffenheit, ferner Ort und Tag der Ausstellung sowie die Anzahl der Ausfertigungen des Konnossements zu enthalten hat.

Der Personenkreis, der als Aussteller von Konnossementen in Frage kommt, die im Rahmen des dokumentären Akkreditivverkehrs von den Banken anerkannt, d. h. „aufgenommen" werden, ist eng begrenzt. Neben dem Reeder kommt hierfür der Schiffer (Schiffsführer, Kapitän) oder ein anderer Vertreter des Reeders, z. B. ein Schiffsagent, in Frage. Konnossemente hingegen, die von einem Spediteur ausgestellt sind – sogenannte Spediteur-Konnossemente –, werden nach Artikel 17 der „Einheitlichen Richtlinien" nicht anerkannt. Sie gelten lediglich als Empfangs- oder Lieferschein. Das gleiche gilt für „Segelschiff-Konnossemente".

Hinsichtlich der äußeren Form der Konnossemente bestehen nach deutschem Recht keine zwingenden Vorschriften. In der Regel haben die verschiedenen in- und ausländischen Schiffahrtsgesellschaften eigene Formulare, die zwar im Text zum Teil etwas voneinander abweichen, aber aufgrund des „Internationalen Übereinkommens zur einheitlichen Feststellung einzelner Regeln über die Konnossemente" vom Jahre 1924 (Haager Regeln) eine gewisse Einheitlichkeit[169] aufweisen.

[167] Engl.: Bill of Lading (B/L); franz.: le connaissement; ital.: la polizza di carico; span.: el conocimiento

[168] Das Indossament hat jedoch beim Konnossement nur „Transportfunktion" und keine „Garantiefunktion" zu erfüllen. Vgl. v. Gierke, J.: Das Recht der Wertpapiere, Köln – Berlin 1954, S. 113. Abraham bezeichnet es daher auch als „halbkausales Wertpapier". Vgl. Abraham, H. J.: Das Seerecht, Berlin 1956, S. 99

[169] vgl. Obrist, K.: Das Warenakkreditiv, Zürich 1950, S. 63

Aus Sicherheitsgründen werden die Konnossemente gewöhnlich in mehreren gleichlautenden Originalexemplaren[170] ausgefertigt; diese werden zusammen als ein „voller Satz“ (full set) bezeichnet. Die Zahl der Ausfertigungen ist länderweise verschieden. Am häufigsten werden drei Exemplare festgesetzt.[171] Dem Ablader wird dieser „volle Satz“ nach der Verladung der Ware ausgehändigt. Außerdem können beliebig viele Kopien eines Konnossements ausgefertigt werden, die den Vermerk „nicht übertragbar“ (not negotiable) tragen müssen, womit zum Ausdruck gebracht wird, daß sie im Gegensatz zu den Originalen keine Rechte an der verladenen Ware verbriefen.

Im Seeverkehr werden von den Banken im allgemeinen folgende Typen von Konnossementen aufgenommen:

1) *Bordkonnossement* (Shipped Bill of Lading – B/L – oder On Board Bill of Lading), das die beendete Verladung der Ware auf ein Schiff bescheinigt;
2) *Übernahmekonnossement* oder *Empfangskonnossement* (Received for Shipment B/L[172]), das eine Empfangsbestätigung des Reeders oder eines seiner Vertreter darstellt, daß die zur Verschiffung bestimmte Ware nur zur Verladung übernommen worden ist;
3) *Hafenkonnossement* (Port B/L), das vornehmlich der Verschiffung von Baumwolle aus den USA dient und neben der Übernahme der Ware noch bescheinigt, daß das für den Transport vorgeschriebene Schiff im Hafen vor Anker liegt;
4) *Lagerhalter-* oder *Verwahrungskonnossement* (Custody B/L), das gleichfalls nur im Rahmen des amerikanischen Baumwollexports vorkommt und eine Bescheinigung für die Übernahme der Ware mit der Verpflichtung des Ausstellers darstellt, daß die Verladung der Ware innerhalb von drei Wochen nach Ausstelldatum erfolgt;
5) *Durch-* oder *Durchfrachtkonnossement* (Through B/L), dessen Verwendung dann in Frage kommt, wenn die Waren mit verschiedenen Transportmitteln (See- und Landtransport) befördert werden sollen.

Das im Landverkehr dem Konnossement entsprechende Warenpapier ist der *Ladeschein,* dessen rechtliche Normierung die §§ 72 ff. Binnenschiffahrtsgesetz[173] als Ergänzung der handelsrechtlichen Vorschriften für den Flußfrachtverkehr enthalten. Da der Ladeschein jedoch von der Eisenbahn nicht ausgestellt wird, besitzt er im gewöhnlichen Landfrachtverkehr keine praktische Bedeutung.[174] Er wird vielmehr ausschließlich im Binnenschiffahrtsverkehr verwendet und hier vielfach als *„Fluß- oder Binnenkonnossement“* bezeichnet.[175] Der Ladeschein ist – sofern an Order gestellt – ein Tra-

[170] Die einzelnen Originalexemplare werden auch als negoziierbare Ausfertigungen bezeichnet.
[171] vgl. Obrist, K.: a. a. O., S. 63
[172] Eingeführt durch das Gesetz zur Änderung von Vorschriften des HGB (Seefrachtgesetz) vom 10. 8. 1937 I S. 891). Vereinzelt als „Verschiffungs- oder Kaikonnossement“ bezeichnet, vgl. Hoffmann, A.: Das Dokumentenakkreditiv als Zahlungsform im Ex- und Importgeschäft, Hamburg 1950, S. 15
[173] Gesetz betreffend die privatrechtlichen Verhältnisse in der Binnenschiffahrt (Binnenschiffahrtsgesetz) vom 15. 6. 1885 i. d. F. vom 20. 5. 1898 (RGBl 1898 S. 868)
[174] vgl. Abraham, H. J.: a. a. O., S. 106
[175] vgl. v. Gierke, J.: Handels- und Schiffahrtsrecht, 7. Aufl., Berlin 1955, S. 613; ferner RGZ 106, 377

ditions- oder Dispositionspapier und erfüllt im wesentlichen die gleichen Funktionen wie das Konnossement. Wird er als Namenspapier ausgestellt, so gilt er als bloßer „Übernahmeladeschein".[176]

Der *Frachtbrief* wird auf Verlangen des Frachtführers vom Absender ausgestellt. Er enthält außer den Namen der Beteiligten und der Bezeichnung des Gutes namentlich die besonderen Vereinbarungen, welche die Beteiligten getroffen haben. Er begleitet das Gut und soll dem Empfänger mit dem Gut übergeben werden. Der Frachtbrief ist kein Wertpapier. Er ist, sobald der Frachtführer ihn erhalten hat, Beweisurkunde über den Abschluß und Inhalt des Frachtvertrages.

Schließlich ist als letztes der im Rahmen des dokumentären Akkreditivverkehrs vorkommenden Warenpapiere noch der *Orderlagerschein* anzuführen, der die Veräußerung und Verpfändung des bei einem Lagerhalter eingelagerten Gutes ermöglicht. Dessen rechtliche Regelung ist in § 424 HGB und in der Verordnung über Orderlagerscheine vom 16. 12. 1931[177] niedergelegt.

Keinen Warenpapiercharakter besitzen das im Eisenbahnverkehr vorkommende Frachtbriefduplikat und der Luftfrachtbrief[178] sowie der mit Empfängerangabe versehene Flußladeschein.

2) *Versicherungsdokumente:*
   - Versicherungspolice,
   - Versicherungsschein.

Die Warenpapiere allein – insbesondere Konnossemente – bieten dem Akkreditivsteller keine völlige Sicherheit für eine ordnungsgemäße Abwicklung des Warenverkehrs. Denn der Verfrachter ist nach § 608 HGB für eine ganze Reihe von Schäden, die beim Seeverkehr entstehen können – z. B. aufgrund von Havarie, kriegerischen Ereignissen, Streiks im Importland, Schwund an Raumgehalt oder Gewicht der Ware usw. –, ausdrücklich von jeder Haftung befreit.[179]

In der Praxis werden den Banken vornehmlich zwei Arten von Versicherungspapieren vorgelegt:

1) Versicherungspolicen und
2) Versicherungszertifikate.

[176] ebenda
[177] RGBl 1931 I S. 193 ff.
[178] vgl. Abraham, H. J.: a. a. O., S. 106
[179] Nach deutschem Recht handelt es sich hierbei um einen Versendungskauf im Sinne von § 447 BGB, bei dem der Akkreditivsteller die Beförderungsgefahren zu tragen hat. Der Haftungsausschluß des Verfrachters ist im einzelnen unter Bezugnahme auf das Internationale Übereinkommen zur einheitlichen Feststellung einzelner Regeln über die Konnossemente vom 25. 8. 1924 (sog. Haager Regeln) gewöhnlich auf der Rückseite der Konnossemente noch näher erläutert.

In der Regel soll die Versicherung in der „Akkreditiv-Währung" abgeschlossen sein; die Versicherungsdokumente müssen in jedem Fall vor dem Versanddatum der Ware ausgestellt sein.

Die *Versicherungspolice,* die den zwischen der Versicherungsgesellschaft und dem Exporteur abgeschlossenen Transportversicherungsvertrag beurkundet, ist nach § 363 HGB ein sogenanntes gekorenes Orderpapier, d. h., sofern sie die Orderklausel enthält, ist sie durch Indossament[180] übertragbar. Fehlt die Orderklausel, so ist die Versicherungspolice ein Namenspapier.[181] Darüber hinaus kann sie auch auf den Inhaber[182] lauten. In der Regel werden jedoch im Akkreditivverkehr indossierbare Policen verlangt. Gegenstand der Transportversicherung kann jedes während der Beförderung der Waren auftretende und versicherbare Risiko[183], wie z. B. Diebstahl-, Beschädigungs-, Feuer- und Schwundgefahr, ferner Risiken, die dadurch entstehen, daß ein Schiff in Seenot geraten kann usw.

Hinsichtlich der Form sind zwei Arten zu unterscheiden:

1) Einzelpolice,
2) Generalpolice[184] (open policy).

Erstere kommt für die Versicherung einmaliger, letztere für laufende Transporte in Frage.

Das *Versicherungszertifikat* ist in der Regel der Versicherungspolice rechtlich gleichgestellt und besonders im Rahmen der Versicherung von laufenden Transporten gebräuchlich. Hierbei wird für alle Exporte eine Generalpolice ausgestellt, für die einzelnen Versendungen erfolgt jeweils die Ausfertigung von Zertifikaten.

3) *Handelsrechnung:*

Handelsrechnung einschließlich Zolldokumente,
Konsulatsfaktura,
Ursprungszeugnis etc.

Neben den Waren- und Versicherungsdokumenten wird in den Dokumenten-Akkreditiven vom Exporteur gewöhnlich noch die Vorlage einer Reihe von Begleitpapieren gefordert. An erster Stelle ist hier die *Handelsfaktura* (commercial oder customer's invoice) anzuführen, deren detaillierte Warenbeschreibung mit der im Akkreditiv enthaltenen identisch sein muß und die in der Regel den deutschen Banken in mehrfacher Ausfertigung, die jeweils unterschrieben sein muß, vorzulegen ist. Neben der Handelsfak-

180 Wie beim Konnossement hat das Indossament nur Transportfunktion
181 vgl. v. Gierke, J.: Das Recht der Wertpapiere, S. 101
182 vgl. Das Dokumentenakkreditiv, hrsg. von der Saarländischen Kreditbank AG, Saarbrücken 1953, S. 17
183 vgl. Obrist, K.: a. a. O., S. 77
184 Auch Abonnementspolice, laufende Police oder floating policy genannt

tura wird verschiedentlich auch noch die Vorlage einer *Konsulatsfaktura* (consular invoice) oder eines *Ursprungszeugnisses* gefordert, die von der konsularischen Vertretung des Importlandes im Land des Exporteurs bzw. von den Handelskammern des Exportlandes mit Prüf- und Sichtvermerken versehen werden. Ferner kommen als Begleitpapiere noch *Lagerscheine* (warrant) in Frage, sofern die gelieferte Ware im Bestimmungsland vor Übergabe an den Importeur noch einige Zeit in öffentlichen Lagerhäusern aufbewahrt werden soll. Neben *Gewichtsdokumenten* (weight note) kann schließlich auch noch die Vorlage sogenannter Güternachweise in Form von Expertisen, Qualitäts- oder Analysenzertifikaten vorgeschrieben werden, wodurch sich der Käufer gegen die Lieferung qualitativ minderwertiger Waren sichert.

d) Die banktechnische Abwicklung

Die banktechnische Abwicklung eines Dokumenten-Akkreditivs nimmt in der einfachsten Form mit vier Beteiligten (= Akkreditivparteien) folgenden Verlauf (Abbildung 17):

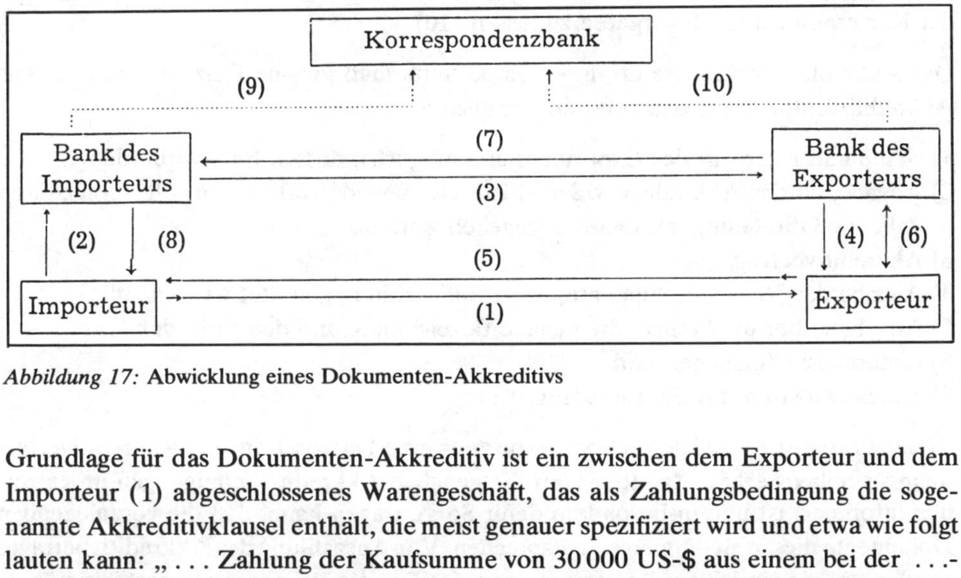

Abbildung 17: Abwicklung eines Dokumenten-Akkreditivs

Grundlage für das Dokumenten-Akkreditiv ist ein zwischen dem Exporteur und dem Importeur (1) abgeschlossenes Warengeschäft, das als Zahlungsbedingung die sogenannte Akkreditivklausel enthält, die meist genauer spezifiziert wird und etwa wie folgt lauten kann: „. . . Zahlung der Kaufsumme von 30 000 US-$ aus einem bei der . . .-Bank in Frankfurt am Main zu eröffnenden Akkreditiv, das bis zum . . . benutzbar ist. Handelsfaktura dreifach, voller Satz Seekonnossemente dreifach, Versicherungspolice (übertragbar)." Durch die im Kaufvertrag enthaltene Akkreditivklausel ist der Importeur verpflichtet, das zur Zahlungsabwicklung geforderte Dokumenten-Akkreditiv frist- und formgerecht durch seine Hausbank zugunsten des Exporteurs bei dem vereinbarten Kreditinstitut eröffnen zu lassen (2). Vor Stellung des Akkreditivauftrages an seine Bank muß der Importeur meist die Akkreditivsumme gemäß §§ 669, 675 BGB[185] anschaffen, sofern sein laufendes Konto nicht das entsprechende Guthaben

[185] vgl. Wiele, G.: a. a. O., S. 41

aufweist und keine Kreditgewährung vereinbart wurde. Die Bank des Importeurs fertigt daraufhin ein Akkreditiveröffnungsschreiben aus und sendet dieses an die Bank des Exporteurs (3). Die Bank des Exporteurs teilt dem Exporteur die Akkreditiveröffnung mit (4). Nach Fertigstellung der Ware sendet der Exporteur diese an den Importeur ab (5). Die Versanddokumente reicht der Exporteur seiner Bank ein und erhält – sofern sie „akkreditivkonform" sind – den Akkreditivbetrag ausgezahlt (6). Die Bank des Exporteurs sendet daraufhin die Dokumente an die Bank des Importeurs und belastet diese mit dem ausgezahlten Betrag (7). Diese wiederum händigt dem Importeur die Dokumente aus und verfügt über den vom Importeur angeschafften Akkreditivbetrag (8).

Dieses Abwicklungsschema bedarf einer Ergänzung, wenn die Bank des Importeurs nicht in direkter Kontoverbindung mit der Bank des Exporteurs steht. Dann muß ein Korrespondenzinstitut der Bank des Importeurs als „Remboursbank" eingeschaltet werden. In diesem Fall sendet die Bank des Importeurs eine Durchschrift des Akkreditivs an die Korrespondenzbank (9) und bittet die Bank des Exporteurs, sich für die Zahlungen „aus dem Akkreditiv zu erholen", d. h. sich die ausgezahlten Beträge von der Korrespondenzbank vergüten zu lassen (10).

Der Akkreditiveröffnungsauftrag des Importeurs muß genaue Einzelheiten über das Akkreditiv enthalten. Dazu gehören vor allem:

1) Name und Anschrift des Exporteurs und möglichst dessen Bankverbindung,
2) Angabe, ob das Akkreditiv widerruflich oder unwiderruflich sein soll; im letzteren Falle muß die Gültigkeitsdauer angegeben werden,
3) Akkreditivbetrag,
4) Angabe der Versanddokumente, gegen die Zahlung geleistet werden soll,
5) Angaben über die Menge, die genaue Bezeichnung und den Preis der Ware,
6) Lieferungsbedingungen und
7) spätester Termin für die Lieferung.

In der Praxis ist es üblich, daß der Exporteur eine Durchschrift des Akkreditiveröffnungsschreibens erhält, damit er über die genauen Akkreditivbedingungen im einzelnen informiert ist und insbesondere dafür Sorge tragen kann, daß die vorzulegenden Dokumente diesen Bedingungen entsprechen. Vor Auszahlung des Akkreditivbetrages werden die eingereichten Dokumente von der Bank des Exporteurs sorgfältig überprüft. Stimmen sie nicht genau mit den Akkreditivbedingungen überein, so wird der Akkreditivbetrag nicht oder nur „unter Vorbehalt" von der Bank des Exporteurs ausgezahlt und über die Bank des Importeurs die Entscheidung des Importeurs eingeholt, ob die Dokumente trotz der festgestellten Mängel angenommen werden sollen. Können der Versand der Ware und dadurch auch die Einreichung der Dokumente nicht fristgemäß erfolgen, so wird in der Regel eine Verlängerung der Lieferfrist und der Gültigkeitsdauer des Akkreditivs vorgenommen. Erfolgt keine Verlängerung, so wird das Akkreditiv gegenstandslos, und die Bank des Importeurs und gegebenenfalls auch die des Exporteurs werden dadurch von ihren Zahlungsverpflichtungen befreit.

2. Das Dokumenteninkasso

a) Definitionen und Rechtsgrundlagen

Das Inkasso oder der Einzug von Dokumenten stellt im Rahmen der Inkassogeschäfte der Banken eine Sonderform dar, die vorwiegend für die Regulierung zwischenstaatlicher Zahlungen Verwendung findet.

Im Normalfall übergibt der Exporteur seiner Hausbank die Transportdokumente der versandten oder verschifften Ausfuhrgüter und beauftragt sie, den Exporterlös direkt beim Importeur oder durch Einschaltung einer Korrespondenzbank im Käuferland (Inkassostelle) Zug um Zug gegen Übergabe der Inkassodokumente in bar einzuziehen. Der Exporteur kann auch den Transportpapieren noch eine auf den Importeur gezogene „Nachsicht-Tratte" beifügen. Der Inkassoauftrag lautet dann nicht „Dokumente gegen Kasse", sondern „Dokumente gegen Akzept", d. h. der Importeur erhält in diesem Falle die Versandpapiere nur dann ausgehändigt, wenn er als Gegenleistung die vom Exporteur auf ihn gezogene Tratte akzeptiert.

Das Dokumenteninkasso kann als eine *Zug-um-Zug-Zahlung oder Zug-um-Zug-Akzeptleistung gegen Übergabe bestimmter Transportdokumente* definiert werden.

Nach deutschem Recht kommt durch den Inkassoauftrag zwischen dem Exporteur und dessen Bank ein Geschäftsbesorgungsvertrag gemäß § 675 BGB zustande. Hierbei handelt es sich um einen Dienstvertrag im Sinne von §§ 661 ff. BGB, auf welchen die gesetzlichen Vorschriften über den Auftrag (§§ 662 ff. BGB) anzuwenden sind.[186] Das gleiche gilt für das zwischen der Bank des Exporteurs und deren Korrespondenzbank (Inkassostelle), die im Einfuhrland dem Käufer die Dokumente zur Zahlung bzw. Akzeptleistung präsentiert, zur Entstehung kommende Rechtsverhältnis. Darüber hinaus bilden die am 1. 1. 1958 in Kraft getretenen und 1978 revidierten „Einheitlichen Richtlinien für das Inkasso von Handelspapieren" die Rechtsgrundlage für die Abwicklung von Inkassoaufträgen, sofern nicht zwischen den Beteiligten ausdrücklich anderweitige Vereinbarungen getroffen werden.

b) Formen des Dokumenteninkassos

Die beiden Grundtypen des in der Praxis gebräuchlichen Inkassos auf dokumentärer Basis sind das Barinkasso und das Inkasso gegen Akzept. Innerhalb der beiden Formen gibt es verschiedene Variationen hinsichtlich der Festlegung des Zeitpunktes der Übergabe der Dokumente an den Importeur.

Im wesentlichen unterscheidet man Barzahlung bzw. Akzeptleistung durch den Importeur bei erster Vorlage der Dokumente, bei Ankunft des Schiffes im Bestimmungs-

[186] vgl. Zahn, J.: Zahlung und Zahlungssicherung, 3. Aufl., S. 153

hafen bzw. bei Ankunft der Einfuhrgüter am Bestimmungsbahnhof. Während im Falle der Honorierung der Dokumente bei erster Vorlage im wesentlichen eine Finanzierung durch den Importeur vorliegt, ist der Exporteur in stärkerem Umfang Finanzierungsträger, wenn die Dokumentenaufnahme erst bei Ankunft des Schiffes im Bestimmungshafen oder der Ware am Bestimmungsort erfolgt.

c) Unterschiede zum Dokumenten-Akkreditiv

In rechtlicher Hinsicht besteht gegenüber dem Dokumenten-Akkreditiv ein wesentlicher Unterschied: weder die Bank des Exporteurs noch das in ihrem Auftrag als Inkassostelle tätig werdende ausländische Institut sind zur Prüfung der Ordnungsmäßigkeit der Dokumente verpflichtet. Beide haben lediglich die Aufgabe, festzustellen, ob die übergebenen oder übersandten Papiere mit dem Inkassoauftrag des Verkäufers übereinstimmen.

Im Gegensatz zum Dokumenten-Akkreditiv haben die eingeschalteten Banken keine Haftung für die Aufnahme fehlerhafter Dokumente zu tragen. Dies schließt nicht aus, daß insbesondere die ausländische Inkassobank im Rahmen ihres Kundendienstes eine Dokumentenprüfung zu übernehmen pflegt und den Importeur auf eventuell festgestellte Mängel der Papiere aufmerksam macht. Über die Dokumentenaufnahme bzw. Annahmeverweigerung entscheidet keine Bank, sondern allein der Importeur in eigener Verantwortung.

Ferner ist hervorzuheben, daß für den Exporteur – anders als beim unwiderruflichen oder unwiderruflich bestätigten dokumentären Akkreditiv – das Erfüllungsrisiko nicht abgedeckt ist, weil der ausländische Käufer in jedem Falle die Annahme der Dokumente ablehnen kann. Darüber hinaus hat der Exporteur je nach Ausgestaltung der Devisen- und Einfuhrbestimmungen des Importlandes ein mehr oder weniger großes Transferrisiko zu tragen. Wie beim Dokumenten-Akkreditiv ist er beim Dokumenteninkasso dagegen geschützt, daß der Käufer ohne Zahlung bzw. Akzeptleistung das Eigentum der gelieferten Ware erlangen kann, sofern es sich bei den Dokumenten um Traditionspapiere handelt. Ferner erhält er normalerweise bereits kurz nach Absendung der Ware – d. h. bei Eintreffen der Dokumente im Käuferland bzw. spätestens bei Ankunft der Ware am Bestimmungsort – den Kaufpreis überwiesen bzw. das verwertbare Akzept des Importeurs. Der Importeur erhält durch die Dokumente Gewißheit, daß die Ware an ihn abgesandt ist.

Durch die Einschaltung von Banken beim Dokumenteninkasso wird für den Exporteur im Normalfall nur das Risiko der Übertragung des Eigentums an den Ausfuhrgütern ohne Gegenleistung des Importeurs ausgeschaltet. Im übrigen aber ist er bei dieser Form des Zahlungsverkehrs im wesentlichen alleiniger Risikoträger. Gegenüber dem dokumentären Akkreditiv besteht für den Verkäufer der Vorteil, daß die banktechnische Abwicklung einfacher, schneller und billiger erfolgt.

d) Dokumente

Sofern zwischen Käufer und Verkäufer keine Sondervereinbarungen getroffen werden, gelten hinsichtlich der Verwendbarkeit von Versand- oder Verschiffungsdokumenten für den Einzug von Exportforderungen die am Zahlungsort gültigen Bank-Usancen: der Grundsatz der Handelsüblichkeit. Gegenüber den bei Dokumenten-Akkreditiven vorkommenden Dokumenten bestehen keine Unterschiede.

V. Erlös- und Kostenstrukturen

Generell kann folgende Aussage über die Ertragssituation der einzelnen Sektoren des Auslandsdienstleistungsgeschäftes aus der Sicht der Praxis, und zwar aus der Sicht eines Hauses, das über jahrzehntelange Erfahrungen in der Kosten- und Erlösrechnung verfügt, gemacht werden:

- Die Geschäftssparte *Reiseverkehr/Sorten/Edelmetallgeschäft* ist traditionell und strukturell defizitär. Allein die direkten Kosten pflegen zwischen 65 und 70 % der Erträge aufzuzehren.
- Der *Auslandszahlungsverkehr* war bis Ende der 70er Jahre traditionell und strukturell defizitär. Durch die Abwicklung über EDV, durch Einführung von SWIFT und electronic banking hat sich die Ertragssituation deutlich verbessert. Der Belastungsgrad der Erträge durch die direkten Kosten ist auf 50 bis 60 % gesunken, so daß der Geschäftszweig auch bei Vollkostenbetrachtung rentabel, wenn auch gering-rentabel, arbeitet.
- Das *Dokumentengeschäft* war traditionell und strukturell in der Vergangenheit rentabel. Wegen des starken Konkurrenzdruckes in diesem Geschäft und der hohen Anforderungen an die Qualität des Personals bei insgesamt personalintensiver Bearbeitung hat sich die Rentabilität tendenziell verschlechtert. Der Belastungsgrad liegt um 70 % mit steigender Tendenz.

Eine Verdeutlichung sollen diese Tendenz- und Trendaussagen für den sogenannten „glatten" Zahlungsverkehr, also den Zahlungsverkehr im nicht-dokumentären Bereich, finden.

Die Konditionen-Usance ist: 1,5 ‰ auf den zu überweisenden bzw. eingehenden Betrag mit einer Minimumgebühr, die zwischen den Instituten schwankt, jedoch zwischen 10,– DM und 15,– DM liegt.

Die Stückkosten im glatten Zahlungsverkehr bei on-line-Abwicklung betragen (in konventioneller Abwicklung bis zu 100 % höher):

Zahlungen in das Ausland (FW)	30,– DM,
Zahlungen aus dem Ausland (FW)	23,– DM,
Auslandsschecks in FW	19,– DM.

Die daneben bestehenden Kosten für Devisen-Käufe und -Verkäufe sind ebenso wenig berücksichtigt wie Folgekosten in der Disposition und Buchung.

Der „kostendeckende Umsatz“ liegt mithin bei

Zahlungen in das Ausland FW	20 000,– DM,
Zahlungen aus dem Ausland FW	15 000,– DM,
Auslandsschecks FW	13 000,– DM,

wobei bekanntlich nicht nur Minimum-, sondern auch Maximum-Sätze gegenüber der Kundschaft bestehen.

D. Geschäftsfelder im Dienstleistungsangebot des Merchant banking[187]

Ursprünglich besagt der Name „Merchant Bank" im angelsächsischen Bereich, daß es sich um ein Institut handelt, das sich auf handelsgebundene Formen von Dienstleistungen spezialisiert hat. So gehören traditionell zu den Londoner Merchant Banks die Mitglieder des Accepting Houses Committee (AHC) sowie der Issuing House Association (IHA).

In jüngster Vergangenheit – Anfang der 80er Jahre – gelten vier als typische Geschäftsfelder im Merchant banking:

- *Finance/Trading Services*
  alle Formen der Finanzierung und des Handels im internationalen Rahmen einschließlich der Finanzierungsberatung.
- *Consultancy*
  Unternehmensberatung im Sinne von Strategieentwicklung, Technologie-Suche, Bewertung von Unternehmen, Marktdurchdringung oder Produktdifferenzierung.
- *Trust Services*
  Vermögensberatung, -anlage und -verwaltung im internationalen Rahmen für Unternehmen, Körperschaften und Private.
- *Mergers & Acquisitions*
  Beteiligungsvermittlung als Ausfluß der Unternehmensstrategie oder als Unterstützung bei geplanter Veräußerung einschließlich Management buy-out und debt/equity swap.

I. Die Marktleistungen im Überblick

Im einzelnen enthalten diese vier typischen Geschäftsfelder folgende Marktleistungen.

1. Finance/Trading-Services

   Im Finanzierungs- und Handelsbereich haben sich spezifische Entwicklungen in der internationalen Bankenlandschaft ergeben:

   - Die Grenzen zwischen den Geld- und Kapitalmärkten verwischen sich, die Tendenz zu variablen Tranchen langfristiger Finanzierungen und Emissionen nimmt deutlich zu.

[187] Neben eigenen Felduntersuchungen des Mitverfassers liegen diesem Kapitel insbesondere zugrunde: Euromoney Year Book 84, London 1984; The Internationalisation of Banking, OECD-Studie, Paris 1983; Kerr, J. M.: A History of the Eurobond Market The First 21 Years, Euromoney Publications 1984; Coubeck, N.: The Multinational Banking Industry, London & Sydney 1984; Clarke, W. M.: Inside the City, Boston & Sydney 1983; Ferris, P.: Gentlemen of Fortune, London 1984; Chapman, St.: The Rise of Merchant Banking, Boston & Sydney 1984

- Die Geld- und Kapitalmärkte haben durch die Informations- und Kommunikationstechniken sowie durch die weltweite Präsenz der international tätigen Banken eine Globalisierung erfahren („rund um die Welt – rund um die Uhr“).
- Trends der Securitisation, der wertpapiermäßigen Unterlegung internationaler Finanzierung, sind ausgeprägt.
- Hybrid-Instrumente wurden entwickelt, die Elemente des Wertpapier- und Kreditmarktes integrieren: NIFs, RUFs etc.
- Die Risikobereitschaft des Anlagepublikums ist durch verbesserte Informations-Transparenz angestiegen.
- Die Liberalisierung und Deregulierung auf den internationalen Finanzplätzen haben zu einer Verschärfung des Wettbewerbs und zu neuen Marktteilnehmern geführt.

Eine Innovationsphase in der Entwicklung neuer Instrumente zur Risikobegrenzung und Bilanzentlastung hat zu einem Margenverfall im klassischen Kreditgeschäft geführt.

Vor diesem Hintergrund sind die Leistungsangebote im Finance/Trading-Bereich zu sehen:

1) Emissionen in FW,
2) Placements: Zwischenplazierung im Interbanken-Handel, Endplazierung beim internationalen Anlagepublikum, Handel in Options und Warrants,
3) Kredite und Kreditsurrogate mit wertpapiermäßiger Unterlegung und Currency/Interest swaps. Internationales Syndizierungsgeschäft, Leverage-buy-out-Finanzierung, Venture Capital-Finanzierung, Bietungsgarantien (Commercial paper supports),
4) Project Finance: Auslandsprojektfinanzierungen auf Limited-Recourse-Basis, Financial advice auf Provisionsbasis,
5) Foreign exchange einschließlich futures und bullions (Edelmetallkontrakte),
6) Counter trade: Tauschhandel (Barter), Gegengeschäftsvermittlung, Kompensationen.

Diese Elemente im Leistungssortiment sind bis auf Punkt (6) sowie die Leverage buy-out-Finanzierung bereits dargestellt worden.

Counter trade wird zu einem wichtigen Element der Exportfinanzierung. Aus der Praxis einer Großbank soll ein typisches Beispiel dargestellt werden:

„Staubeckenisolation gegen Tomaten und Äpfel“

Ein Exporteur hatte mit der Regierung einer der argentinischen Provinzen einen Vertrag über die Lieferung von Isoliermaterial für Staubecken im Wert von mehreren Millionen DM abgeschlossen. Die erforderlichen Genehmigungen enthielten allerdings die Auflage, daß dieses Material nur auf der Basis eines Gegengeschäftes importiert werden dürfe und die Kompensationsgüter Erzeugnisse der argentinischen Provinz sein müßten. Die Kompensationsgüter waren landwirtschaftliche Erzeugnisse: Tomaten und Äpfel. Die Bank mußte nun einen Partner finden, der diese argentinischen Produkte abzunehmen bereit war. Dieser Partner wurde in der Schweiz gefunden: ein dortiges Handelshaus. Zur Besicherung der Abnahmeverpflichtung dieses schweizerischen Handelshauses erteilte eine schweizerische Großbank einen „Letter of indemnity“ zu Gunsten des deutschen Exporteurs, in dem diese Bank sich zur Bezahlung des Gegenwertes der argentinischen Produkte verpflichtete; ein nicht unbeträchtlich hohes Disagio und eine erhebliche Fixgebühr bei Abschluß wurden in Rechnung gestellt.

Die argentinische Bank des Importeurs eröffnete ein Akkreditiv zu Gunsten des deutschen Exporteurs, benutzbar in Halbjahresraten durch entsprechende Akzepte des Käufers mit Aval der argentinischen Bank sowie den 13 Zinsnoten zum Satz von 1 % p. a. über LIBOR. Wechsel- und Zinsnoten mußten eine Klausel enthalten, daß sie nur als Zahlungsinstrument für die im Rahmen der Kompensation zu eröffnenden Akkreditive für die argentinische Produktlieferungen verwandt werden können. Nachdem das Export-Akkreditiv des deutschen Lieferanten dokumentär bedient war und Wechsel und Zinsnoten zur Verfügung standen, wurden diese an die schweizerische Bank weitergeleitet, die darauf in Erfüllung des „Letter of indemnity“ Zahlung des Gegenwertes nach Disagio leistete.

2. Consultancy

Im Bereich „*Consultancy*“ geht es um drei unterschiedliche Teilsegmente:
- Unternehmensberatung,
- Finanzberatung,
- Entwicklungsberatung.

Die *Unternehmungsberatung* auf internationaler Ebene ist – ebenso, wie auf dem nationalen Markt – keine typische Bankleistung. Auf dem internationalen Markt existieren drei Gruppen von spezialisierten Unternehmensberatern mit abgegrenztem Marktsegment gegenüber Banken:
- Strategie-Beratung, z. B. McKinsey,
- Technologie-Beratung, z. B. Stanford Research-Institut,
- Wirtschaftsprüfungsgesellschaften, z. B. Price Waterhouse.

Seit Mitte November 1984 bietet jedoch der Schweizerische Bankverein im Bereich „Risikofinanzierungen und Unternehmensberatung“ eine typische Unternehmensberater-Dienstleistung an.[188] Dort heißt es (S. 16):

„Unternehmensberatung
Strukturelle, finanzielle und technische Beratung auf Unternehmensebene

[188] Schweizerischer Bankverein: „Risikofinanzierung und Unternehmensberatung“ – Was wir für Unternehmer tun können (Werbebroschüre)

Bei der optimalen Ausstattung des Unternehmens mit finanziellen Mitteln stellen sich eine Reihe von Fragen in bezug auf seinen Ist-Zustand. Insbesondere werden folgende Problemkreise angesprochen:

– Produktionstiefe und technische Ausrüstung des Unternehmens,
– Gliederung des Absatzes,
– Größe des Gesamtunternehmens und seiner Teilbereiche,
– Rechtlicher und organisatorischer Aufbau,
– Unternehmensstrategie und entsprechende -planung,
– Finanzierungsstruktur.

Durch die Erstellung eines Firmenprofils können die Stärken und Schwächen eines Unternehmens deutlich gemacht werden. Darauf aufbauend wird eine Konzeption entwickelt, die den Anforderungen Rechnung trägt. Für die Beratung in diesen Fällen stehen im Bereich Risikofinanzierung und Unternehmensberatung Fachleute mit unternehmerischer Erfahrung und Kompetenz zur Verfügung: Finanz- und Marketingfachleute, Ingenieure, Betriebs- und Volkswirtschaftler sowie Juristen.

Das Zusammenspiel all dieser Disziplinen unter einem Dach gewährleistet eine umfassende und erfolgreiche Beratung.“

Die *Finanzberatung* gehört zu den klassischen Dienstleistungen der Merchant Banks, wobei im Mittelpunkt der Neuzeit als Zielgruppen staatliche und halbstaatliche Körperschaften der Schwellen- und Entwicklungsländer sowie deren Regierungen stehen. Dasselbe gilt für Entwicklungsprojekte, wo die Zielgruppe durch die Comecon-Länder zu ergänzen ist, sowie um internationale Unternehmen mit relevantem Geschäftsfeld.

3. Trust-Services

Zielgruppen von Trust-Services sind:

– Institutionelle Anleger. Staatliche, öffentlich-rechtliche, privatrechtliche Institutionen mit Anlagebedarf, Stiftungen,
– Vermögende Private.

Das Leistungsangebot umfaßt

– Trust administration: Verwaltung von Vermögenswerten.
  Das Restatement of the law of trust definiert:[189] „A trust is a fiduciary relationship with respect to property, subjecting the person by whom the title to property is held to equitable duties to deal with the property for the benefit of another person.“
– Corporate investment management: Verwaltung von Spezialfonds für Versicherungen, Pensionskassen, Stiftungen, Kirchen und Verbänden, in Deutschland speziell: Belegschaftsfonds (Beispiel: dbi = dresdnerbank investment management Kapitalanlagegesellschaft mbH).

[189] vgl. Eisenmenger, H.: Trustgeschäft und Vermögensverwaltung durch Kreditinstitute, Frankfurt a. M. 1966, S. 26

– Property investment and management: Verwaltung von Immobilien, Auflegung von Immobilienfonds.
– Unit trust management: Verwaltung von Investmentfonds mit unbeschränkter Emissionshöhe.
– Unit linked life assurance and pension policies: Versicherungs- und Pensionsfonds.

4. Mergers & Acquisitions

Vermittlung von Kauf und Verkauf von Unternehmen und Joint ventures auf internationaler Basis.

Eine besondere Form dieser traditionellen Dienstleistung sind LBO und MBO: Leverage buy-out – Management buy-out.[190] „An LBO is an acquisition financed with a significant amount of debt (leverage), in which the purchaser relies on the assets or cash flow of the acquired business to service the debt".[191]

MBO ist ein Spezialfall: die Übernahme eines Unternehmens oder einer Geschäftssparte eines Unternehmens durch eine Person oder durch eine Personengruppe des Management. Die Gründe können sein:[192]

„ – Der Besitzer eines Unternehmens möchte dieses verkaufen, weil keine Nachfolger aus der eigenen Familie vorhanden sind.
– Eine gewisse Geschäftssparte innerhalb eines größeren Unternehmens paßt nicht mehr in die zukünftige Unternehmensphilosophie und soll deshalb abgestoßen werden.
– Eine Tochtergesellschaft oder eine Abteilung einer Firma arbeitet mit Verlust. Durch Verselbständigung und grundlegende Umstrukturierung ergeben sich jedoch Chancen für ein erfolgreiches Weiterbestehen.
– Ein neues Management glaubt, mittels Restrukturierungsmaßnahmen ein Unternehmen retten zu können und möchte es deshalb von den bisherigen Eigentümern übernehmen."

Der Umfang der MBOs in den USA wird durch Tabelle 17 verdeutlicht:[193]

Die jüngste Kreation auf diesem Gebiet ist:

Debt/Equity swaps: Tausch von Bankkrediten in Investitionskapital in Südamerika, besonders in Argentinien, Brasilien, Chile und Mexiko.

190 vgl. „The lucrative world of management buyout" a Supplement to Euromoney and Corporate finance, December 1986
191 Ruffel, Ch.: Funds galore for LBO prospects, in: The lucrative world of management buyouts, a. a. O., S. 2
192 Schweizerischer Bankverein: Risikofinanzierungen und Unternehmensberatung, S. 21
193 The lucrative world of management buyout, S. 31

Tabelle 17: Die 20 größten Unternehmensübernahmen (management buy-out) in den USA 1985/86

	Selling parent company	Unit sold to management group	Price (mill. $)
1.	Allied Corp.	Union Texas Petroleum - 50 %	1.700
2.	Union Carbide Corp.	Home & auto product division	800
3.	Household International Inc.	Household Merchandising Inc.	645 (a)
4.	Rockefeller Group Inc.	Outlet Communications Co.	625
5.	Ralston Purina Co.	Foodmaker Inc.	450
6.	Ogden Corp.	Avondale Shipyards Inc. & industrial production operations	375
7.	Metromedia Inc.	9 radio stations	285
8.	Beatrice Cos.	Avis Inc.	250
9.	Times Mirror Co.	Times Mirror Microwave Communications Inc.	175
10.	Bethlehem Steel Corp.	Kusan Inc.	163
11.	LTV Corp.	LTV Special Products Corp.	160
12.	Mercantile House Holding plc	Oppenheimer Holdings Inc.	150
13.	Colt Industries Inc.	Crucible Materials and Crusteel Ltd.	135
14.	Olin Corp.	Escuta operations	125
15.	IC Industries Inc.	P & C Food Markets	125
16.	Dunlop Holdings plc	Dunlop Tire & Rubber Corp.	118
17.	Cronus Industries Inc.	American Buildings Co./Palomar Metals Inc.	97
18.	Cyclops Corp.	Construction business	75
19.	Allied-Signal Inc.	C & D Power Systems	70
20.	Katz Communications Inc.	Katz Broadcasting/American Comedy Network	68

Die Operation: ein Investor kauft am New Yorker Bankenmarkt mit einem Disagio bis zu 40 % Forderungen von Banken gegen ein südamerikanisches Schuldnerland. Die Zentralbank des Schuldnerlandes wechselt Landeswährung mit einem Gegenwert eines um etwa zehn Punkte verminderten Disagios. Der Investor investiert diesen Gegenwert im Schuldnerland.

Euromoney hat eine Conference unter dem Titel „The Euromoney Debt/Equity Swaps Conference" vom 11. bis 13. März 1987 in New York veranstaltet. Die Tagungsgebühr betrug 850 000 US-$ pro Teilnehmer. Euromoney beschreibt diese Conference im Tagungsprospekt wie folgt:

„Debt to equity conversion is without a doubt the most significant marketdriven initiative to appear on the Latin American debt scene since the crisis hit in 1982. No other financial device appears to come close to matching debt/equity swap's potential for reducing the rate of growth and overall stock of Latin America's external debt. As new money becomes harder to come up with and critical mass levels tougher to reach, the debt/equity swaps market in contrast appears poised to take off. And with more than

300 billion $ of debt outstanding in Latin America the potential is nothing less than enormous.

The Euromoney Debt/Equity Swaps Conference features key U.S. and foreign bank regulators whose input is absolutely vital in determining how this exciting new market will be allowed to develop. Leading experts will address the fundamental legal, tax and accounting issues essential to the evaluation process of specific swap opportunities. Perhaps most importantly, this definitive international debt/equity swaps conference will permit multinational corporations to identify the benefits this exciting new vehicle offers for their own international investment und growth strategies.

Special attention will be directed to Chile and Mexico where debt/equity programs are already in operation. The future development of debt/equity swaps for both Brazil and Argentina will also be addressed by experts on the financial market in both countries. Frequent question and answer periods and workshops hosted by some of the leading institutions in the field will allow delegates the opportunities to address their own interests and concerns directly with the authorities and experts involved . . ."

Exkurs 7: Merchant-banking am Finanzplatz London

Anfang der 70er Jahre bezeichneten sich am Finanzplatz London noch etwa einhundert Häuser als „Merchant Banks". Mitte der 80er Jahre finden sich noch etwa 50 Namen „reiner" Merchant Banks, davon

mit einer Bilanzsumme von über 1 Mrd £	14
zwischen 100 Mio £ und 1 Mrd £	17
zwischen 10 Mio £ und 100 Mio £	10
unter 10 Mio £	7

(oder ohne Angabe).

Daneben existieren 15 Subsidiaries ausländischer Bankkonzerne, die am Platz London Merchant-banking betreiben.

Ursprünglich hat es sich bei den Londoner Häusern ausschließlich um Privatbanken im Besitz von Bankiers oder von Familien gehandelt; dies trifft in der Gegenwart noch für einige der bestimmenden Häuser zu:

unter den Mitgliedsbanken des Accepting Houses Committee (AHC)

Rang Nr. 1	Kleinwort Benson	Bilanzsumme ca. 4 Mrd £
Rang Nr. 2	Schroders	Bilanzsumme ca. 4 Mrd £
Rang Nr. 6	Hill Samuel	Bilanzsumme ca. 3 Mrd £
Rang Nr. 7	N. M. Rothschild	Bilanzsumme ca. 2 Mrd £
Rang Nr. 10	Baring Brothers	Bilanzsumme ca. 1 Mrd £

Die vier großen Clearing-Banks sind mit Töchtern oder Übernahmen im Sektor Merchant-banking tätig:

Midland Group	Samuel Montagu (AHC-Member) (Rangziffer 3)	3,2 Mrd £ (zu 40 % Aetna Life beteiligt)
Barclays Group	Barclays Merchant Bank	1,7 Mrd £
National Westminster	County Bank	1,5 Mrd £
Lloyds Group	zeitweilig direkt im Merchant-banking engagiert: Grindlay Brandts; seitdem partiell, direkt seitens Lloyds Bank International Merchant Bank Division (vor allem durch Fernost-MB-Töchter).	0,2 Mrd £

Auch die wesentlichen US-Großbanken haben in London zusätzlich zu ihren Branches Bank-Limiteds gegründet, die quasi Merchant Bank-Funktionen ausüben. Desgleichen vier japanische und vier weitere Großbanken aus den Ländern Schweiz, Kanada und Frankreich.

	Date of entry into London	Approx. staff in London
USA		
Citicorp International Bk. Ltd.	1972	352
Chase Manhattan Ltd.	1930	139
Manufacturers Hanover	1968	168
Bankers Trust International Ltd.	1969	70
Bank of America International Ltd.	1971	170
Chemical Bank International Ltd.	1977	86
Merrill Lynch International Ltd.	1972	105
Japan		
Bank of Tokyo International Ltd.	1968	72
Sumitomo Trust & Banking Co.	1974	42
Mitsubishi Trust & Banking Corp.	1972	38
Industrial Bank of Japan Intern. Ltd.	1975	51
Schweiz/Canada/Frankreich		
Swiss Bank Corp. Intern. Ltd.	1980	130
Crédit Suisse First Boston Ltd.	1966	300
Orion Royal Bank Ltd.	1970	320
Société Générale Merchant Bank Ltd.	1972	42

Die Marktanteile Ende 1984 der AHC-Banks im Vergleich zu den wichtigsten Marktteilnehmern am Platz London betrugen:

		Total assets	Other currency assets	Overseas assets + o.c.	National £-assets without overseas
Accepting Houses		3,8	2,8	2,6	5,7
Retail Banks		20,8	7,1	6,2	54,5
Other British Banks		13,1	11,2	11,3	18,5
American Banks		15,5	19,9	21,3	5,5
Japanese Banks		20,9	27,6	27,8	3,2
Other Overseas Banks		23,3	28,3	27,1	11,7
Consortium Banks		2,6	3,1	3,7	0,9
		100 %	100 %	100 %	100 %
(in Mrd £)	=	**707,5**	**476,0**	**362,8**	**173,3**

Die Angebotspalette der Merchant Banken besteht aus drei Schwerpunktbereichen, wesentlich im bilanzneutralen Geschäft:

1) konventionelle Dienstleistungen,
2) spezielle Serviceformen,
3) traditionelle Nebenprodukte
   (meist über Tochterunternehmen).

Konventionelle Dienstleistungen:

- Führung von Konten aller Art und Versorgung mit Bargeld in £ Sterling und Fremdwährungen,
- Durchführung des Zahlungsverkehrs im Inland und mit dem Ausland (hier zumeist über ein umfassendes Netz von Korrespondenzbanken),
- Entgegennahme von Kundeneinlagen in allen Formen (mit besonderem Schwerpunkt auf institutionellen Anlegern),
- Ausreichung von Krediten in herkömmlichen Formen (an nationale und internationale Kunden),
- Kundenberatung hinsichtlich herkömmlicher Bankleistungen,
- Handel in Fremdwährungen per Kasse und Termin,
- Pflege von Geschäftsverbindungen mit in- und ausländischen Banken.

Spezielle Serviceformen:

- Edelmetallhandel (vier Merchant Banks gehören zum Kreis der fünf Bullion Dealers, die das Londoner Goldfixing vornehmen),
- Money-Market-Transaktionen mit nationalen und internationalen Adressen,
- Swap-Transaktionen weltweit,
- Finanzierungen auf Wechselbasis,
- Leasing,
- Projektfinanzierung weltweit,
- spezielle Finanzierungsformen, besonders im Konsortialgeschäft,
- Innovationen am Euromarkt (z. B. RUF, FRN),
- Vermögensverwaltung, speziell von Investmentfunds,
- qualifizierte Beratungsleistungen in allen Finanzbereichen,
- Pflege spezieller Beratungsverbindungen mit Regierungen und Institutionen weltweit.

Daraus ergeben sich als geschäftliche Schwerpunkte:

- hoher Anteil von Acceptance-Finanzierungen am Geschäftsvolumen (bei AHC-Banks 11,2 % gegenüber 1,6 % bei Clearing-Banks und 2,5 % bei Overseas-Banks).
- Lead management bzw. Co-management beim Underwriting von Eurobonds (Warburg in der Spitzengruppe; fünf weitere Merchant Banks vor den meisten Clearing Banks).

- Lead management bzw. Co-management beim Syndicating von Euroloans (in Relation zu Kapital und Geschäftsvolumen bemerkenswerter Marktanteil).
- Investment management/Trustgeschäft (Merchant Banks verwalten eine große Anzahl bedeutender Unit Trusts und Investment Trusts).
- Geschäftliche und inzwischen auch kapitalmäßige Engagements im Stockbroking (die wesentlichen AHC-Banks haben sich im bisher erlaubten Umfang „eingekauft").
- Mergers and Acquisitions (gemeinsam mit einigen US-Investmentbanks führend in der Welt).

Die traditionell gepflegten „Nebenprodukte" sind:

- International Trading
- Confirming House
- Shipbroking
- Oil Exploration
- Energy Services
- Toolmakers, Stampers
- Export Services
- Counter trade and barter
- Travel Services
- Antiquarian Book Dealing
- Trading Bank Notes
- Insurance Companies
- Insurance Broking
- Lloyd's underwriting agents
- Property Services
- Property Dealing
- Venture Management
- Real Estate
- Commodity and metal broking

Die Merchant-Bank-Töchter der Barclays Bank und der National Westminster Bank bieten als Leistungen:

Barclays Merchant Bank

Corporate Finance
- Company flotations,
- Rights issues,
- Fixed rate issues,
- Private placings,
- Advice in mergers and takeover situations,
- Merger register for smaller purchasers and vendors,
- Advice on sources and structuring of finance,
- General corporate financial advice.

International Securities
- New issue management,
- Underwriting,
- Dealing/investment advisory services.

Banking
- Acceptance credits,
- Short and medium term loans in sterling and eurocurrency,
- Syndicated loans,

- Loans with equity participation,
- Currency swaps,
- Project finance,
- Local authority financing,
- Forward loans.

Treasury
- Acceptance of short and medium term deposits,
- Issue of certificates of deposit,
- Forward deposits,
- Future transactions.

Counter Bank (Natwest-Tochter) CB

Corporate Advice
- Financial advice to public and private sector,
- Capital raising, including debt, equity and quasi equity issues,
- Stock market flotations, for UK and overseas companies,
- Mergers, takeovers, acquisitions and divestments,
- Corporate reconstructions,
- London listings for overseas companies.

International
- International securities issues,
- International private placements,
- Interest rate/currency swaps,
- Note issuance facilities,
- International corporate advice and project advice,
- London listings/investor relations exercises,
- Specialized international investment funds,
- Medium term international lending and acceptance credits,
- International loan and acceptance credit syndications.

Finance
- Medium and long term loans,
- Loan and acceptance syndications,
- Development capital and equity finance,
- Acceptance credit facilities,
- Off-balance sheet and project finance,
- Management buy-outs,
- Advice on balance sheet and debt structuring,
- Lease management services and lease finance.

Treasury
- Sterling and currency deposits,
- Sterling and US dollar negotiable certificates of deposit,
- Foreign exchange,
- Discounted sterling certificates of deposits,
- Bank acceptances,
- Forward interest rate quotes,
- Local authority bonds.

CB Investment Management Limited
CB Unit Trust Services Limited,
CB International Investments Limited
- Pension fund management,
- Unit trust investment management (including exempt unit trusts),
- Treasury management,
- Multi-currency asset management,
- Property advisory services,
- Global investment management,
- Quantitative investment services.

Schwerpunkte – Rangfolge und Volumina/Stück – der ersten 16 AHC-Banken sind Ende 1983 (Tabellen 18 und 19):

Tabelle 18: **Rangfolge und Volumina der ersten 16 Accepting Houses Committee-Banken**

Rang nach Bil.-Su.	Acceptance			Lead management Eurobonds (Ø 1979-83)			Lead management Euroloans (Ø 1979-83)			Invest. manag. Trust-Geschäft
	Rang	Mio £	%	Rang	Anzahl	Vol. Mio £	Rang	Anzahl	Vol. Mio £	Verwalt. Mio £
1 Kleinwort Benson	2	440	10,4	6	5	200				über 3.000
2 Schroder	5	290	8,6				3	10	650	über 3.000
3 Samuel Montagu	4	310	4,4	2	7	400	6	22	350	ca. 2.000
4 Hambros	1	530	13,7	4	9	350	5	14	450	über 1.000
5 Morgan Grenfell	3	420	13,4	5	8	250	4	18	600	„exed. 7.200"
6 Hill Samuel	8	210	10,8							über 3.000
7 NM Rotschild	7	220	10,8							über 1.000
8 SG Warburg	6	270	10,9	1	29	1.300	2	13	750	über 3.000
9 Lazard Brothers	12	70	5,2				1	18	800	über 3.000
10 Baring Brothers	9	150	13,6	7	4	150				über 2.000
11 Charterh.Japhet	11	90	9,1							
12 Robert Fleming	14	30	2,4							über 4.000
13 Guiness Mahon	13	60	11,9							
14 Singer & Friedl.	10	90	18,5							
15 Brown Shipley	11	70	11,8							
16 Rea Brothers			?							

Tabelle 19: **Engagements im Stock-Broking und Mergers & Acquisitions-Aktivitäten der 16 ersten Accepting Houses Committee-Banken**

Engagements im Stock-Broking/ beteiligt an ...	Bullion Dealing Goldfixing	Mergers & Acquisitions Rang 81-84	Ø 1979 - 83 Anzahl	Mio £	Financial Advisory Rang 1984	Anzahl Fin.	Ergänzende Hinweise aus Londoner Sicht:
1 Grieveson Grant	Sharps/ Pixley	6	25	610	5	107	Government relations/ Unit Trusts/Investm.Mgt.
2		5	10	820	7	93	Schroder Banking Corp. N.Y./ Corp.,Capital markets, Corpor. finance and invest.manag.
3 Greenwell	direkt	8	28	590	10	67	The world's largest gold-dealg. firm/capital markets, largest foreign exchange dealer/insurance broking
4 Strauss Turnball					4	116	Nonbanking activities corp. finance, Shipping
5 Pinchin Denny		1	35	1640	2	126	Project finance corp. finance, Invest. management
6 Wood Machenzie		3	16	800	10	67	Corpoarte adive/Insur.Broking
7 Smith Brothers	direkt	7	18	680	6	105	Corpor. advice/takeovers/Invest. manag. gold trading
8		2	22	1250	1	128	Capital markets/Proj. finance
9		4	ca.7	ca.500	13	46	Project finance/Corp. fin./Invest. manag./Exp. finance/ Venture capital
10 H. Crosthwaite		9	12	640	9	68	Corporate finance
11		10	10	390	16	37	Unit trust/Corp. fin./Special Projects (Inform. technology)
12							Portfolio manag./corp.finance Invest.manag./Portfol. manag.
13 White a. Cheeseman					14	40	Commodities/Corp. finance / Invest. manag./Commodity Trading
14					12	57	Advisory serv./Trading banknotes/Serv. to mediumsized comp./Corp. finance/Securit. trading debt swapping
15							Banking insurance, Bank note trading
16							Corp. finance/Bank note trading

Vor dem Hintergrund des „big bang“ vom November 1986 – Abschaffung der fixen Kommission im Bondhandel, Zulassung von Outsiders zum Handel, Deregulation der Marktbedingungen – kam es zu einem ausgeprägten Engagement der Merchant Banks in Häusern im Stock market broking – Übernahme von/Beteiligung an Brokerfirmen –:

Merchant Bank alliances von Nov. 1983 bis Aug. bzw. Dez. 1984 (lt. Financial Times) *in London:*

Nov. 1983	Mercury Securities (Warburg)	buys 29,9 % of	Akroyd and Smithers
Dez. 1983	NM Rothschild	buys 29,9 % of	Smith Brothers
März 1984	Samuel Montagu	buys 29,9 % of	W. Greenwell
März 1984	Hambros	buys 29,9 % of	Strauss Turnball
April 1984	Morgan Grenfell	buys 29,9 % of	Pinchin Denny u. Pember&Boyl
April 1984	Guinness Mahon	buys 29,9 % of	White and Cheeseman
Juni 1984	Hill Samuel	buys 29,9 % of	Wood Mackenzie
Juni 1984	Kleinwort Benson	buys 5,0 % of	Grieveson Grant
Mai 1984	Kleinwort Benson	....	Charlesworth & Co.
Juli 1984	County Bank	buys 5,0 % of	Fielding-Newson-Smith
Aug. 1984	Mercury Securities (Warburg) announces mergers plans with	Akroyd and Smithers, Rowe and Pitman	
	and	Mullens	(.... gilt edged)
April 1984	Britannia, Arrow Hold. PLC (verb. mit Singer & Friedlander)	....	Heseltine, Moss & Co.
Dez. 1984	Schroders PLC	....	Helbert Wagg & Co.
	sowie	....	Anderson Bryce Villiers Ltd.

... und im Ausland:

Mai 1984	Baring Brothers	buys 75,0 % of	Henderson Crosthwaite (Far East)
	sowie	....	Wilson & Watked
Aug. 1984	Henry Ansbacher	bids for	Laidlaw Adams and Peck of the USA
Sept. 1984	County Bank in	bid talks with	John Watson of Hongkong

Schroders is to set up its own in-house securities dealing operation

Weitere Engagements im stock market broking:

Außer den Merchant Banks, auf die fast die Hälfte aller Engagements entfällt, sind noch folgende weitere Beteiligungen bekannt geworden (überwiegend seitens britischer und amerikanischer Adressen).

Britische Banken

April 1984	National Westminster		Bisgood Bishop
		sowie	Fielding Newson Smith
April 1984	Barclays Bank		Wedd Durlacher
		sowie	de Zoete & Bevan
April 1984	Charterhouse/RIT		Kidcat & Aitken
April 1984	Charter Consolidated		Rowe & Pitman
April 1984	Grindlays Bank PLC (ANZ)		Capel-Cure Myers
Mai 1984	Yorkshire & Lancashire Inv. Trust		Wishart Brodie

US-Banken

April 1984	Security Pacific		Charles Pulley
		sowie	Hoare Govett Ltd.
April 1984	Hawley Group		Fyshe Horton Finney
April 1984	American Express		L. Messel & Co.
Aug. 1984	Citicorp		Vickers da Costa
		sowie	Scrimgeour, Kemp-Gee
Dez. 1984	Prudential Bache		P-B Securities Down de Boer & Duckett Ltd.
	Chase Manhattan		Simon & Coates/Laurie Milbank
	Carolina Bank Ltd. (Mitsubishi-Tochter)		Panmure Gordon

Europäische und sonstige Adressen

April 1984	Skandia	Quilter Goodison
April 1984	Dow Scandia	Savory Milln
April 1984	Mercantile House	Laing & Cruickshank
April 1984	Exco International PLC	Galloway & Pearson
April 1984	Hongkong & Shanghai Bank	James Capel
April 1984	Union Bank of Switzerland	Phillips & Drew
	Banque Bruxelles	Williams de Broe
Nov. 1984	L & Y Investment Co., Ltd.	Battye Wimpenny & Dawson
	Shingebis Ltd.	Dillon & Waldron

Ihr Leistungs-Image besteht aus personal skills und traditional names. Aus der Sicht des Finanzplatzes London sind/bzw. haben Merchant Banker:

- more highly educated,
- higher share of academics,
- more often basic education in accountancy, law and business administration,
- very flexible,
- creative, innovative, experimental,
- ability to make quick decisions,
- quicker coordination within the organisation,
- allround experiences,
- responsibility in earlier years,
- more aggressive motivation that leads to a more aggressive approach,
- hungry for success,
- connections from university,
- system encourages efforts and rewards them,
- special experts in different services, optimally coordinated,
- expert tends to use more authority in order to conclude transaction,
- mutual quick informations (club atmosphere)
- a lot of contacts, built up over many years
- placing power, that means personal contacts,
- the advisory services need a high quality standard to make customers pay for it,
- people travelling all the time, first class contacts to banks and customers in different places of the world,
- good reputation with customers, managers,
- corporate basis is wider than market share.

II. Kosten und Erlösstrukturen im Merchant-banking

Die Darstellung von Kosten- und Erlösstrukturen im Merchant-banking muß sich, da in der Bundesrepublik „typische" Angaben nicht vorliegen, auf den Finanzplatz London und die dort möglichen Analysen und Aussagen beschränken. Die Auswertungen von Spezialstatistiken etwa der Bank of England, des britischen Bankenverbandes, Analyse von Beratungsunternehmen wie Peat Marwick Mitchell London, Euromoney und The Banker kommen zu folgenden Aussagen.

Ein Ertragsvergleich der AHC-Banken mit anderen britischen Banken-Gruppen zeigt den Vorsprung dieser Häuser, resultierend vornehmlich aus dem off balance-sheet-Geschäft:

Net profit after tax in % total assets		**1983**	**1982**
16	Accepting Houses	0,56 %	0,59 %
9	Clearing-Banks	0,51 %	0,56 %
10	Discount Houses	0,31 %	0,46 %
25	Other British Banks	0,35 %	0,34 %
∅	**dieser Gruppen**	**0,45 %**	**0,49 %**

Dabei ist zu berücksichtigen, daß die UK-Clearing-Banks im internationalen Großbanken-Vergleich zu den ertragsstärksten Banken, den Spitzenverdienern, gehören.

Die Profitraten der einzelnen AHC-Banken waren:

	Net profit in % of total assets		**Net profit in Mio £**	
	1983	**1982**	**1983**	**1982**
überdurchschnittlich:				
SG Warburg	1,09	1,36	16,5	16,7
Singer & Friedlander	1,27	0,87	5,2	3,4
Robert Fleming	1,14	0,79	5,9	2,2
Charterhouse Japhet	0,94	0,91	8,0	7,3
Hill Samuel	0,96	0,87	25,3	20,1
durchschnittlich:				
Brown Shipley	0,67	0,72	2,6	2,6
Lazard Bros.	0,62	0,59	7,3	6,0
Morgan Grenfell	0,60	0,60	16,5	13,1
Kleinwort Benson	0,57	0,62	21,7	20,0
Rea Bros.	0,53	0,55	0,9	0,9
unterdurchschnittlich:				
Hambros	0,36	0,60	9,2	11,8
Guinness Mahon	0,32	0,55	1,5	2,5
Samuel Montagu	0,37	0,36	11,0	8,0
Schroder	0,30	0,31	9,3	8,6
schwach:				
NM Rothschild	0,16	0,14	2,5	2,0
Baring Bros.	0,13	0,17	1,3	1,2
Durchschnitt	**0,56**	**0,59**	**9,0**	**7,9**

Aufwands- und Ertragsrechnungen werden in den Geschäftsberichten der Merchant Banks nicht ausgewiesen. Genannt werden jedoch Anzahl der in UK beschäftigten Mitarbeiter und deren Gehaltssumme.

Daraus ergibt sich:

- Das Geschäftsvolumen pro Mitarbeiter ist bei den größten AHC-Banks (auch ohne Berücksichtigung des bilanzneutralen Geschäftes) etwa viermal so hoch wie bei den Clearing-Banks.
- Das Gehalt pro Mitarbeiter liegt bei diesen AHC-Banks durchschnittlich um 40 % bis 130 % höher als bei den Clearing-Banks.
- Andererseits sind auch die Überschüsse pro Mitarbeiter (net profit after tax) bei den größeren AHC-Banks rund viermal so hoch wie bei den Clearing-Banks, bei den kleineren etwa doppelt so hoch.

Nachstehend die Vergleichszahlen:

	8 größere AHC-Banks Ø	**5 kleinere AHC-Banks** Ø	**4 Clearing-Banks** Ø
Geschäftsvolumen pro Mitarbeiter (Mio £)	3,1	0,9	0,8
Renumeration pro Mitarbeiter (Tsd. £ p.a.)	14,7	11,9	8,1
Net profit pro Mitarbeiter (Tsd. £ p.a.)	15,4	8,8	4,1

Untersuchungen am Finanzplatz führen zu typischen Gehaltsstrukturen im Merchantbanking und zu Sachkosten der Auslandsbanken in London; zugrunde liegt eine Analyse von Peat Marwick Mitchell und eine Analyse des britischen Bankenverbandes der „Major british recruitment agencies“ vom Juni/November 1984.

Die typische Gehaltsstruktur einer Auslandsbank in London, auf dem Gebiet des Merchant-banking tätig, unter folgenden Prämissen:

- Auslandsbank-Branch in einer als typisch und sinnvoll vorgestellten Organisations-Struktur,
- tätig vor allem in wholesale banking, interbank sterling and currency deposits, commercial loans, trade financing and currency spot and forward trading,
- Management gemischt international; staff british,
- Mitarbeiterzahl per Ende des ersten Jahres: 20 Leute
- zwei Alternativen: lower and upper level

Typische Funktionen	**Gehaltsstruktur**	
	lower level £	**upper level** £
General manager	44 000	66 000
Deputy general manager	30 000	45 000
Treasury manager/senior dealer	30 000	45 000
Operations manager	20 000	33 000
Credit manager	15 000	30 000
Accountant	15 000	25 000
Credit analyst	8 000	14 000
Dealer	14 000	25 000
Loan administration clerk	6 000	9 000
Accounts clerk	6 000	8 000
Computer operator	6000	10 000
Senior settlements clerk	8 000	11 000
Settlements clerk	6 000	8 000
Typist/telex operator	5 000	7 000
Telex operator	6 000	8 000
Messenger	6 000	8 000
Executive secretary	7 000	10 000
Secretary 1	5 000	8 000
Secretary 2	5 000	7 000
Receptionist/telephonist	5 000	7 000
Total staff salaries (in case of 20 employees)	**240 000 bis 260 000**	**370 000 bis 400 000**

Im Investment-banking werden gezahlt:

Type of Job-applicant	**Average Salary 1984** £
Bond issue manager	72 500
Bond marketing/sales executive	43 700
Syndications manager, credits	35 000
Senior investment manager	34 900
Bond dealer	28 100
Bond marketing/sales assistant	26 400

Zu den Gehältern kommen sodann die typischen Personalneben- und Sachkosten (20-Mann-Branch):

	lower level £	**upper level** £
1. Accomodations expenses		
Rent:		
5000 square feet at £ 25 bis 30 per square foot	125 000	150 000
Rates:		
Equivalent to 60 % of market rent	75 000	90 000
Service charges:		
5000 square feet at £ 3,50 to £ 5,50 per square foot	17 500	27 500
	rd. 220 000	**270 000**

2. Staff-related costs		
Employers national insurance Contributions	11 700	14 500
Non-contributory pensions and life assurance	37 050	57 600
Medical insurance	1 200	1 200
Luncheon vouchers	3 120	3 120
Motor cars	16 200	16 200
House loans/personal loans	12 000	24 000
Personal	600	1 200
Season ticket loans	380	380
Free accommodation for general manager rented or bought	16 000	30 000
	rd. 100 000	**150 000**

3. Other Expenses		
Telephone, telex, other communications	30 000	70 000
Insurance	8 000	15 000
Travel	10 000	30 000
Entertaining	15 000	35 000
Advertising	3 000	10 000
Legal and professional fees	10 000	18 000
Publications and subscriptions	3 000	6 000
Car expenses	1 000	6 000
Computer operating expenses	10 000	50 000
Repairs and maintenance	4 000	20 000
Equipment rental	3 000	8 000
Irrecoverable VAT	6 000	20 000
Depreciation	46 000	178 000
General office expenses	40 000	70 000
	rd. 200 000	**540 000**

Danach ergeben sich folgende Gesamtkosten p.a.:		
Staff salaries	250 000	390 000
Staff-related costs	100 000	150 000
Accommodation expenses	220 000	270 000
Other expenses	200 000	540 000
Total	**750 000**	**1 350 000**

Den Berichten und Analysen im Vorfeld des „big bang“ war zu entnehmen, daß diese Kosten in den Jahren 1985/1986 explodiert sind. Die aufgeführten Zahlen spiegeln insoweit eine noch weitgehend „heile“ Welt am Finanzplatz London wider.

Sie zeigen zugleich, welche Eintrittsgelder am Finanzplatz London für neue Marktteilnehmer gefordert werden und wie stark der Konkurrenzdruck im Investmentgeschäft im engeren Sinne und im Merchant-banking als Globalbegriff für das vornehmlich off-balance-sheet-Geschäft auf internationalen Finanzmärkten ist.

Die Relationen in New York als dem führenden Finanzplatz der westlichen Welt und in Tokyo, das sich für Auslandsbanken-Aktivitäten in 1986 auch auf dem Investmentsektor geöffnet hat, liegen eher höher. Erfahrungen in Tokyo, die für Analysen genügend aussagefähig wären, liegen noch nicht vor.